编委会

主　编：万由令

副主编：夏大庆　姜　宇　姚　丹

编　委：邹小波　丁　煜　孙坷达　程　杰
熊治渝　张　迪　崔海英　王　宁
石吉勇　郭志明　查　青　郎　涛
王书彦　刘晓霜　邓欣悦　康　舒
蔺玲艳　杨蓓思　张书箐　胡煜骞

身边的榜样

江苏大学
食品与生物工程学院
优秀学子先进事迹选

（2017–2020 级）

万由令　主编

江苏大学出版社
JIANGSU UNIVERSITY PRESS
镇　江

图书在版编目（CIP）数据

身边的榜样：江苏大学食品与生物工程学院优秀学子先进事迹选．2017-2020级／万由令主编．—镇江：江苏大学出版社，2022.6
ISBN 978-7-5684-1783-9

Ⅰ.①身… Ⅱ.①万… Ⅲ.①江苏大学—模范学生—先进事迹—中国—现代 Ⅳ.①K828.4

中国版本图书馆CIP数据核字（2022）第087331号

身边的榜样：江苏大学食品与生物工程学院优秀学子先进事迹选（2017—2020级）
Shenbian de Bangyang：Jiangsu Daxue Shipin yu Shengwu Gongcheng Xueyuan Youxiu Xuezi Xianjin Shiji Xuan（2017—2020ji）

主　　编／万由令
责任编辑／柳　艳
出版发行／江苏大学出版社
地　　址／江苏省镇江市梦溪园巷30号（邮编：212003）
电　　话／0511-84446464（传真）
网　　址／http：//press.ujs.edu.cn
排　　版／镇江文苑制版印刷有限责任公司
印　　刷／江苏凤凰数码印务有限公司
开　　本／710 mm×1 000 mm　1/16
印　　张／21.5
字　　数／400千字
版　　次／2022年6月第1版
印　　次／2022年6月第1次印刷
书　　号／ISBN 978-7-5684-1783-9
定　　价／70.00元

序

青年是祖国的未来、民族的希望。党的十八大以来，习近平总书记从党的事业薪火相传、后继有人的战略高度出发，强调要充分信任青年、热情关心青年、严格要求青年，做青年朋友的知心人、青年工作的热心人、青年群众的引路人。

江苏大学历来重视青年学生培养工作，深入推进“三全育人”综合改革，探索形成了省内一流、全国先进的特色育人模式，培养出了一大批成就卓越的青年才俊、行业精英和家国栋梁。近年来，全校师生员工深入贯彻落实习近平总书记给学校的重要批示精神，锚定建设高水平研究型大学、跻身世界一流大学行列的中长期奋斗目标，大力弘扬“自强厚德、实干求真”的江大精神，书写出了高质量发展的新篇章。学校成为教育部、农业农村部、江苏省共建高校，入选江苏高水平大学建设高峰计划 A 类建设高校。在 QS、THE、ARWU 等国际权威世界大学排名中，均跻身 Top1000。《2021 中国大学评价》综合排名列全国第 38 位。10 个学科进入 ESI 全球前 1%，工程学、化学 2 个学科跻身 ESI 全球前 1‰。

民以食为天。食品行业是关系社会和谐稳定的重大民生行业，是实现“乡村振兴”“健康中国”等国家战略的坚实支撑。江苏大学食品与生物工程学院紧跟国家发展需求，扎实推进学科建设，积极探索食品类创新人才培养途径和方法，为构建国家食品科技人才支撑体系、助力中国食品工业可持续发展、打造中国食品科技强国地位做出了积极贡献。在最新的软科世界一流学科排名中，学校食品科学与工程跻身软科中国最好学科排名全国第 3 位。2019 年，食品无损检测团队再次获得国家技术发明奖。

长期以来，食品与生物工程学院坚持以立德树人为根本，持续深化“三全育人”综合改革，培养出了一批以“大学生年度人物”“大学生自强之星”“江苏省好青年”等为代表的优秀学子。学院充分挖掘他们在学习科研、学科竞赛、创新发明、社会服务等方面的先进事迹，组织编写了《身边的榜样》一书——通过优秀学生可观、可感、可学的先进事迹，展示青年榜样可敬、可信、可亲的良好形象，让学生发现身边的青春正能量，帮助学生树立正确的世界观、人生观、价值观，真正发挥榜样教育的引导和示范作用。

未来属于青年，希望寄予青年。青年是社会中最有生气、最有闯劲的群体，蕴含着改造客观世界、推动社会进步的无穷力量。面向未来，教育工作者不仅仅有义务为青年学生的学习生活搭建广阔的舞台，更有责任发挥榜样引领作用，涵养优良学风，丰富校园文化，在比、学、赶、帮、超的氛围中形成强大的群体示范效应，鼓励新时代大学生向榜样学习，帮助他们坚定前进信心，立大志、明大德、成大才、担大任，努力成为堪当民族复兴重任的时代新人。青年学生要珍惜宝贵的青春年华，坚持理想，脚踏实地，自觉听从党和人民召唤，胸怀“国之大者”，担当使命责任，到新时代新天地中去施展抱负、建功立业，争当伟大理想的追梦人，争做伟大事业的生力军，让青春在祖国和人民最需要的地方绽放绚丽之花！

最后，希望食品与生物工程学院再接再厉，牢记“为党育人、为国育才”使命，全面落实立德树人根本任务，不断提升人才培养质量，续写学院事业发展新篇章！

2022年5月

前言

江苏大学食品与生物工程学院自成立以来，一直高度重视人才培养，始终将“立德树人”作为学院各项工作的重中之重。作为一个学科特色优势明显、师资力量强劲、科研教学实力雄厚的学院，所培养的新时代大学生既具有团结奉献、服务社会的品质，又具有刻苦努力、踏实勤勉的作风；既具有自立自强、坚韧不拔的毅力，又具有勇于创新、敢于超越的精神。

近年来，学院坚持“立德树人”根本任务，积极推进“三全育人”综合改革，着力培养德智体美劳全面发展的社会主义建设者和接班人，学生培养成效显著，有相当一部分同学非常优秀。有的同学传承红色基因，参与中央电视台“全国大学生党史知识竞答大会”节目录制并获省级“党史学习标兵”称号；有的同学自强不息，荣获“中国大学生自强之星”“全国大学生年度人物候选人”等荣誉称号；有的同学刻苦学习、成绩优异，成功被名校录取，可以继续深造，攻读硕士、博士学位；有的同学潜心学问，奋战在科研一线，成为导师为之骄傲的得力助手；有的同学热衷创新创业，荣获“挑战杯”全国大学生课外学术科技作品竞赛一等奖……他们朴实内敛，积极向上，散发着满满的正能量，充分彰显了新时代大学生的蓬勃朝气和生机活力。

一个好的典型就是一面旗帜。优秀学子们对自身都有着极高的要求，他们的个人成长事迹具有很强的示范性和引领性，他们的故事应该让更多的人知道！展示优秀学子们的个人成长事迹，一方面，有利于我们聚焦筑基塑魂，持续推动“立德树人”入脑入心，不断提升学院师生的凝聚力和优秀学子的引领力，着力培养担当民族复兴大任的时代新人；另一方面，有利于我们传承“自强厚德、实干求真”的江大精神，总结并推广食品与生物工程学院“三全育人”的先进经验，全方位展示食品与生物工程学院高质量发展新形象，持续推进校园文化内涵提升和育人功能发展。所以，不经意间编委会萌生了编写这本书的想法。

在得到学院全体教师、辅导员及众多优秀学生代表的支持后，学院积极组织，精心策划，有序开展，几经修改，编写了本书。本书共分为四章，涵盖了学院 2017—2020 级本科生、硕士研究生、博士研究生等各个学习阶段的 87 位优秀学子。第一章主要介绍了数年如一日、克服重重困难、热心公益活动、乐于奉献社会的志愿服务先锋；第二章主要介绍了埋头苦学、奋发向上、不断超越自我的“学霸超人”；第三章主要介绍了在科研道路上勤奋钻研、创新求索、在校期间已发表多篇高水平学术论文的科研达人；第四章主要介绍了大胆革新、勇于创造、在众多创新创业大赛中夺魁的竞赛标兵。这些榜样的成长故事各不相同，但细细品读，每一个故事都让人感动，甚至热血沸腾。希望所有同学以他们为标杆，找准人生坐标，明确奋斗方向，施展青春抱负，成就卓越人生。

最后，感谢袁寿其书记对这本书的关心和指导，感谢江苏大学出版社领导促成本书出版的工作热忱及编辑严谨细致的编校，感谢全体优秀学子提供的文案素材。正是因为有你们，才有了《身边的榜样》的面世。

谨以此书献礼党的二十大胜利召开！

编委会

2022 年 5 月

目　录

第四章： 竞赛标兵篇

第一章

志愿先锋篇

近年来，食品与生物工程学院坚持以立德树人为根本，以理想信念教育为引领，以全面提高人才培养质量为目标，围绕服务青年成长成才开展了一系列工作。

学院统筹校院领导、关工委老教授、辅导员、专业课教师、校友等多方力量，健全思政育人队伍，形成全员育人格局；深入构建师德师风建设长效机制，引导广大教师以德立身、以德立学、以德施教；用心打造“课程思政”示范建设项目，将家国情怀、文化自信、工匠精神、责任担当等“思政”元素与食品专业知识有机融合；积极创建“周恩来班”，与周恩来童年读书处旧址共建大学生思想政治教育实践基地，弘扬伟人精神，推动思想政治教育走深走实；充分发挥党团引领青年作用，保证专业与实践相结合、思想引领与服务农村相结合、磨炼学生与促进学生成长相结合，通过丰富多彩的团学活动，使思想政治教育工作贯穿课堂内外，融入学院科研、教学和管理工作的全过程。

在学院良好的育人氛围熏陶下，全院学子自觉弘扬社会主义核心价值观，把个人理想与祖国发展紧紧相连，把个人选择与党的需要紧紧相连，将创新思维、创新能力融入日常科研学习之中，涌现出一大批扎根基层、投身乡村、服务社会的有为青年。

汇聚点滴星火　释放万丈光芒

梁采莹，女，2000 年 2 月生，中共党员，食品与生物工程学院生物技术专业 2018 级本科生。获全国大学生党史知识竞答大会优秀选手、江苏省青年志愿者“党史学习标兵”、江苏省暑期社会实践“先进个人”、镇江市艾滋病防治知识传播校园行优秀志愿者、校“十佳青年学生”、校“优秀共青团干部”、校“三好学生”等荣誉称号。

理想指引人生方向，信念决定事业成败。

——题记

当梁采莹走进美丽的江苏大学校园，看着校园里来来往往朝气蓬勃的年轻人，一瞬间她体内的血液沸腾了。她下定决心，要在四年美好的大学生活中，以理论学习充盈头脑，以实践活动感悟真知，用自己的青春和热血服务社会，奉献祖国。

以信念坚定远行方向

军训期间的一次午休，梁采莹路过摆满小摊位的三岔口，一张不起眼的黑白单页递到了她的手上。单页角落里的几行字深深地吸引了她——“江苏大学红十字会学生分会、应急救护技能、西部苏北计划、研究生支教团”。正是这薄薄的一张单页，揭开了她精彩大学生活的序幕。

经过一番“角逐”，她如愿加入了自己心仪的部门——校团委实践部。在一次部门主办的初级救护员培训课上，梁采莹被老师讲授的应急救护技能深深吸引。很快，部门内越来越多的任务分配下来，她总是积极地举手“抢”任务，不想放过任何一次锻炼的机会。为了能够做好防艾同伴教育宣讲人这项工作，她把宣讲 PPT 打印出来，查询里面所有不熟悉的名词和英文单词，细心地标注在旁边，还在网络上自学了很多与艾滋病有关的知识，作为宣讲的拓展内容。为了更好地掌握宣讲技能，她还主动向主持人梯队的同学请教。作为宣讲人，梁采莹组织开展了近十场大型讲座及新生防艾同伴教育普及培训，向在校师生宣传普及艾滋病防治知识。她代表江苏大学参加了第二届江苏省（镇江赛区）大学生艾滋病防治同伴教育主持人技能大赛，荣获“优胜奖”。比赛结束后，她将自己在比赛过程中的收获及宣讲技巧分享给同学们，呼吁大家一起为校园防艾工作贡献自己的青春力量。

就这样，梁采莹在她热爱的预防艾滋病教育上持续发光发热。梁采莹先后获得江苏大学防艾同伴教育活动优秀志愿者、第四届全国大学生预防艾滋病知识竞赛优秀组织者、镇江市艾滋病防治知识传播校园行优秀志愿者等荣誉。梁采莹参加了 2020 年江苏省青少年模拟政协提案征集活动，她撰写的《关于进一步推进艾滋病宣传教育的提案》获高校组“优秀模拟政协提案作品”。

以担当绘就青春底色

怀着一颗赤诚之心，梁采莹积极组织志愿者结合实际、立足本职，为师生办一些看得见、摸得着的实事。一直以来，她热心公益志愿服务活动。大一下学期，梁采莹加入江苏大学应急救援志愿服务队，每次队训都可以学到新的应急救护技能。学校里那台模拟心肺复苏术的“安妮”是她最好的伙伴，每次练习，她都努力地按照标准做完一整套操作步骤。虽然常常累得两眼冒星，但当听到抢救成功后的心跳声，她总会开心地记录下来，觉得一切都是值得的。2019 年，梁采莹开始担任校应急救援队队长。对待工作，她总是满腔热血，在微信上，多次向镇江市救援队队长请战，希望争取到跟随镇江市救援队一起执行任务的机会。2019 年 11 月，连着下了几天的雨，温度也比较低，她带三个队员跟随市救援队队长一起来到了南山参与越野赛的保障工作。为了保证比赛过程中救援工作的顺利进行，救援人员都要提前对比赛线路进行踩点，规划发生突发事件时的撤退路线。连续降雨让山路更难走，她不知道摔倒了多少次，才结束了此次踩点活动。看着满身的泥土，她心里没有一丝后悔，反而充满了喜悦和成就感。

第二天正式比赛时，天依然下着小雨。梁采莹早上五点多就从宿舍出发前往自己的保障位点等待比赛的开始。当天有一个小队员没有合适的衣服，梁采莹便将自己仅有的一件冲锋衣给了小队员。山顶的风大，气温也低，她只能通过在原地跳跃获得一点热量，没一会儿，她的手脚逐渐变得僵硬。但是为了做好本职工作，梁采莹硬是在山顶冻了近十个小时。比赛结束后，她觉得自己的胳膊有些失去知觉，紧接着就是针扎般的刺痛。但是她从没有后悔过，因为在那天比赛的过程中，很多参赛选手路过她的位点时都会送上一句温暖的“谢谢你们啊！这么冷的天，你们辛苦啦”。在她看来，心里的温暖足以抵挡身体上的寒冷。

后来的两年，梁采莹一直不间断地组织各种志愿服务工作。她带领救援队的队员跟随市救援队队长参加了很多次越野比赛和马拉松比赛的救援保障工作。成年后的她坚持献血，现已累计献血超过 2000cc。2021 年 9 月，梁采莹经过层层筛选，最终如愿成为江苏大学第 24 届研究生支教团的一员，接下来她将到西部、到基层、到祖国最需要的地方去，用一年的时间，做一件终生难忘的事情。

以赤诚传承红色基因

梁采莹出生在一个党员之家，爷爷奶奶、爸爸妈妈给她的家庭教育让她从小就深刻认识到了中国共产党的伟大。刚满 18 周岁，梁采莹就递交了入党申请书。2020 年 12 月 28 日，她终于如愿成为一名光荣的中共预备党员。她看了很多遍党章，通过书籍、电影、纪录片等方式了解了党的光辉历程。2021 年 3 月，经过层层选拔，梁采莹参加了中央电视台“全国大学生党史知识竞答大会”录制（江苏省仅五名），同来自全国一百所高校的优秀大学生代表一起学习中国共产党的百年光辉历史，齐唱《歌唱祖国》。在节目录制过程中，她聆听了一些重要历史事件亲历者和专家学者讲述历史事件，一段段感人的故事令她频频湿润了眼眶，她切身感受到幸福生活来之不易。

梁采莹深知，传承红色基因，弘扬中国精神，是新时代青年志愿者的价值追求。她积极组织志愿者在“五四”“七一”等重要时间节点开展“四史”学习教育，通过邀请老党员、英雄模范、优秀教师代表开展专题报告和讲座，组织志愿者参观学习、交流研讨，分享学习心得，感悟入党初心。2021 年 6 月以来，梁采莹作为百位大学生对话百位“银发先锋”大型公益行动的组织者和参与者，采访了多位为新中国建设做出重要贡献的老党员，与老党员一起回顾历史，感受老党员的激情岁月与奋斗历程，并通过新媒体平台展示老党员风采，号召更多的同学一起传承红色精神，勇于担当，走好前行的路。该活动在全校师生中引起热烈反响，梁采莹的事迹也得到了《中国青年报》、《扬子晚报》、江苏大学官方微信等多家媒体的宣传报道，她本人也被评为江苏省青年志愿者“党史学习标兵”。

善学者明、善思者智、善行者远。作为一名青年志愿者，梁采莹广泛参加志愿服务活动，践行志愿精神，为江苏大学党史学习教育、校园防艾工作及应急救护技能普及工作贡献自己的青春力量；作为一名中共党员，梁采莹积极参加党史学习教育，获得师生的一致肯定和好评，切实发挥了先进典型的示范引领作用。在未来的日子里，她将继续听党话、跟党走，用青年学子的青春和热血，服务社会，奉献祖国！

导师寄语

在这四年里，梁采莹同学学到了知识，增长了阅历，丰富了人生。时间虽短，但她已从稚气未脱的学子成长为社会栋梁；时光亦长，相信自己，勇敢地去追寻自己心中的梦想吧！

食品与生物工程学院　王　云

“丽”经磨难　“娜”样芬芳

郭丽娜，女，1992年10月生，中共党员，食品与生物工程学院2019级博士研究生。获校一等学业奖学金、第十二届中国大学生年度人物提名奖，获“2016年江苏省大学生年度人物”、“中国大学生自强之星”、江苏大学“十佳青年”等称号。主持江苏省研究生科研创新计划项目1项。

初入校园，平凡精彩

丰富多彩的活动是大学生活必不可少的一部分，郭丽娜的大学生活平凡而精彩。大一时，郭丽娜加入学院青年志愿者协会，成为一名干事，她除了努力做好自己的工作以外，还经常跑去社区做活动，并且乐此不疲，得到了部门及同学的一致肯定和赞赏。同时，郭丽娜还加入了校学生会文艺部，参与组织“江大排行榜歌手大赛”和“江大星期六”等活动。在校运动会上，郭丽娜作为运动员，参加了排球和乒乓球比赛。在这一年里，郭丽娜获得了“江苏大学三等奖学业学金”。大二时，郭丽娜成功竞选为食品与生物工程学院青年志愿者协会部长，多次策划和组织志愿者活动，如“校园交通绿色行”“同一片蓝天，同一样明天”等，这些活动得到了老师和同学的一致好评，也受到了媒体的广泛关注，她还因此获得了“江苏大学优秀青年志愿者”“院优秀团干”等荣誉称号。

厄运降临，乌云密布

厄运总是静悄悄地来临。2013年8月，郭丽娜的身上莫名地出现了许多小血点，在去医院做完血象检查和骨穿后，她才知道自己患上了血癌，即人们谈之色变的“白血病”。艰难、痛苦而危险的治疗过程开始了。第一次化疗后，郭丽娜整个人躺在病床上无法说话，连抬起胳膊的力气都没有。同时，药物的副作用也开始出现，她的头发开始慢慢脱落，由最初几根几根地掉，到后来大把大把地脱落，最后郭丽娜只能强忍住内心的悲伤，毅然决然地把头发剃光了。每次化疗都要经历呕吐、恶心、疼痛，但这些从未磨灭她活下去的信念，慢慢地，这些对她来说成了家常便饭。大雪压青松，青松挺且直。2个月的化疗，郭丽娜硬生生地挺了过来。危难激起了她的斗志，责任和关爱给了她求生的力量，在此期间，学院领导和辅导员受学校委托专程从江苏前往山西看望她，鼓励她积极面对病魔，并承诺在治疗费用上给予鼎力支持。母校的关怀令她更加坚强，让她知道自己不是孤身作战，还有母校可以依靠。

紧接着就要面临骨髓移植，郭丽娜一个人待在无菌舱里，偶尔有护士或者医生的陪伴，除此之外陪伴她的只有药。那个时候，郭丽娜每次需要吃二十多粒药，快变成了“药罐子”。夜里郭丽娜还经常因疼痛惊醒，她呆呆地望着窗外，外面车水马龙的繁华景象让她很怀念以前的生活。原本病危通知书已经宣告了她与死神之间的距离，但在家人的陪护下，她创造了奇迹，顽强地活了下来。里希特曾讲过：“苦难有如乌云，远望去但见墨黑一片，然而身临其下时不过是灰色而已。”

大难过后，绿芽萌生

苦难是人生真正的试金石，一场生离死别让郭丽娜深深懂得了人生的意义和价值，让她对知识也越发渴望。她说道：“学校的一草一木让我念念不忘，仿佛它们在不远处呼唤我。”虽然大病初愈的她身体依然很虚弱，但重返校园成为她坚持要做的事情。

再次回到学校，她重新感受到生命的青春和活力。学校的领导和老师对郭丽娜倍加关注，为她办理了助学贷款，并给予了其他方面的资助，在住宿、医药费报销等方面给予了最大帮助。由于处在康复期，郭丽娜需要静养，在学院、关工委和国资处共同帮助下，她申请到了学校的单身教师公寓，方便她母亲做饭、熬药。从办理复学手续到解决住宿问题，再到顺利上课，郭丽娜的大学生活在中断了两年后得以继续进行。

重返校园，调整心态

刚刚复学时，郭丽娜的学习目标是努力补上落下的功课，顺利通过所有课程。由于仍处在康复期，她的身体开始出现排异症状，导致无法全程上课，但刚毅的品格使她选择坚持。在公寓里，她认真完成老师布置的作业，对无法参加的课程，她主动向同学借来课件学习。书香味和草药味拌在一起，成为郭丽娜生活的调味剂。功夫不负有心人，复学后的第一个学期，她顺利地通过了所有的课程考试。随着身体的好转和心态的调整，郭丽娜也逐步适应了学习节奏，她清楚地知道自己是在拿生命上课，是在和死神赌青春。她学习的劲头越来越足，大三结束后，郭丽娜的成绩排在本专业前列，令人欣慰。

转眼到了大四，面对就业还是继续升学的选择，她毅然选择坚持自己的理想——读研。郭丽娜说，既然能够活下来，就要好好珍惜时光，要活得精彩，给厄运一个反击。对郭丽娜而言，读研不仅仅是一场考试，更是增强本领、感恩母校、回报社会的一颗初心。尽管长时间复习使郭丽娜双眼干燥酸痛，她的手指常常被冻得通红僵硬，但是她无怨无悔。台灯下的埋头苦学记录了她努力的痕迹，最终郭丽娜以 364 分的成绩通过初试，考取了江苏大学食品与生物工程学院的研究生。

心无旁骛，矢志攀登

怀揣着坚定的理想，郭丽娜开启了自己的科研和学术之路，但是这条道路注定不是一帆风顺的。读研期间，她的课题需要做大鼠实验。从未接触过大鼠的她，努力克服自己内心的恐惧，每天去学校的动物中心，认真向实验老师学习，反复练习各种操作，最终顺利完成该课题。硕士二年级的时候，郭丽娜把握住硕博连读的机会，主动找到自己的导师马海乐教授表达自己想要继续深造读博的意愿。博士一年级时，郭丽娜通过自己的不断努力，刻苦学习，不仅获得了当年的一等奖学金，还成功申报了江苏省研究生科研创新计划项目，这些让她明白，只要全力以赴，就会有成功的希望。目前，郭丽娜已经开始博士二年级的科研学习，虽然有时候科研进展不尽如人意，但是她会一遍又一遍地实验，一次又一次地克服困难。每次失败后，她都会努力调整好心态，重新开始，因为她相信，只有心无旁骛，才能做到最好。

雪莲，盛开在高寒地带，傲霜斗雪，酷寒、孤独和暴风使雪莲生长缓慢，却无法摧毁它，反而成就了雪莲极高的药用价值。郭丽娜就是这样一朵雪莲，世间的友爱就如阳光，大家的互助就如露水，顽强不屈已成为她生命里最鲜明的旗帜。珍惜活着的时光，让生命变得更有价值。她感恩社会，感恩母校，感恩身边的每一个人。她对生命的渴求，对理想的坚持，对生命价值的珍视，会让每一个人停下脚步思考：珍惜时间，感恩生命，常怀理想，实现价值，继续前进！

导师寄语

郭丽娜同学如涅槃的凤凰，百折不挠；如雨后的小草，生机勃发。她怀揣青春梦想与命运抗争，坚守时代责任与梦想随行。希望郭丽娜同学在今后的工作和生活中奋斗出自己独有的精彩！

食品与生物工程学院教授　马海乐

携执着与毅力，谱写绚丽乐章

柏梅，女，1992年8月生。食品与生物工程学院食品科学与工程专业2019级博士研究生。获国家奖学金、校长奖学金、校一等学业奖学金。在2018年江苏省大学生运动会上摘得三金一银。读研期间带领班级荣获江苏省“先进班集体”称号，发表6篇SCI论文。

学校是充满机遇和挑战的殿堂，是提升自我、塑造自我的芳草地，是梦开始的地方。纵使漆黑的苍穹，也有星星微弱的光芒。纵使平凡的生活，也有梦想坚定的力量。

守住心中的一点光，不灭

从小活泼好动的柏梅，喜欢在阳光下奔跑，喜欢不顾形象地挥洒汗水，她觉得，生命在于运动，运动会让人变得年轻，变得有活力。从小学开始，她就积极参加学校运动会，在初中和高中时还参加过市运动会，跑步的爱好一直持续到大学。大一时，她在校运会上拿到400米的季军，被教练以备选队员的身份选入校田径队。大一的下学期，她正式加入校田径队，开始了为期两年的体育训练。从大一时懵懂的小女生成长为田径队的主力选手，这期间，她经历了无数的汗水、泪水，经历了无数次的思考和挣扎。两年期间，她坚持每天5∶40起床，6点准时出现在东山操场进行晨练，从不懈怠。市运会开始前半个月，她由于感冒咳嗽无法参加训练，教练曾一度想放弃她，但她克服了身体的不适，取得“一银一铜”的好成绩，这也归功于她坚持不断的晨练打下的扎实基础。从此以后，她更加坚定了信念，教练也开始重新认识这个倔强的女孩。她每天利用挤出来的一点时间去操场进行个人训练，利用寒暑假进行集训，从不偷懒，学校的每个操场和体育馆都见证了她成长的点点滴滴。柏梅见过学校操场清晨的日出，欣赏过夜晚的星空，感受过夏日地表的热浪……无论外界环境如何，都无法阻挡她前进的步伐。伤病是不可避免的，脚踝、膝盖的伤痛，韧带的拉伤，对运动员来说是家常便饭，但她从来没有因为这些而放弃，她知道，付出一定会有收获，哪怕收获很少，也能积少成多，但不付出一定不会有收获。

身为学校田径队队长的她，不仅仅是为了个人而战斗，更是为了团队而战斗。在备战第十八届江苏省大学生运动会时，她放弃了400米的单项，改为参加两个接力项目，从中长跑到短跑，她都尽可能地去配合团队。为了能够拿到冠军，她们团队中的每一个人都为之付出了汗水和泪水，在4×100米和4×400米接力赛中，她们团队均获得了第一名的好成绩，个人单项上，柏梅取得了“一金一银”的好成绩，至今她仍是江苏大学普通学生女子1500米纪录的保持者。这种拼搏努力的精神也让她获得了这次省运会的体育道德风尚运动员称号。运动员拼搏的不仅仅是体育竞技，更是在不断前进中攀升的体育精神和团队精神。优异的成绩并不是她追求的目标，她更希望大家能够看到她的努力。

坚信心中的期盼，不悔

在知识经济和信息大爆炸的时代，很多大学生在进入大学后，一下子失去了目标，迷失了方向。而柏梅从大一就树立了明确的目标，她要努力学习专业知识，考取研究生，投身科研，将来可以用自己所学的知识为社会贡献一份力量。无论是工作还是学习，她都脚踏实地地为目标而奋斗着，她努力做到最好，对工作务实严谨，对学习勤奋刻苦，对他人诚挚热情。

在工作上她严格要求自己，坚持带头做表率，树立了一个自立、自信、自强的大学生典范，同时积极配合老师、同学，认真负责地完成各项工作。她严谨的工作作风、积极的工作态度和强烈的责任感，赢得了同学和老师的一致好评。本科期间，作为班级生活委员，她能够主动关心同学，努力增进同学之间的友谊，做好班级工作。她既担任学院辩论队队长，同时又是校田径队队长，她努力协调好自己的时间，带领新生打好每一场比赛，将自己掌握的技巧传授给学弟学妹们，为学院的荣誉而战。她自己获得了学校“无偿献血杯”辩论赛的“全程最佳辩手”称号。在日常生活中，作为宿舍舍长，柏梅团结舍友，共同进步，她一直带动着寝室的整体发展，营造了和谐的宿舍环境和积极好学的寝室文化。她所在宿舍多次被评为“文明宿舍”和“百佳宿舍”。大三期间，她积极响应学校发起的“三走”活动，利用课余时间锻炼身体，成绩显著。在团中央发起的寻访“中国大学生百炼之星”活动中，她所在宿舍荣获“中国大学生百炼之星”标兵宿舍称号。她从不会因为学习和科研而忘记自己作为班级一分子的身份，她积极主动承担责任，帮助身边有需要的同学，贡献自己的一份力量。本科期间，她所在班级被评为校“先进班集体”；研究生期间，她所在班级被评为省“先进班集体”。

执着最后的努力，不败

研究生的学习与科研密切相关，生活变得忙碌而充实。在最初的实验过程中，柏梅也遇到过不少困难，经过一次次地与师长交流与探讨，她学会了如何进一步完善实验条件，随后实验中的困难也就迎刃而解了。在导师的鼓励和指导下，她“扑打着翅膀”，慢慢摸索着前进。凭借之前打下的理论与实践基础，她用清晰的思路、乐观积极的精神和一丝不苟的实验态度，去克服实验中遇到的问题。有人说科研的道路注定充满艰辛，而她乐于接受挑战，直面困难。从一开始的实验室“麻烦制造者”到现在的“实验小能手”，是无数实验培养了她细心和耐心的品质。从论文写作的“小白”到现在成为论文写作的“高手”，从回复审稿意见的一筹莫展到现在的从容应对，是无数的文献和奋斗的日夜造就了现在的她。在五年的科研实验中，她积累了丰富的实验经验，她对自己一直高标准严要求，严格把关自己的论文质量，发表了 6 篇 SCI 论文。研究生生活是一个竞技场，唯有强者才能独树一帜，成为弄潮儿；也唯有自信、唯有拼搏才能扬起人生那远航的风帆。无论过去是多么的辉煌，那都已经过去，“在圆周上，终点就是起点”，所以她坚信自己依然需要保持积极进取的学习精神，认真刻苦地去学习专业知识，挖掘专业深度，提升专业素养，培养创新意识，提高创新能力，做能够“想他人所未想，言他人所未言，为他人所未为，得他人所未得”的创新型人才。

生活是一种能力，幸福需要以能力做基石。转眼间，她在江苏大学已经度过了整整九年。九年的光阴，九年的梦想，在这里起航，在这里绽放，在这里绚烂。时间的运动似乎是同心圆式的，兜兜转转，重复着同样的年华，又经历着不一样的辛勤汗水。在这九年里，她用自己的努力证明了自己最初的选择，每一步、每一次的成功，都是来之不易的。在江大这片热土上，她将继续努力。“有福方能坐读书”，珍惜读书的美好时光，韶华易逝，岁月倥偬，在这有限的时间里，她不断地创造属于自己的奇迹。曾经的荣誉，也是未来的起点，她将用执着和毅力继续前行，谱写绚丽的青春乐章。

导师寄语

柏梅同学学习刻苦、工作踏实、科研严谨、成果丰硕。希望她在今后的学习和科研道路上，能继续带着执着与毅力，开始新的旅程。

食品与生物工程学院教授　崔海英

做一颗务实的“螺丝钉”

朱伽琪，女，中共党员，食品与生物工程学院2018级硕士研究生。获校一等学业奖学金，获校“优秀毕业研究生”“研究生党员标兵”“优秀共产党员”“十佳团支书”“优秀共青团干部”等荣誉称号，获“麦吉士杯”第五届中国传统食品创新大赛优胜奖、校中外研究生学术论坛活动“最佳墙报奖”及“优秀论文奖”等，发表SCI论文1篇。

存在就是机会，思考才能提高。

——题记

热情开朗赴未来

2014年9月，初次来到江苏大学的朱伽琪开启了期待已久的大学生活。新生入学教育期间，大大小小的各类讲座让她对大学生活有了最直接的了解。初来乍到的新鲜感让朱伽琪很是兴奋，课余时间她经常活跃于各团学组织之间，希望能够学到一些东西，用积极和热情开启美好的大学生活。由于较好的人际交往能力和与生俱来的亲和力，朱伽琪成功竞选为班级团支书。在担任班级团支书期间，她始终秉持“认真负责、严于律己”的态度，认真做好团支部建设，并精心策划了丰富多彩的团日活动，力求将每件事都做到最好。

担任团支部书记，思想引领和组织建设是朱伽琪最为重要的工作。但是团支部建设还没走上正轨，朱伽琪就遇到了每位同学课余时间不同，以及团支部成员参与活动的积极性不高的问题。为了吸引团员广泛参与，朱伽琪认为，首先必须提升团日活动的质量，带领团员青年过好团组织生活。为了能够最大限度地保证团日活动的质量，她积极向高年级团支书请教经验，积极与其他学院团支书联谊，精心策划了多场优质的团日活动。例如，带领支部团员进行户外素质拓展活动，以增强团支部的向心力和凝聚力；组织开展“赏茶、品茶、鉴茶”活动，带领同学们了解源远流长的中国茶文化历史；举办蓝天赛季撕名牌活动，帮助同学们放松身心，缓解学业压力；开展模拟重走长征路活动，带领同学们深入学习党史，深刻领会长征精神……

丰富多彩的团日活动受到了师生的一致好评，经过不懈努力，支部活力显著提升，团支部建设取得了显著成效。团支部成员参演的《永远的黄丝带》小品荣获 2015 年江苏省“水杉杯”大学生话剧展演月活动小品类一等奖；团支部成员参与的江苏大学“四进社区”项目获得中国青少年基金会 2015 年度“希望工程激励行动”资助。此外，2015—2016 学年下学期团支部成员课程考试及格率为 100%，无一人挂科。在高校活力团支部带领班级同学考试评选活动中，她带领团支部获得了“江苏省活力团支部”“江苏大学十佳活力团支部”荣誉称号，其个人也被授予“江苏大学十佳团支书”荣誉称号。

勤奋严谨付科研

朱伽琪不仅在学生工作方面做得井井有条，个人学业也完成得非常好，在同学们中起到了良好的带头作用。本科期间，她学习勤奋刻苦，成绩优异，顺利通过了大学英语四、六级和计算机二级、普通话等级考试，并以优异的成绩成功考取本校硕士研究生。步入研究生阶段后，她将重心转移到科研上，除了每天查阅文献、在实验室进行科研之外，她还积极参加各种学术活动、专家讲座及科研实践活动，向优秀的老师和同学学习。她参与了江苏大学、扬州大学两校研究生会工作交流暨素质拓展活动，参加了江苏大学、南京中医药大学联合举办的中医中药高校行活动，与兄弟高校学生一同交流学习心得；她还参加了落实习近平总书记“大力推进农业机械化、智能化”重要论述暨纪念毛泽东主席“农业的根本出路在于机械化”著名论断发表 60 周年报告会等，与来自不同学校的优秀老师、同学交流，学习他人长处。经过不断学习和总结，朱伽琪荣获一等学业奖学金，以及江苏大学中外学术论坛活动“最佳墙报奖”“优秀论文奖”，并发表 SCI 文章 1 篇。

研究生期间的科研压力虽然大，但是她始终以严谨认真、一丝不苟的态度对待科研，同时，她也认识到将知识转化为生产力的重要性。她积极参加食品科学方面的专业竞赛，将科研实验与企业生产相结合。她的作品“七彩缎玉糕”和“紫霞映月”均获得了“麦吉士杯”第五届中国传统食品创新大赛优胜奖。勤奋让她的科研生活更加精彩。朱伽琪在研究生期间的综合表现也得到了广泛的认可，荣获“优秀毕业研究生”等称号。这些荣誉也鼓励她在以后的日子里以更高的标准严格要求自己，不断认识不足并改进自己，成为更加优秀的人。

不忘初心赋青春

“没有共产党就没有新中国”，小时候，她的爷爷奶奶最常说的这句话，从小就在她的心中深深地扎了根。小时候的她并不理解其中的深意，但是随着年龄的增长和团支书的学生工作经历，她有了加入中国共产党的心愿。作为一名团支书，朱伽琪在学习、工作、生活各方面努力提升自己，力争发挥先锋模范作用，向共产党员的标准靠拢。作为一名大学生团员，平日里，朱伽琪积极参与志愿服务活动，在志愿服务方面有了小小的收获：她参与的“镇江大学生行为艺术打假”活动通过行为艺术、主题横幅签名、消费维权情景剧等形式向人们宣传《消费者权益保护法》，该项活动被扬子晚报网作为头条发表；她参与的“暖冬行动，爱在身边温暖你我”活动，通过实地体验环卫工人的工作内容，亲身感受他们工作的不易，并采取捐赠围巾和手套的方式向环卫工人送温暖，该项活动被镇江市网络媒体广为报道；她组织支部成员参与“九九重阳节，浓浓敬老情”活动，帮助老人们记录了幸福瞬间，传达了“执子之手，与子偕老”的中华优秀传统，带来满满的正能量，该项活动被“人民网”和其他许多网络媒体大量转发……正是这些志愿服务经历，让她在思想上和行动上逐渐向党组织靠拢，2017 年 4 月她光荣地成为一名共产党员。基于党组织的信任，2018 年 9 月，她担任了食品与生物工程学院 2018 级硕士研究生党支部书记一职。在党支部书记的工作中，朱伽琪认真贯彻执行党的路线、方针、政策，及时将上级组织的政策传达给各位党员，及时向上级党组织反映党员的心声，密切了党组织与党员的联系。朱伽琪的工作得到了上级党组织和支部党员的认可，她连续三年民主评议等级被评为优秀，荣获江苏大学“优秀共产党员”“研究生党员标兵”等荣誉称号。正是党组织和各位党员的信任，让她在研究生期间继续发光发热，她也立志继续学习、不断探索、不忘实践、总结提升，成为一名对党和国家、对人民有贡献的优秀共产党员。

白驹过隙，朱伽琪七年美好的大学生活已画上圆满的句号。大学期间，她奋发向上，积极进取，全面发展，取得了一定的成绩，但她仍不断检视并改进自己的不足，力争做到更好。展望未来，作为一名共产党员和新时代青年，她坚守初心，努力拼搏，立志做一颗“螺丝钉”，用务实的精神坚守自己的事业，为祖国的发展和繁荣富强贡献一份自己的力量!

导师寄语

在三年的硕士学习生活中，朱伽琪既在科研工作中获得成果，又在志愿活动中勤恳奉献。希望她在以后的工作生活中，继续用“实干求真”的务实精神坚守自己的事业。

食品与生物工程学院教授　马海乐

业精于勤，行成于思

周瑶洁，女，1999 年 5 月生，中共党员，食品与生物工程学院食品科学与工程专业 2017 级本科生。曾任食品与生物工程学院兼职团委副书记、食品与生物工程学院团委组织部部长、食品科学与工程 1702 班团支书。获校学习优秀二等、三等奖学金，获校“优秀共产党员”“三好学生”“优秀共青团干部”和“优秀共青团员”等荣誉称号。

“唐宋八大家”之首的韩愈在《进学解》中有一句名言：“业精于勤，荒于嬉；行成于思，毁于随。”这也是周瑶洁的人生格言，它督促周瑶洁要勤奋，要思考，所以在大学入学前，她就在心中立下誓言，决不偷懒堕落，决不虚度光阴，一定要勤于思考。

有计划者，事半功倍

从小周瑶洁就知道，在做一件事情前要先计划好，这样解决起这件事情来就会更容易，比如提前预习的学生在课堂上往往更能紧跟老师的思路和节奏，上课效率也更高。在踏入大学校园时，周瑶洁就为自己的大学生活做好了规划。

首先，要端正自己的学习态度，养成良好的学习习惯，为今后继续深造打下良好的基础。其次，要努力向党组织靠拢，从小受到家庭熏陶的她认为，入党神圣而庄严，党员不仅仅是一种身份，更多的是责任。在生活日益富足的今天，青年学子仍要不断学习党史，不忘革命先辈抛头颅洒热血的牺牲精神和为人民服务的责任担当，并以这些革命先辈为榜样激励自己不断前进；最后，在兼顾学习和提高思想觉悟的同时，要多锻炼自己处理事情的能力，争取在班级和学院中担任学生干部，为班级同学服务，做好老师的助手。

事实上她也是按照规划执行的。在校期间，周瑶洁认真做好自己作为学生的本职任务，努力学习。她始终牢记全心全意为同学和老师服务的初心和使命，明确以在学习、生活和实践中不断提高自己的党性为目标，坚持诚信立人和友善待人的为人处世原则，积极践行社会主义核心价值观，在学生中起到了模范带头的作用，为推进学院学风建设、推动文明道德之风的传播做出了贡献。她学习研究党团知识，争做思想上的先锋。她始终保持坚定的政治立场，认真学习党章党规和习近平总书记系列讲话，从党的百年奋斗历史中感悟马克思主义的真理和力量，为经受住未来可能遇到的各种考验筑牢精神支柱。在这个过程中，周瑶洁成为一名坚定信念的马克思主义信仰者，也成为年级中第一批入党的学生。

能坚持者，必有所得

在大学的学习期间，周瑶洁始终记着“笨鸟先飞”的道理。她勤勤恳恳，严于律己，对于不懂、不明白、学不会的知识，她主动多刷题、多思考、多问老师。周瑶洁有着极其规律的生活作息，不管是什么课她都会提前进入教室，坐在前排认真听讲。虽然有的时候班级事务和学院团委的工作十分忙碌，但是周瑶洁为了不影响学习成绩，把别人用于放松的周末时间也用来学习。

作为班级团支书，周瑶洁带领班级同学与江大附小的学生共同举办了一场“红领巾相约中国梦，爱国情怀记心中”主题团日活动，以十九大精神为主题，结合五四青年节，向新一代青少年学生传播社会主义核心价值观。考虑到活动对象是小学生，为了能更好地把控全局，她还与班长等人精心挑选了小礼物作为答题奖励。意想不到的是，小朋友们在活动中都十分积极主动，背诵古诗朗朗上口，感情真挚，令人钦佩。在安排的课堂游戏中，孩子们也格外活跃，活动效果远超预期。周瑶洁所在的团支部也凭借这次活动荣获“江苏大学优秀主题团日活动”的表彰。

作为学院兼职团委副书记，她要帮助学院团委老师协调各个学生组织活动，同时做好学生与老师之间的沟通，面对巨大的工作量，周瑶洁倍感压力，甚至一度想要放弃学生工作。在期末考试前，她要一边准备学院的团学研代会，一边复习准备期末考试，终于顶不住压力坐在西山操场角落里哭泣。她所在支部的辅导员老师打电话安慰道："成长就是在艰难困苦中不断坚持的过程，回望那些革命英雄，他们挺过最黑暗的日子，并为国家杀出一条血路，那么身为学生组织的一员，你要坚持履行自己应有的职责。无论在何时，作为共产党员都坚决不能害怕苦难。"在老师的开导下，周瑶洁重整旗鼓，整理好心情，在制订好复习计划后，把会议需要的人员安排、会议材料及流程规划等活动安排好，最终成功举办学院团学研代会。

作为本科生党支部的支委，周瑶洁坚持"学史明理，知行合一"的原则，创新性地提出了"一切任务赶早不赶晚""明确学院奖惩办法""万事留个 plan B"等方案，紧紧围绕学院党委的各项安排部署，积极配合协助支部书记和各支委完成发展党员、党员教育管理、"三会一课"等日常党建工作。为落实学校的主题教育活动，她参与制订了本支部的党史学习计划，并组织各位党员有序开展学习活动，活动效果显著。最终，周瑶洁获得了"江苏大学优秀共产党员"荣誉称号。

怀初心者，未来无限

在整个大学期间，周瑶洁怀揣着为同学和老师服务的初心，通过不懈努力收获了很多。在大学的实践科研生活中，周瑶洁积极响应学院号召，申请暑期留校进行科研，跟随实验室的师兄师姐学习如何提取花椒素，使用仪器设备进行电位分析，顺利完成了大学生创新创业项目（以下简称"大创"）。在暑期社会实践活动中，周瑶洁组织策划了"防范诈骗，共建和谐"宣讲活动，旨在提高象山社区老人的反诈骗意识，活动效果极好，她所在的团队也因此获得"江苏大学暑期社会实践优秀团队"荣誉称号。周瑶洁还积极报名参加校外交流项目，于大二暑假远赴香港理工大学进行短期交流培训，她认真对待在外交流的每一天，最终获得了项目结业证书。

除了学习，周瑶洁的思想觉悟也在不断提高。一开始她只是渴望入党，后来她不断用党的理论武装自己，用理论联系实际，用学到的理论知识指导自己的学习和工作，成为同年级中第一批入党的学生。在她的努力带动下，班级建设蒸蒸日上，荣获校五四红旗团支部、校先进班集体、校优秀主题团日活动等集体荣誉。由于她的得力协助，学院的学生活动开展得井井有条，学院团委多次荣获"校五四红旗团委""党建带团建先进单位"等荣誉称号，特别是学院团委的"青年大学习"网上主题团课，连续六次蝉联全校学习率第一的好成绩。

对于未来的研究生生活，周瑶洁信心满满，她将怀着初心，继续践行

“业精于勤，行成于思”的人生格言，在接下来三年的学习生涯中发奋图强，再创优异成绩。她立志，要继续积极面对生活、学习中的各种挑战，在激烈的竞争中奋勇前进，为祖国的社会主义现代化建设贡献出自己的力量。

导师寄语

在四年的大学生活中，周瑶洁同学学习刻苦，成绩优秀，一直在按照自己的节奏和计划不断前进。希望她在未来的学习和生活中继续弹奏奋斗之弦，奏出人生动听乐章。

食品与生物工程学院副教授 张 迪

奉献青春终不悔

马立鑫，男，1999年3月生，中共党员，食品与生物工程学院生物技术专业1701级本科生。获国家励志奖学金、校学习优秀二等奖学金，获校“三好学生”“优秀共青团员”“优秀毕业生”等荣誉称号。主持或参与校级大学生创新创业项目2项并顺利结题，参与发表SCI期刊论文2篇。

与生物结缘

1999年，马立鑫出生于山东省高青县的一个普通村庄，那是他祖祖辈辈生活的地方，那里的人们悠然自得，勤奋耕耘，过着最简单的生活。在那个地方，大部分的人对知识没有太多的了解和向往，对于如何学习知识也只是略懂皮毛。但是，马立鑫对学习有着极高的热情，老师和家长所讲的每一句话，他都会认真聆听并仔细思考，老师和家长让他去做的事，他都会保质保量地完成。因为在年幼时的马立鑫的心中，老师和家长就是他的指路明灯。从初中开始，马立鑫就对生物、数学等学科抱有非常浓厚的兴趣。放学回家完成老师布置的作业之后，马立鑫还会翻看科学杂志，关注一些新奇的现象和发明，并心存向往。

高中阶段，马立鑫仍然对生物情有独钟，随后家里发生的一件事情更是坚定了他的努力方向。一天放学后，母亲骑车带他回家。坐在后座的马立鑫发现母亲一直在小声地哭泣。他还记得，那天下午的天空中虽没有乌云，却非常阴暗。他心头一紧，不好的预感涌上心头：“是不是姥爷的病加重了，要不然妈妈在哭啥，可千万别啊。”一路上，马立鑫一句话也不敢和母亲说，就这样，两个人沉默了一路，直到母亲骑车到了医院。果然，最害怕的事还是发生了，姥爷去世了，他没有见到姥爷的最后一面，只是听妈妈说姥爷最后已经不认识亲人了。马立鑫知道姥爷患有癌症，但是他没想到癌细胞扩散得这么快。马立鑫从此下定了决心，今后一定要学习生物相关专业，探究生物机理，从“本源”上解决疾病问题。

点滴中成长

人类的成长犹如一棵树木，如果说高中阶段是梦想的萌芽阶段，那么大学阶段就是茎叶的初步形成阶段。2017 年 9 月，马立鑫以优异的成绩考入了江苏大学食品与生物工程学院生物技术专业，开启了他的大学生活。他不仅努力学习专业课，学业成绩保持在专业前列，还积极参加各种各样的活动。

马立鑫在大一时参加了食品与生物工程学院心理学分会，在那里，他认识了很多同学，也学会了如何办好一场活动。他参加过多院联合举办的“防艾滋”系列活动，参与活动的前期准备与后期整理工作，他明白举办一场活动需要提前做很多努力与准备，而且更加重要的是一场活动的举办离不开一个有强大核心凝聚力的团队。他参加校级“互联网+”大赛，以院级一等奖的好成绩进入校级的孵化基地初赛。当时团队里的七个人前前后后用了一个多星期，才完成项目书和初步网页制作，当撰写完项目计划书后，负责财务管理的胡水林同学在计算项目营业额的时候发现只需三个月公司就能回本，但事实上这些都是按理想状态计算的。胡水林开玩笑地说：“我们的项目三个月回本，一年后我们就都是百万富翁了。”一时间，笑声充满了会议室，马立鑫觉得整个备赛过程虽然很辛苦，却也充满乐趣。

此外，马立鑫还担任了学院创梦空间社团团长，通过举办简历大赛、模拟招聘会等活动，带领同学们学习创新创业知识，向同学们宣传创新创业精神，启迪大家的创新创业思维。在经历担任社团长后，马立鑫学会了如何独当一面和负起领导社团的责任。

马立鑫认为，失败是成长路上的营养素。对于生物技术专业的学生来说，做实验是家常便饭，实验失败也是常事。他和绝大多数学生一样，都经历过实验失败的重重打击。做正式实验之前都是要进行预实验的。但就在第一次正式实验时，他没有想到实验结果会与预实验的大相径庭。马立鑫怀疑过自己，也怀疑过自己的操作，不过他还是进行了一次又一次的正式实验。由于实验的步骤比较多，做一轮实验的时间也比较长，因此在做实验期间有时会感觉到很忙碌，很痛苦，但是马立鑫安慰自己这也是另一种充实的生活。马立鑫认为充实的生活使他大有收获，并且进步许多。

青春的香气

在校期间，马立鑫认真学习专业课程，大学四年的平均学分绩点 4.05，获得了校学习优秀二等奖学金，以及校“三好学生”“优秀共青团员”等荣誉称号，最终他以专业排名第二的成绩被保送到本校攻读硕士研究生。大学四年的积淀，让马立鑫明白生物学专业涉及的研究方向有很多，本科阶段主要是学习基础知识，更多知识需要在研究生阶段通过科研的方式去证实。马立鑫认为，或许以后他的研究方向会变，但为人类健康做贡献的初心永远不会变。

马立鑫认为，不论一个人发展如何，都不能忘记国家的培养、父母的养育及老师的教导，始终要报效祖国，服务于人民。“天行健，君子以自强不息。地势坤，君子以厚德载物”一直是马立鑫的座右铭。他认为，大学是人生成长的重要阶段，是世界观、人生观和价值观形成的关键时期，在这一时期，一定要努力提高自己的思想觉悟，不断锤炼高尚的品格。在入学之初，马立鑫就递交了入党申请书，立志成为一名光荣的中国共产党党员。经过在党校的培训，他逐渐提高了政治觉悟和理论水平。一些优秀党员的先进事迹也一直指引着他树立“奉献青春终不悔”的人生观。2019 年 5 月 31 日，他成为年级里第一批入党的学生，成为服务组织、老师和同学的“先锋战士”。马立鑫意识到一种责任压在肩头，他清楚自己要在学习、生活及各种实践活动中自觉做好先锋表率，带头在广大青年同学中践行社会主义核心价值观。在日常生活中，他关心周围的同学，及时了解同学们的需求并积极帮助他们，以实际行动使自己成为同学们心目中的标杆。

回望过去，展望未来。过去有失败和遗憾，也有成功与喜悦；未来是有多种可能的，是充满光明的。也许还不知道未来具体要做什么，但是他相信，只要付出更大的努力，流出更多的汗水，自己在科研道路上就会越走越远。在以后的日子里，相信他也会更加努力认真地学习、工作，为实现自身价值而奋斗。

导师寄语

马立鑫同学专业基础知识扎实，具备较强的科研探索能力和学习能力。四年来，我们见证了他的成长。科研道路充满未知与艰辛，希望他在今后的日子里扬起新帆，绽放最灿烂的笑容，为明天画出最绚丽的美景！

食品与生物工程学院副教授　黄六容

知而行之，常养吾浩然之气

林琼晞，女，1999年7月生，中共党员，食品与生物工程学院食品科学与工程专业2018级本科生。获校学习优秀二等奖学金，获校“优秀学生干部”“三好学生”“优秀共青团干部”“优秀共青团员”和大学生暑期“三下乡”社会实践活动“先进个人”等荣誉称号，获江苏省高等学校第十六届高等数学竞赛三等奖，主持大学生创新训练计划省级一般项目1项和自然科学类科研立项1项。

“知而不行，犹如不知；行而不知，可以致知。”每当林琼晞回想起高中那次关于“食堂用油调查”的暑期社会实践时，食堂后厨蒸腾的热气似乎又重现在眼前，一直关注着膳食营养的她终于在大学进入了向往的学科领域，能够以更专业、更客观的眼光来看待食品里的学问，求学路漫漫，“行动”一直是她的通行证。于躬行中践言，于笃行中求知，她得以不断挑战并突破自我。

纸上得来终觉浅

故事开始于林琼晞的家乡——四川泸州，泸州虽然处于亚热带，但受四川盆地的地形影响，冬季多为连绵阴雨天气，湿冷的气候使得当地居民大多关节脆弱，她的大姑就患上了严重的风湿性关节炎。在医生的叮嘱中，“低嘌呤饮食”引起了她的注意。这个小姑娘当时还不能理解饮食与疾病的关联，只知道大姑再也不能吃海鲜和肉汤了。后来，长辈中也有不少人患上了高血压、糖尿病等慢性病，林琼晞渐渐了解到慢性病中与药物治疗同等重要的竟然是控制饮食，她对食品的兴趣也正在其中萌芽。

在中学课程之余，林琼晞阅读了大量的食品科普读物，但书籍中大多是食材相克或食疗菜谱之类的知识，尽管她也学习了很多生物、化学书上的理论，但这些依然无法解开长久以来的疑惑，食品中到底蕴藏着什么奇妙的成分，怎么会与疾病的防治息息相关呢？越接近越觉得好奇，她觉得不能再等待下去了，“纸上得来终觉浅，绝知此事要躬行”，完全可以先从身边的食品下手嘛。

高二的暑假，林琼晞便组织了几个小伙伴，在学校的食堂里开展了一次“轰轰烈烈”的食用油调查，查找油瓶身上的数据，观察油的色泽、气味和透明度，通过信息搜索加经验简单判断油的品质。这次社会实践给了林琼晞很大的启发，“民以食为天”，食物是人们日常都会接触到的东西，与人们的生活质量息息相关，她下定决心，大学里一定要学习与食品相关的专业，解开这些谜题。

现如今，已经在食品科学专业学习了三年的她，回想起高中时的志向，不禁动情地想，也许从乡亲们一句句“吃了吗”的问候开始，她就与食品结下了缘分。

知之深而行愈达

刚踏进江苏大学的校门，学术的气息扑面而来。林琼晞明白未来的几年她都会在这里寻求方向，研读食品科学，理工科的坚实基础让她对大一的课程颇感亲切，导师带领的食品营养课题组更是让她惊喜万分，实验室的一切都让她觉得新鲜有趣，她主动要求加入课题组并跟随导师进行功能性饮料的开发应用。

寒假时，她参加了香港理工大学的创新访学项目，最难忘的便是在注重弱势群体关怀的社会性公益组织——“仁爱堂”参观时的经历。在体验盲人生活时，随行老师问了同学们一个问题：“如果你是一个独居的香港盲人，你觉得什么设施最重要？”同学们纷纷回答“盲道、响铃红绿灯、盲语标识”等，老师摆摆手表示都很对，但同学们还忽略了一个重要的点：“盲人不一定每天都出行，但一定每天都要饮食，独居的盲人需要配备特殊的食品，既易于打开又易于食用。”林琼晞大受触动，食物是生活必需品，而很多群体都需要食物的配合。除了盲人之外，手臂残缺者有没有能够用单手就能打开的食品包装？肌肉萎缩症患者有没有强化过的食品配方？除弱势群体之外，还有很多人同样有着饮食上方方面面的问题。这一刻，她感受到食品行业的浩瀚，涌上了一股要为之奋斗的激情。孔子说：“吾尝终日不食，终夜不寝，以思，无益，不如学也。”想到这里，她下一阶段的学习方向出现了！

知行合一记初心

大道至简，知易行难。林琼晞明确了目标，但实现起来还是困难重重。幸而在大二时学校开放了很多微专业课程，其中“现代健康管理”专业中的慢病管理技术、食品与营养干预、自然疗法三门课程引起她极大的兴趣。以慢病管理技术来说，它可以对慢性非传染性疾病及其风险因素进行定期检测、评估与干预。如果学好这门课，从小处说，她可以按照医嘱调整食谱，更好地护理患有慢性病的家人长辈；从职业发展的角度来说，这将是她迈向健康管理与服务行业、成为高素质应用复合型人才的起点。

大学二年级正是打好专业基础的时候，林琼晞还主持着一项大学生创新训练实验项目，面对224学时的课程，她屡屡追问自己：真的能再修习一门微专业吗？抽出时间只是第一步。微专业的课程学习主要在假期、周末开展，普通的实验安排完全可以在常规课程之余进行，无非多跑几趟实验室而已。但是如果所有的课外时间都排满了，那么学到的内容什么时候来消化吸收呢？林琼晞决定在寒假里想明白这些问题，然后再做决定。

寒假时她参与了一项社会实践——向社区居民科普家庭腌制咸菜和酿造葡萄酒的危害。腌菜如果腌制不当，会产生致癌物质亚硝酸盐，腌制过程中还需要大量放盐，这会导致腌菜中的钠盐含量超标，因此人体在摄入这些腌菜后，有潜在性致癌危险，并且加重肾脏负担，增加患高血压的风险。而自酿酒的发酵时间和温度无法得到精准控制，很容易滋生霉菌，同样会影响人体健康。通过简单易懂的方式向社区居民们阐述明白这些道理，林琼晞感到自豪和对专业的骄傲。社区的阿姨奶奶们都非常淳朴，一向节俭的她们可能都喜欢自己制作一些食物，但其中存在不少隐患，现在仅仅是一场小的分享就能让她们规避一些常见的“食物风险”，这实在太有意义了！

这次社会实践之后，林琼晞决定选修“现代健康管理”这门微专业。她意识到必须要尽快用知识来武装自己，如果能在最短的时间内掌握尽可能多的内容，那么她就能为身边的人多做点实事，哪怕只是改正一种食用方法，都是有意义的事情，也是她一直以来想实现的目标。

躬行践履见真知

果不其然，在微专业老师的带领下，林琼晞很快完成了医学与健康科学、中医药文化与健康、慢病管理技术这几门课程的学习，并且可以根据不同人群的健康情况给出相应的饮食管理方案。放假回到家后，她学以致用，为几位患有慢性病的长辈都制订了严谨的食疗计划，俨然是一位家庭“小医生”了。可以在喜欢的方向深入学习研究，可以通过专业知识来回报一直对自己给予厚望的家人们，让她的内心充满了幸福感和喜悦感。

回顾在江苏大学食品与生物工程学院学习的这三年，林琼晞感到虽然忙碌却无比充实，她突然发觉之前的纠结是完全没有必要的，事实证明，学业、实验、拓展和生活完全可以平衡好，能够在实践中运用、检验和发展自己所学的知识实在是一件幸福的事。在林琼晞看来，她一直在往上走，坚定地向最初的梦想跃进，只待百尺竿头更进一步，就像小时候、高考前、填报志愿、开展社会服务时一样。

导师寄语

林琼晞同学善良诚恳，踏实努力，能妥善安排好第一课堂和第二课堂的学习，努力克服学习和生活中的各种困难。希望她在未来的学习和生活中更好地将专业知识学以致用，长风破浪会有时，直挂云帆济沧海！

食品与生物工程学院讲师　赵延胜

解开枷锁，超越自我

毋宁宁，女，1999年10月生，中共预备党员，食品与生物工程学院生物技术2017级本科生。获校学习优秀二等奖学金、耘林奖学金，获校“三好学生”“优秀共青团员”等荣誉称号，获国家志愿者一星级证书，参与主持校大学生创新创业训练项目1项并结题。

勇敢向前，迈进大学

毋宁宁一直是一个胆怯的女孩，她觉得自己各方面都平平无奇，不敢大声讲话，也没有勇气去竞选班委，成绩维持在班级中游，大多数时间都生活在别人的光芒之下。从小到大，她未曾出过远门，未曾见过外面的世界。面对未知，她更多的是胆怯。

但是她并不甘心一直普通下去，总想要出去闯荡一番。因此，高考后她报考了离家遥远的江苏大学。这是她第一次离开家来到这么远的地方，心中有着些许忐忑。坐在开往学校的列车上，她下定决心，大学期间，一定要改变自己，一定要好好看看这个世界，一定要挑战从未做过的事情，一定要做一个优秀的人。

大学生活丰富多彩，不仅有各色各样的学生社团，还有来自五湖四海的同学。渐渐地，她结识了热情似火的东北舍友、温婉尔雅的南方同学及炫酷的滑板社“板友”。在学院部门招新宣讲时，她对“学生会国际部”一见倾心。她觉得这是一个极具挑战性的部门，既需要有与留学生交流的勇气，也需要有策划国际文化交流相关活动的能力，难度要高于其他部门。她决定勇敢地去尝试一下，给自己一次突破自我的机会。在多次练习自我介绍之后，她还是感觉表现得不够完美。本以为会被淘汰，却意外收到了录用通知。正是这次小小的成功，让她认识到只有勇敢地去迈出第一步，才有成功的希望。

一天，她在校园内偶然看到“善行一百”志愿服务活动正在招募志愿者，活动是为山区孩子募集资金和物资。毋宁宁认为，参加这个活动既能献出自己的一份爱心，又能锻炼自己的表达能力，于是她毫不犹豫地加入了。虽然在开始劝募之前，毋宁宁早已做好了充分的心理准备，但是劝募的第一天，她的自尊心就被狠狠打击了。接连几个小时都没有一个陌生人愿意伸出援手，还被有些人嘲笑为“不劳而获的骗子”。几天下来，虽偶尔有一点点收获，但是被拒绝的次数远远超过成功募集的次数，坚持下去对毋宁宁来说无疑是个巨大的挑战。每当她想放弃时，她就拿出山区孩子寄来的明信片来鼓励自己。每个周末的早晨，她都早早起床去不同的地方说服路人募捐，也许有误解，也许有偏见，但她相信，只要心存善意和信念，就一定会打动更多的人。在劝募的过程中，毋宁宁的善心也为自己带来了回报，她逐渐打开心扉，不再惧怕和陌生人讲话，人也变得活泼了许多。毋宁宁一直坚持为山区孩子募集学费和各种物资，截至目前，已帮助了十多个山区孩子。

博采众长，积蓄能量

毋宁宁认为，当一个人慢慢打开封闭的枷锁，就会遇到更多优秀的人。大一结束时，毋宁宁参加新加坡短期访学项目，认识了几位优秀的研究生学长，在和他们一起出国访学的朝夕相处中，她学到了有关科研的方方面面，也激发了她想读研的决心。

在相处中，她了解到几位学长都在兢兢业业做研究，科研成绩突出，均发表过多篇高水平学术论文，其中一位学长还获得了国家奖学金。在得知她有考研的意向后，大家积极地为她传授经验，鼓励她提升自己的学习成绩和科研水平。经过他们的点拨，毋宁宁开始加倍努力学习，在大二期间进入实验室和师兄师姐一起做实验。在导师的帮助下，她成功申请到一项大学生创新创业项目。毋宁宁的科研项目是“关于酵母菌生防治剂对黄桃腐烂抑制的研究”。刚开始时困难重重，实验室里面的一切对她来说都很陌生，不论是实验器材的使用还是养菌，一切都需要从零开始，都需要向学长们请教。实验失败是家常便饭，实验后无法获得结果更是常态。她印象最深刻的一次，是连着做了两个白天的实验，在观察实验结果时发现染菌了，于是整个实验都白做了，失落之余她继续请教师姐以便改进实验方案。在学习空暇时，毋宁宁也会主动进实验室帮助学长们做实验，以此来不断提升自己的实验技能。正是因为毋宁宁对学习的热情，她的学习成绩提到了专业前三名，最终成功考取南京农业大学的硕士研究生。

经历挫折，方得成长

毋宁宁在读大学之前就想担任班委，为班级做一些力所能及的事情。但是命运好像一直跟她开玩笑，大一时竞选文艺委员落选，大二时竞选团支书落选，接二连三的失败让她开始自我怀疑，认为自己能力不足。大二下学期时，班长职位空缺，“要不要竞选，能不能胜任”成了她内心一直焦虑的问题。幸亏她没有放弃，决定哪怕只有一丝希望也要努力争取。最终她以高票当选，有了为班级服务的机会。

担任班长不仅要充分统筹协调落实好班级各项事务，凝聚集体向心力，还要了解每一位同学的情况。毋宁宁主动向前任班长请教经验，主动与各位同学加强联络，尽快熟悉和掌握班级和同学们的情况，遇到困难时主动向班主任、辅导员老师请求帮助。一开始由于缺少经验，行事时会缺少逻辑，也会犯一些小错误，好在同学们体谅，慢慢地，她学会了如何分解任务，如何召开班会，如何调动其他班委的积极性一起举办班级活动……记得一次班级活动，正值清明节，毋宁宁提议大家一起动手做青团。她让班委们分工合作，团支书负责借食堂的厨房，生活委员负责买食材，文艺委员负责学习制作流程……在班委们精心的准备下，活动得以顺利进行。看到同学们吃到热腾腾的青团时露出来的笑容，她感到十分满足。毋宁宁在繁忙的学习之余，工作踏实认真，克服了许多困难，配合老师出色地完成各项工作，为同学和老师提供了必要的帮助和服务，逐渐取得了大家的认可。在那些共同直面困难、组织各种活动的日子里，她与同学们结下了深厚的友谊。

导师寄语

毋宁宁同学尊敬师长、团结同学，上进心强、学习刻苦努力，取得了不错的成绩。希望她在未来的日子里继续挑战自我，拥抱生活，载着希望驶向辽阔的海洋。

食品与生物工程学院教授　孙卫红

做一个心中有光的人

何沁柳，女，1999 年 1 月生，中共党员，食品与生物工程学院生物技术专业 2017 级本科生。获校学习优秀二等、三等奖学金，获校“三好学生”“优秀毕业生”等荣誉称号。入选校创新创业学院学员，2019 年暑期前往美国参加为期三个月的“赴美带薪实习”文化交流项目。

你身体里的每一个原子都来自一颗爆炸了的恒星，这是我所知关于物理最有诗意的事情。你就是星辰。

——题记

何沁柳说：“每一个人都是平凡而伟大的。在生活中，大家总会无限放大周围人的闪光点，而收起自己的光芒。殊不知，我们自己也是强大的。我们虽然不能都如太阳那般炽热，但却可以拼尽全力散发出自己的光芒。做一个心中有光的人，就可以照亮前行的路。”

曙光初现

刚进入大学时，何沁柳并没有很高的志愿和抱负，她和大多数学生一样，过着平淡无奇的生活。但是大一不太理想的期末考试成绩让她幡然醒悟，不能再这么“无所谓”下去了！如果不去改变、懒得去努力，跟一条没有目标的咸鱼有什么区别？于是，何沁柳暗暗下定决心要改变自己，要做一个心中有光的人，能照亮自己，亦能温暖他人。

何沁柳的改变首先从提升学习成绩开始。大二的这一年对于她来说并不容易，因为课程时间安排得更加紧凑，课程难度也大幅提升。课堂上跟不上老师的进度和节奏，课后的作业不会做，这些常常让何沁柳感到无奈和焦虑。但她明白，焦虑不是办法，遇到困难总要想办法解决。于是她从端正自己的学习态度开始，放下焦躁，耐心梳理知识点，整理错题，厘清解题思路。遇到不懂的地方主动向老师和同学请教。此外，她还自主查阅了许多专业文献资料和与专业相关的书籍，来提升自己的专业知识，拓宽自己的专业视野。在大二结束的时候，何沁柳的成绩排名有了很大的提升。在后面的学习过程中，她仍然没有放松，始终对自己严格要求。在她坚持不懈的努力之下，最终将平均学分绩点提升至 4. 06 分，名列前茅。

在准备考研的一年中，她几乎将所有时间都花在考研这一件事上，每天坚持学习 10 个小时以上，合理安排自己的时间，规划好每天的学习任务。功夫不负有心人，最终，何沁柳如愿考上了心仪的大学攻读硕士学位。考研成功不仅仅是梦想的实现，这也让她学会了坚持、刻苦与忍耐，意识到了选择、方向和努力的重要性。此外，她也学会了在困境面前不断反思和自我总结，而不是一味地“横冲直撞”。她觉得，考研犹如独自穿越人生的荒漠，途中没有喝彩和掌声，没有鲜花和美景，只有看不完的课本，当下看来繁重的学习任务及为实现理想而慌张无措的胡思乱想。但是，或许只有这“一腔热血的孤勇”，才会在自己的人生中留下浓墨重彩的一笔，或许多年后回忆起来，这段经历仍会让自己记忆犹新。

多彩青春

何沁柳认为，大学生活不应该只有学习这一项内容，每个人都应该合理规划，让自己的大学生活更加丰富。

大学期间，何沁柳担任校行政部门的助理，并加入院青年志愿者协会成为一名志愿者。在这些部门里，她学会了如何与他人更好地合作和交流。她印象最深刻的是大一下学期青年志愿者协会计划去小学开展放风筝的活动。何沁柳和另外一名同学共同负责策划和组织活动，在活动前期花了很多时间去查阅相关资料，认真思考策划方案。在策划活动过程中，他们也遇到了许多问题，比如如何降低制作材料的成本，如何能够维持好现场秩序，如何让小朋友们更好地参与活动，等等。通过反复的讨论和模拟，他们最终确保了活动的顺利进行。

她还加入了学校的创新创业学院。在这里，她学习到了许多创业知识，也结识了许多优秀的同学、老师及企业家。在这段一年多的学习旅程中，她对大学生的创业背景和现状有了初步了解，也正是在双创学院的学习经历，让她认真做好了学业规划，更加坚定地走向自己的未来。

为了让暑假生活更加充实有意义，她选择在大二的暑假前往美国参加“暑期赴美带薪实习”文化交流项目。在美国生活的三个月对她来说也是一个不小的挑战。她需要学会独立生活，安排好个人的日常花销，与陌生人沟通交流，等等。到美国的第一天，面对一个陌生的国家，一个陌生的环境，何沁柳最初的忐忑和不安至今还历历在目。下了飞机之后，她身边没有一个人能提供帮助，她必须完全依靠自己搭车从纽约到波科诺山。尽管在前期她做了许多准备，比如查找攻略及将一些关键场所的名称记在纸上等。但是当真正和外国人交流的时候，她才意识到自己的英语能力存在很多不足，实际情况与在课本上学习的完全不同，但好在勉强靠着“中式英语”安全到达了工作地点。此后，她默默下定决心要好好利用在美国的三个月时间来全面提升自己的英语水平。工作时，她积极地和客人们沟通交流，与同事们畅聊中美文化差异等。在工作培训时，她及时记下一些她不太熟悉的英语单词，主动去查阅相关词汇进行巩固积累。在美国的三个月里，她结识了许多外国朋友，她的英语能力及独立生活的能力也得到了提高。最重要的是，她变得更加自信且自律了，她领悟到了自信和努力的魅力。人们常说，“读万卷书，行万里路”。她很期待今后能够走得更远，去探索更加宽广美丽的世界。

初心向党

大三时，何沁柳光荣地加入了中国共产党，成为一名共产党员。她在这个团结务实、温暖友爱的集体中，切身感受到了组织的关怀、团结奋斗的快乐和志愿服务的温暖。何沁柳认为，志愿服务是奉献社会、服务他人的一种方式，是传递爱心的过程。

身份的转变让她意识到肩上的责任更重了，她也逐渐领悟到“为人民服务”的真谛。她和支部党员们一起参加了许多志愿服务和实践活动，例如前往江心洲调研当地农民生活水平情况，慰问城市环卫清洁工人，在校园参与义务植树活动，向低年级同学们分享学习经验和就业考研信息，等等。2020 年暑假，新冠肺炎疫情防控工作艰巨复杂，为了充实基层疫情防控工作力量，身为党员的何沁柳积极响应党团号召，主动到社区报备，参与一线体温测量、社区消毒、出入登记的工作。青年党员何沁柳意识到，要始终有一颗愿意为人民服务和奉献的心，密切联系群众，才能不愧对党员的身份。

何沁柳认为，或许在人群中自己不是最出类拔萃的那一个，但是她相信，只要始终如一地坚持和努力，自己终究会散发耀眼的光芒。做一个心中有光的人，才能照亮自己，亦温暖他人。

导师寄语

何沁柳同学思想积极进步，学习目标明确、勤奋刻苦、成绩优秀，掌握了扎实的理论知识和熟练的实验技能。希望未来的她能坚守梦想，务实创新，开拓属于自己的美好未来！

食品与生物工程学院副教授 王 勇

抓住时间的间隙

崔玲，女，2001年7月生，食品与生物工程学院食品科学与工程专业2019级本科生。获国家励志奖学金、校学习优秀二等奖学金，获镇江市社会实践先进个人、校“三好学生”、“志愿之星”优秀学生、“优秀共青团员”、“耶鲁学堂优秀学员”等荣誉称号。参与科研立项1项。

决心与实干，伴她成长

让她真正转变的是一个夜晚。那是由一道数学题引发的思考，面对那道题目，崔玲百思不得其解。爸爸下班回家后辅导她，但无论爸爸如何引导，她都无法解出正确的答案。睡觉之前，她听到爸爸失望地说：“那道题的答案是3……”那晚，年幼的她心中一阵失落，突然发现之前的日子过得浑浑噩噩，于是，她暗暗下定决心，再也不要让爸爸失望。第二天，她开始在课堂上主动举手发言，主动询问老师问题，此后她的成绩越来越好。再后来，优异的成绩让她得到上海卞靖宇读书协会的资助，与同校其他优秀同学一起前往上海游学一周。这次上海之行让她见识了摩天大厦，让她看到了匆忙的人们，她认定这就是自己要为之努力的地方。

现在回想起来，她感谢当初自己一次又一次地下定决心，更感谢自己能将决心化为行动。大一的生活忙碌而充实，除了日常上课之外，崔玲一边在辩论队中训练自己的语言表达能力，一边在宣传部学习新媒体技能。而她也从未懈怠专业学习，在大一结束时，她的绩点达到3. 96分，名列班级第一。随着专业学习的深入，科研占据了崔玲的大部分生活，在做科研的路上，她最大的感悟就是，只有扎扎实实、认认真真才会有回报。

周末的时光，崔玲和科研伙伴都是在实验室中度过的，但收获的成果与付出的时间不成正比。有一段时间她常常觉得沮丧，花费了这么多时间做实验根本就没有任何意义，师姐们轻轻松松就可以提取出的多糖，自己花费了将近一个学期的时间都没有成功，渐渐地她对考研也丧失了信心。学业导师发现了崔玲的异常，开导她说："科研本就不是一件容易的事情，在这个过程中你需要不断调整自己的方法思路，虽然现在还没有成果，但思考的过程也给你带来了很多课堂上学不到的知识。"于是崔玲开始静下心来复盘实验的每一个步骤，分析每一次失败的原因，最终她发现是由于自己对实验操作不熟练、做实验马虎大意而导致的。崔玲调整好心态，拨开失落的乌云，重新投入实验。

崔玲还记得那段时间为了不耽误正常课程，她每天第一个走进实验室；也记得和师姐讨论实验进展的那些时光；而让她记忆最深刻的，是终于成功地将多糖提取出来，实验取得初步进展的那个夜晚，她激动得睡不着觉，仿佛能看到实验最终成功的那一刻。后期实验虽然不如想象中的顺利，但她坚信，只要踏实认真地做科研，只要在一次次的实验中取得真本领，在一篇篇论文中学得真知识，就一定会对实验有实质性的作用。崔玲和科研伙伴的实验还在继续，相信她在未来的某个时刻会得到令自己满意的成果。

爱心与善良，被她播撒

做志愿者是崔玲大学生活中浓墨重彩的一笔。她第一次接触志愿活动是在大一期间参加"善行一百募捐活动"，她坚持在冬天的周末爬出温暖的被窝，去镇江市的街上募捐。虽然在募捐过程中受到了很多冷遇和拒绝，但是她铭记在心的是更多的温暖。有老人拿出了身上所有的零钱；有尚未工作的人，也力所能及地捐款；还有人拦住她，要主动捐款并鼓励说她做的工作很有意义。大一学期末，她又跟随团队前往镇江市特殊教育中心开展志愿活动，带领特教中心的小孩子们做科学实验。这两次的志愿经历让崔玲有很大的触动，觉得帮助他人其实就是自我价值实现的过程，也是收获快乐，收获善良的过程。

炎炎夏季正值崔玲家乡小鱼洞的旅游产业旺季，很多家长在这个时候非常忙碌，放假在家的孩子们缺少家长的辅导。于是崔玲和她的同学一起在家开设了志愿辅导班，为那些父母工作繁忙的孩子做功课辅导。她和同学将她家客厅的沙发和茶几挪到阳台上，腾出了一块空地供学生学习，并借助大学生社会实践平台，得到了学院老师的帮助。那段时间，学生八点上课，崔玲早上七点之前就要起床，打扫好家里的卫生，迎接学生的到来。因为每个学生的学习情况是不一样的，所以她们需要依据学生自身的学习情况来为每位学生制订学习计划。下午经过简短的休息后，她和同学就开始准备第二天的教案，必要时进行家访，了解学生在家学习的情况，并对学习方案做出调整。崔玲有时候担忧学生的学习情况，担心自己不能胜任“老师”的工作，但她还是坚持了下来，而且非常幸运的是，崔玲的同学、朋友都很支持她，甚至到小鱼洞帮助她。为期一个月的辅导班结束后，崔玲不仅收获了家长们的认同和学生的进步，还收获了珍贵的友谊。

在抗击新冠肺炎疫情时，她积极报名成为一名疫情防控志愿者，积极投身到家乡社区的疫情防控工作中去，在社区门口值班，为来往居民登记体温为自己社区的疫情防控贡献了力量。她也凭借在志愿服务上的突出表现，获得了“镇江市大学生社会实践先进个人”称号。

那么，是什么原因促使崔玲坚持做志愿者的呢？

她说，是因为以前收获了许多人们的善意，现在想要将它们传播出去。崔玲出生在一个贫困山村，求学的路上得到了很多帮助。有来自上海好心人士的帮助，有身边老师、朋友的帮助，更有来自国家的帮助。来到大学后更是如此，比如在大学生活繁忙想要放弃时，她受到了来自朋友的安慰；在学业课程遇到迷茫时，得到了老师们的帮助；在做志愿辅导班的过程中，家长的信任让她收获力量，社区居民的帮助让她坚定方向。所以崔玲想把这些善良传播出去，于是她选择坚持做志愿活动，让别人也能感受她所感受到的温暖。

感恩与励志，助她成才

大学的时光是短暂而宝贵的，崔玲也在每天充实的生活和学校积极向学的氛围中淡忘了曾经的失利，逐渐清晰了自己的想法。首先是对江大的看法，江大为她提供了很多学习的机会，比如去耶鲁学堂上课，加入伯藜学社，以及有机会带领自己的团队做各种有趣的活动等。更重要的是，她在每天的学习和工作中，一点点地成长。她终于放下对于选择了“一个不太好的大学”的介怀，开始热爱生活的每一天，热爱在江大的每一天。其次是对环境的看法，她说也许环境对人的成长是有影响的，但更重要的是自己的态度。充分利用环境中的有利因素，全方位地不断发展自己，这样无论身处何地，都能蓬勃地向上生长。

她在日记中写道："博观而约取，厚积而薄发。我知道我是一个平凡的人，但平凡不等于平庸，我只有不舍昼夜地努力奋斗，才能用自己平凡的身躯去创造一个个不平凡的瞬间！"

导师寄语

面对生活，崔玲同学一直乐观积极，在学习上也勤奋努力，并且具有相当强的自我管理能力和团队协作精神。希望她能继续保持这些优良品质，并不断挑战自我，进而实现自己的人生价值，做最优秀的自己！

食品与生物工程学院教授　崔恒林

做个小太阳，温暖每个人

徐夏霏，女，2001年8月生，食品与生物工程学院食品科学与工程专业2019级本科生。获国家励志奖学金、校学习优秀二等奖学金，获校“优秀学雷锋志愿者”“优秀共青团干部”“优秀共青团员”等荣誉称号。

充电——在挫折中前行

进入大学之前，她听别人说，上了大学就轻松啦！但是，实际的大学生活并不轻松。对于刚刚步入江苏大学的徐夏霏而言，大学里一些简单的日常都让她筋疲力尽。她原以为，熬过了高中，到了大学就不用早起了，没想到学校为了让学生养成良好的生活习惯，在大一学年安排了早操。清早六点半，身穿校服的莘莘学子已经伫立在西山操场等待早操了，不少学生利用这段等待的时间拿着四级单词书开始晨读，而徐夏霏呢？在早操铃声即将响起时，她扎着高高的马尾辫，戴着一副黑框眼镜，匆忙地从田径场地入口处跑到班级指定位置，她庆幸负责早操考勤的同学还未离开，但同时懊悔又是踩着点做早操，原本背单词的计划又落空了。在日常学习中，她也想要好好学习功课，但时而努力，时而颓废，这样的状态持续了两个月，直到高数期中考试成绩出来的那一天，她整个人都恍惚了，按照这个成绩，离她想要拿奖学金的目标还差得很远。那天，辅导员找她谈话，询问她学习状态如何，学习上有没有什么问题，但当时的她哪敢坦白自己没有把太多的精力放在学习上，也压根儿没适应大学的生活和节奏。回到宿舍，徐夏霏接到了父母每周打来的“固定”电话，想到每天努力奋斗，生着病还在为生活拼搏的父母，愧疚的情绪几乎把她淹没，她突然感受到了比高中还大的压力，体验到了大学学习和生活的紧迫感。

大一的时间安排十分紧凑，早操、晚自习和课程已然占据了绝大部分时间，有时还会有专家讲座和班团活动的“到访”，徐夏霏原本计划在晚自习完成高数作业或者是复习前一章节的工程图学，往往会被各种意外打断。大一似乎有听不完的讲座和上不完的课，这一章节的习题还没做，老师又开始了新一章节的知识讲授。距离期末考试还有一段时间，徐夏霏暗下决心，这次考试一定要有进步，要考一个好的成绩，但是她越复习，发现自己不会的内容越多，没认真上课导致的基础不扎实的问题逐渐显露。高数、无机化学和工程图学，要么题不会做，要么错很多，自信心常常是还没被拾起就又遭到打击。在校运动会期间，她请了假回家调整一下，她没有翻开从学校带回来的习题册，只是待在家里，心里空落落的，也不知道该做些什么，又想到她的同学、朋友都在学校努力奋斗着，只有自己在逃避，情绪有些崩溃。徐夏霏将自己的困惑向家人倾诉，她的父母跟她聊了很久，在家人的安慰鼓励下，她决定改掉之前散漫的态度，调整没有自信的不良情绪，敞开心扉与舍友分享生活中的快乐，向同学请教学习中的难题，尝试摸索出适合自己的大学学习方法和生活节奏。尽管在大一的第一学期，徐夏霏感到了压抑和焦虑，但她及时调整心态，摆脱阴霾，在困难挫折中摸索前行，做着“充电”的准备。

蓄能——在积累中坚定

在徐夏霏与大学学习生活做斗争的过程中，一个男孩出现在她的视野中。在一次体测项目结束后，班级同学都参与在各种运动项目中，打篮球，踢足球，打网球……但徐夏霏，一个从小就爱生病、运动细胞极不发达的人，对这些体育项目没有很大的兴趣，她就坐在操场的看台上，看大家酣畅淋漓地玩儿，看远处的风景和天上的白云。这时，一个男孩坐到徐夏霏的身边，问她在看什么。因为徐夏霏本身就活泼开朗，所以很快和那个男生聊了起来，发现他们有很多共同喜欢的东西，有很多相似点。从那天起，他们的联系多了起来，下课后男孩会带她去外面呼吸新鲜空气，看各种花草树木，看飞机飞过的轨迹；晚上会看远处的高楼、灯牌，会看月亮数星星；男孩子会在她学习卡壳的时候一语戳破她的困惑点；会在她坚持不下去的时候给她鼓励。他就像一束光，为徐夏霏驱赶着迷雾。后来他们彼此再坐下来聊天的时候，那个男孩才告诉徐夏霏，起初入学的时候，他就注意到了徐夏霏，觉得这个女生每天脸上都挂着笑容，每天都活力满满，有着爽朗的笑声。男孩说，每天看到她的笑容都被感染，但后来有段时间发现了她的异常，就想来帮助她。那天徐夏霏很震惊，原来自己也不知不觉给别人带来了快乐啊。那个男孩说："徐夏霏，你是很棒的！要一直保持自信，一直微笑，一直快乐，一直做一个闪闪发光的小太阳，用你的光芒尽可能地去温暖照亮别人！"徐夏霏一直记得这句话。

大一结束后的那个暑假，徐夏霏和几个小伙伴组建了一个志愿服务小队去当地的养老院开展活动。在养老院的半个月，徐夏霏学到了很多，也感受到了很多。志愿服务小队会帮养老院的爷爷奶奶收拾房间，打扫卫生，和他们一起打牌，一起看戏剧，一起唱歌，一起聊聊网络上出现的流行词，还会陪他们锻炼身体。"老小孩"这个词徐夏霏之前并不懂得，但通过半个月的朝夕相处，她渐渐理解了这个词的意思，老人们就跟小孩子一样，需要哄着，悉心照顾着，他们也一样可爱。志愿服务结束的时候，一位奶奶抱着徐夏霏不肯撒手，舍不得她离开，这也让徐夏霏感受到了做志愿活动的意义，坚定了自己要给他人带来阳光和温暖的信念。一个个瞬间使她的人生不断蓄能，当这些瞬间不断汇聚，就成了她坚定做志愿活动的理由。

绽放——在实践中坚守

从小在小县城长大的徐夏霏，一直都想亲眼去看看别人口中所说的外面的世界，于是，在填报志愿时她选择了江苏大学。一开始，大学里陌生的环境不免让她有点胆怯和紧张，但学长的热心帮助，舍友们的关切问候，让她很快融入了这个大集体，开始逐渐适应了她的大学生活。在大二专业分流结束后，新班级选班干部，徐夏霏竞选了班长这个职位，她相信自己可以处理好学习与工作的关系，也想为新班级的建设发光发热，在同学们的支持下，徐夏霏成功当选班长。因此她碰到了一群小伙伴，一起为班级的同学服务，举办主题团日活动，协助学业导师开好班会，一起为班级建设不断努力。

因为想要继续在大学生活实践中做志愿服务，徐夏霏留在了青年志愿者协会，在这个组织中她策划和参加了各种各样的志愿活动，结识了一帮志同道合的朋友，在学习之余默默贡献自己的力量，释放自己的光芒。年末为山区留守儿童进行募捐的"善行一百"活动后，她毫不犹豫地报名参加了。这是徐夏霏第一次接触志愿活动宣讲，在那个寒冷的冬天，徐夏霏与她的小伙伴走上大街，一次次尝试与行人交流，那时她觉得自己的心是火热滚烫的，作为青年大学生，就应该为山区的孩子做一些力所能及的事情。徐夏霏将自己要给他人带来快乐和温暖的初心与她的小伙伴一同分享，在平淡的生活中保持积极和阳光，不停地释放着光芒。

徐夏霏，未来的路还很长，你要一直加油，做一个温暖的小太阳，发光发热，温暖身边的每一个人！

导师寄语

活泼开朗、聪颖善良的徐夏霏，好比一朵火花，只要用勤勉的心去助燃，一定会燃成熊熊烈火，释放出无比的光与热。希望她在人生的道路上不要迷失自我，积极上进，相信她一定会收获属于自己的幸福果实。

食品与生物工程学院教授　袁　丽

坚定的追光者

辛禹洁，女，1997 年 8 月生，食品与生物工程学院食品科学与工程专业 2019 级硕士研究生。获江苏大学新生奖学金、校一等学业奖学金，获校“优秀共青团员”“优秀共产党员”“优秀学雷锋志愿者”等荣誉称号。参与国家自然科学基金项目“我国沿海盐碱地嗜盐碱古菌多样性与分类学研究”。

辛禹洁来自山西省一个平静安逸的小城，18 岁时怀着对外面世界的好奇与憧憬，她选择了江苏大学，这里是她故事的新起点。她曾经是个内向且不善言辞的人，但是，在后来的学习生活中，她学会了微笑着面对一切，成长为一个无惧困难且坚定的追光者。

向阳而生，逐光而长

她最喜欢向日葵，因为小小的花朵向阳而生，充满了生命的力量。她想像向日葵一样，向阳而生，逐光而行。进入大学以后，她及时地转换自己的角色，并很快确定了在这个阶段的目标。人生没有彩排，也不能重来，所以更需要把握好每一次演出的机会。

为了克服自卑与胆怯，她在大一时就鼓励自己参加学生部门的竞选答辩，心想，即使没有被任何部门看中，也可以锻炼一下上台发言的能力。机会是留给有准备的人的，凭着充分的准备与现场的正常发挥，她被自己心仪已久的外联部录取了，外联部是联系校园与外界的纽带，她坚信在这里可以找到自信与快乐。大二时，她参加了部长竞选答辩，并成功成为马克思主义研究会的部长，她在这个大家觉得些许无聊的部门闯出了一片新天地。大三时，当别人觉得这些学生工作浪费时间时，她依旧选择了坚持，因为她认为真正的青春不能只有学习，需要有不一样的烟火存在才算是无悔，因此她竞选成为学院团委分管组织部和马研会的学生副书记。这时，她遇见了一位特别的老师，这位老师对辛禹洁及自己身边的学生干部有着苛刻的要求。刚当副书记时，她曾一度不能适应短时间内高效处理事务的节奏。“老师，我不适合当学生干部，真的不适合。”好不容易培养的自信就这样再次烟消云散。老师耐心地引导、安慰她说：“当学生干部不就是来锻炼的吗？即使你出错了，我之后还是会找你办事，俗话说熟能生巧啊！”如今她一直把这位老师当作一束光，向老师学习的同时也感谢这位老师教会了她做事情要分轻重缓急，不慌不忙高效地处理遇到的问题。

成绩优异的她在大四时获得了江苏大学的保研名额，在这个熟悉的地方继续书写自己的青春故事。幸运的是，她在这里碰到了崔恒林老师，一位对“嗜盐古菌”充满热情的老师，是她的另一束光。还记得大三那年的微生物学的课堂上，老师正用 PPT 展示自己去海边采集样品时的照片，讲台上的崔老师特别兴奋，给台下的同学们讲述着采样经过。身处讲台下的她被崔老师的热情深深打动，这是一个真正搞科研的老师，于是，确定保研后，她便第一时间联系了崔老师，表明自己想加入崔老师的课题组，成为研究嗜盐古菌的一员。崔老师是一个自律的人，每天都可以在实验室里看见他；崔老师是一个“急性子”的人，做事果断干练不拖沓；同时，崔老师又是个“慢性子”，搞研究严谨有耐心。崔老师的这些品质默默地影响着辛禹洁，她变得越来越自律，越来越认真。

心有希望，无惧沧桑

作为一名研究生，科研是必不可少的。实验过程肯定不会是一帆风顺的，但只要心有希望，何惧沧桑。

嗜盐古菌，顾名思义是一类喜欢盐的微生物，大多存在于盐湖、盐田、盐碱地等极端环境中。这种极端微生物产生的蛋白酶相较其他蛋白酶具有耐盐、耐碱等特殊性质，如能很好地加以开发和利用将带来巨大价值。她所处的课题组就有针对此类蛋白酶的研究，与老师讨论确定方案后，她展开了对嗜盐古菌蛋白酶的探索。目前实验室所研究的蛋白酶所对应的核酸序列在 1000~2000bp，而她所探究的酶所对应的核酸序列在 4000bp 左右，这就增加了构建质粒时的难度。第一次尝试，失败；第二次，失败；第三次，调整比例，又失败……失败了很多次。失败一定有原因，她坚信，只要心有暖阳，积极向上地认为自己一定可以，进而不断调整，不断尝试，一定会成功。最终，在重新纯化目的基因之后再次连接，她终于成功构建了所需质粒。失败并不可怕，只要心中还有希望。

作为一名学生党员，辛禹洁一直遵守和践行着“为人民服务”的承诺。2020 年，一场突如其来的疫情席卷全球，她积极主动向所在小区居委会提出申请，成为一名小区网格员，负责小区每日进出人员登记、体温测量、小区消毒清扫等工作。她坚持做一名心中有暖阳的党员，热心为他人服务，因为服务他们也是在帮助自己。

坚定追逐，始终如一

大一为了提升个人能力，辛禹洁加入了外联部，大一生活是“学习+学生工作”；大二她参加了学生干部竞选答辩，大二生活依旧是“学习+学生工作”；大三是大学生活中的关键阶段，大家都不得不思考未来的去向，在这种情况下，她选择了坚持，竞选成为院团委学生副书记，与此同时，接任班级团支书一职，她的大三生活概括起来仍然是“学习+学生工作”；大四她获得了本校保研资格，在完成毕业论文的同时成为一名学工助理，因此大四的生活依旧是“学习+学生工作”。研一时辛禹洁加入了校研究生会学术部，同时成为 2019 级硕士研究生党支部的书记，概括下来还是“学习+学生工作”。总结下来她的成长与坚持，主要体现“学习”和“学生工作”两个方面，这就是她大学生活的主线。

大学不是放松的地方。她认为在大学不仅仅要学习，更需要全面提升自己。当自己迷茫、不知所措时，就先从眼前力所能及的事做起，要坚信，随着时间变化，在经历某件事情之后，或许就会找到目标。时间是单向的，不能因为暂时没找到目标就停滞不前，现在的积累可能是未来成功的基石。很多人会觉得做学生工作浪费时间，耽误学习，在她看来并不是这样的。她认为，其中的决定因素是工作效率。如何分配时间，如何平衡各种事情，如何有条不紊地多线工作，在相对自由的环境里，能考虑更多的事情，就显得尤为重要。很多人觉得学生工作对自己学业和未来的发展没有太多帮助。而她认为，既然选择了就要坚持，否则就不要开始，没有全力付出过，就不要抱怨没有收获。

总而言之，她相信付出总会有收获，如果现在没有，那一定是付出的努力还不够。假如现在无法看清未来的路，那就先从脚下开始。向阳而生，逐光而长，心有暖阳，无惧沧桑，坚定追逐，始终如一！

导师寄语

辛禹洁同学因为本科阶段学习成绩优秀得以保研，从那时起就一直参与微生物资源与应用的课题研究。她在硕士阶段的学习成绩优秀，研究工作扎实创新，拥有较强的团队凝聚力。希望她继续努力，成功属于不懈追求的人。

食品与生物工程学院教授　崔恒林

破晓而生　汲光露生长

王雨菲，女，1999年3月生，中共党员，食品与生物工程学院2017级本科生。曾担任班级班长、校学生会部长。获校学习优秀二等奖学金，获校“三好学生”“优秀学生干部”等荣誉称号。2018年暑假赴河北沧州支教，获暑期社会实践“先进个人”称号；2019年参加SWT暑期赴美带薪实习项目。

或许每一次选择，是不分对错的。率性而为，要为自己而活。

——题记

弃艺学文　淡然选择

“为自己的人生鲜艳上色，先把爱涂上喜欢的颜色，笑一个吧，功成名就不是目的，让自己快乐快乐……”王雨菲正沉浸在《稻香》的旋律中，有人拍拍她的肩膀，手指点点耳朵示意她摘掉耳机，问道：“嘿，想好去哪上高中了吗，还要学画画吗?”她抬眸注视，答道：“嗯，应该不画了吧。”见到朋友瞬间瞪大的眼睛，她立刻转身朝着家的方向走去。因为她害怕听到那些自己听了无数遍的话从自己的朋友口中说出来：“你学美术吧，你以后可以上清华大学美术学院的呀。”“你以后会后悔的呀。”“你再好好想想呀。”……除了家人，谁也不知道她做这个决定时多么痛苦，每每在夜里想起此事，她都会陷入对未来的迷茫、对自己曾经的否定，甚至还会握着心爱的毛笔痛哭。但她一如既往地坚持弃艺学文这个决定，因为她知道并不是每一个孩子都有学可以上。身为学生，学业为重，艺术次之。于是，这个心中的艺术种子已经萌芽的女孩，扔掉过去所有的“小辉煌”，踏上了一条“读万卷书”的路。

三年后，她的高考成绩并不理想，在网吧匆忙地填完志愿，她瘫在椅子上想：难道当年她真的应该学艺术吗？毕竟梦中的学校曾经朝自己招过手，而她选择了扭头就走。她悄悄地掰着手指计划着自己的大学生活：要加入一个社团、要进入学生会、要参加几个竞赛、要多练习画画……但她知道，作为一名学生，最根本的任务是学习。

2017 年的夏天，王雨菲和家人一起开车南下。从河北到南京，她看着沿途的树木越来越高大、碧绿，心中的阴霾也渐渐消散。当抵达江苏大学校门口时，她的心里不由得多了一股兴奋感，她好像来到了自己的“地盘”。深吸了一口清新的空气，她对家人说：“我想在大学按照我自己的规划，提升自己。”家人意识到曾经那个坚强的姑娘为自己的人生选择好了方向，妈妈回道：“我们期待着！”母女二人对视一笑，眼中尽是繁星。

步入大学　精彩生活

在军训时，她认准了校学生会的国际部，经过选拔，如愿加入，成为一名干事。在完成部门日常工作的同时，也是在磨砺自己。终于，她的想法渐渐成熟了。在大一下学期当选代理部长后，王雨菲带领部门成功举办了新活动“江苏大学排行榜之英文演讲大赛”。举办从无到有的活动往往都很辛苦，但是从她的眼神中，看到的只有兴奋与期待。是的，对她而言，这不只是实现目标的一小步，同时也是提升自我的一大步。她已经做好了准备，迎接日后的艰难险阻。

在大一暑假前，她接到了绘制“江大手绘地图”的合作邀请。这样一个既提升自己能力，又可以让自己回归艺术的机会，令她十分欣喜。尽管此时面临着部门工作、期末考试等压力，她还是欣然地接下了任务，心中的艺术种子也继续生长了。由于这次手绘地图一改以往的风格，她只能从线稿开始，逐一克服困难。白天复习准备考试，晚上挑灯夜战绘制地图，就这样过去了半个月，她终于在截止日期前定稿，同时也顺利完成了为期一年的部门干事工作，得到校“学生会部门之星”的称号，并且顺利完成期末考试。她还与国外友人参加“国际文化节闭幕式之最牛江大人”，在现场创作绘画，获得“最佳创意奖”。当她赢得台下的一片掌声时，她释然地笑了。时隔多年她又再次拿起画笔，勇敢地续写了自己的“小辉煌”。

萌芽伸了个懒腰，开始慢慢生长，催促着她要多准备些“养分”。于是，她作为“江苏大学大眼睛公益团队”成员，来到河北沧州的一所小学支教。支教前，她为了筹集资金，在义卖现场用自己的画笔创作，恣意地在木头、石头等各种材料上创作，与同行队员一起筹集了足够的资金。在为期一个月的支教时间里，她为孩子们播下曾经种在自己内心的小小种子，期待着它们可以发芽。画荔枝、画樱桃、画花、画小鸟……她在想会不会在某天，他们中会有人也踏上追求艺术的道路。

再后来，她脑中的想法像繁星点点，引导着她做出更多的尝试。

大二时，她成功竞选为校学生会国际部部长，同时也当选班长。她终于有了舞台可以大展身手了：带领部门成功举办“中国话世界说”“江大美食节闭幕式暨国际美食节”“江苏大学排行榜之英文演讲大赛”等活动；积极配合学校工作，协助国际处举办“留学知识讲座”；协助学生素质中心多次举办“出国类外语考试宣讲会”；协助海外学院举办的“国际文化节”系列活动更是成为学校的代表性活动之一。其中，“国际文化节”开幕式是最盛大的活动，由85个来自不同国家和地区的学生通过置办展区和参与现场演出来展现各国文化。除了负责沟通、场地布置等这些活动中的常规工作，她还带领部门承担了中国展区的置办任务。该如何展现我国文化，是她一直在思索的重点。此时，在她心中已经长大的小树苗摇呀摇，给她带来了全新的想法。她将中国传统美食和中国古代传统建筑安排在展区内的两个摊位，自己坐镇第三个摊位——“中国传统艺术”。润笔舔墨，她提起毛笔，将一幅幅自己练了很久的画卷展现出来，引来了很多外国友人围观。她开心地一一向大家介绍画上的内容，就像小时候她开心地和妈妈介绍自己又赢得了哪些奖。如今，她终于可以自信地告诉别人，这是她一直坚持的，她没有放弃。

回归艺术　觅见真心

“海阔凭鱼跃，天高任鸟飞。”她想了解更多的世界，想要出国看看。通过SWT暑期赴美带薪实习项目，她来到了美国新泽西州的度假村Mountain Creek Resort做餐饮服务工作。借着这个机会，她开始自我反思，自我调整，为心中的艺术树苗积累养分，厚积薄发。“改变，就从日常生活开始吧！”于是，她早上6点起床跑5公里，给自己做健康的减脂餐，10点上班，偶尔加班，晚上偶尔会去参加派对、音乐会。她用努力工作赚到的钱去旅行，感受不同国家的人的生活，与来自各个国家和地区的人聊天、拥抱，听他们讲述自己国家的奇闻逸事。在这三个月里，她不断反思自己，尝试和心中的自己对话，听取内心的想法。她感觉，自己这个勇敢的决定，将会是自己人生的转折点。

回国以后，她认为自己已经完成了曾经的规划，是时候开启新的篇章了。于是她决定，在圆满完成学业的基础上，再次回到艺术的方向上，走出一条属于自己的路。

“人最重要的是要研究自己，了解自己的个性和趣味。现在有些人眼高手低、自我感觉良好，为了学习而学习，为了生活而生活。当然也不能要求所有人都目标明确且坚定，因为生活总会无情地向我们扔石子，甚至有时还会搬座大山来堵住我们前进的路，我们可以累了停下休息，我们可能会怀疑自己，怀疑自己的选择，也可能会改变方向，但都请相信自己，没有理由把失败想象成虚无的黑洞。《围城》里那句很经典的话‘围在城里的人想逃出来，城外的人想冲进去。婚姻也罢，职业也罢，人生的愿望大都如此’。没必要复刻任何一个人的人生。人间一趟，积极向上，心怀理想，不念过往。”在历经心中的沉浮后，她这样总结自己这 7 年的蚕蛹化蝶的经历。

她相信，这些年轻时多彩的经历，在老时都会变成难忘的回忆。等年华慢慢逝去，能留下的东西不多，回忆是时光经过的最好见证。所以，即使辛苦，这个姑娘还是会选择滚烫的人生。

导师寄语

每个人的人生，都应该由自己做主。在你的身上，老师看到了年轻生命的力量与活力。希望在以后的生活中，你能够保持这一份真性情，活出自己的精彩！

食品与生物工程学院副教授　骆　琳

突破自我，破茧成蝶

苏园媛，女，食品与生物工程学院食品质量与安全专业 2017 级本科生。获校学习优秀二等奖学金，获校“三好学生”“优秀共青团干部”等荣誉称号，主持科研立项项目 1 项。

在时光中决定灿烂

儿童时期的苏园媛在同学和家长眼里并不出众，她的小脑袋也从没有想过什么一定要实现的目标。每次期末的成绩单上，老师的评语总是“你是一个认真踏实的学生……”，所以她认为，只需要做好眼下的事情就万事大吉了，就这样，她按部就班地进入了一所普通初中。

进入初中后的苏园媛遇到了一位令她终生难忘的老师——初二的班主任兼数学老师。在这位老师的耐心指导下，苏园媛的数学成绩有了大幅提高，在一次期末考试中取得了 120 分的满分。这次苏园媛终于拿到了她人生真正意义上的第一张奖状，尽管这只是一张“学习进步生”的奖状，但这足以令她激动许久，也足够向父母证明自己日常学习所付出的努力。在这位老师的激励下，苏园媛的数学成绩始终保持在 110 分以上。但语文始终是她的薄弱科目，这也导致在中考时，她与市内最好的高中失之交臂。当父母还在为选择哪所高中就读纠结时，她主动提出要去乡镇上的一所全封闭式的寄宿制学校读高中，父母在权衡利弊后，尊重了她的决定。

这是苏园媛第一次离开家，宿舍里的其他同学好像还有些不适应，但她已经迅速进入了学习状态。高一按照中考成绩分班，分数排名是大家都能看到的，第35名的排名深深地刺痛着她的心，但这也让她有了前进的动力，从第28名到第16名，再到第13名……终于在一次月考中，她进步到了第8名。这是她第一次进入班级前十名，这次排名在她意料之外，因为她认为自己对知识还未完全掌握好，甚至有很多题目在答卷时没有把握。而这种永不满足的心理注定了她不会止步于第8名。高二和高三的苏园媛有着更高的学习效率，因为学校寄宿制的规定，她的生活里只有学习、吃饭和睡觉这三件事，每天午饭过后，经过20分钟的午休后，她再回到教室开始做练习题，当其他同学利用午自习的时间写课堂作业时，苏园媛已经开始做额外的习题了。晚上，她会在教室待到宿舍门关闭前十分钟再离开，这样"三点一线"的生活虽然枯燥，但是苏园媛从不感到沮丧。在2017年的盛夏，苏园媛以高出省一本线90分的好成绩报考了江苏大学，并被第一志愿食品质量与安全专业录取！这样的成绩出乎父母的意料，在高考前父母还对苏园媛说："没关系，你正常发挥，只要能考上一本就行，实在不行二本我们也可以接受。"而如此优秀的高考成绩让她的父母十分骄傲。通过自身的努力，苏园媛从一名普通的小女孩变成了老师、家长和亲戚朋友眼里的优秀孩子，她也证明了自己不比别人差。

在努力中闪闪发光

刚进入大学的苏园媛还不习惯上课前的"书本占座"方式，所以每次都只能坐在教室的后面。幸运的是，她遇到了一群志同道合的室友，之后的早课，她们总是分成两支小分队，一支跑去教室占据上课最有利的位置，另一支则负责帮大家买早饭。就这样，大伙总能在教室的第一排看到她们认真上课的身影。都说宿舍不是学习的地方，但对于苏园媛所在的宿舍来说，这种说法显然是不成立的。期末复习期间，舍友们都很默契地七点起床复习，中午吃完午饭后午休一会儿便继续看书。这种严格的自我约束使她们在大二时作为学院的优秀宿舍代表与校长进行了座谈，这更加激励着她们宿舍成员不断努力。

苏园媛在大一时就被学生会的团学工作深深吸引，为了提高自己的综合素质，她主动报名参加校学生会的主持人梯队部门面试，面试成功的她，在大一学年中主持了多场活动和晚会。冥冥之中她对主持人部门的感情已然变成了一种热爱，这使得她对部门工作更加认真负责，她的积极热情也被所有同学看在眼里。大一结束时，为了能够延续这份感情，苏园媛毅然选择了留在部门，虽然大家都认为她已经有很大的把握能够当选部长，但她还是利用整个暑假的时间来准备自己的工作计划及竞选材料。努力坚持，必有所获，她成功当选成为副部长。大二这一年，为了部门活动她忙得不可开交，但即便是这样，她还是会带着作业和习题去部门，利用闲下来的时间完成课堂作业。学习与团学工作的兼顾，使苏园媛获得了奖学金并获得“三好学生”“共青团优秀干部”等荣誉称号。

忙碌的大二结束后，很多同学希望苏园媛能够继续留任学生会主席，但大三一年是大多数同学全力备战考研的时期，这对从大一就坚定考研的苏园媛来说真的是非常纠结的一件事情，苏园媛知道，继续留任意味着身上的担子更重、责任更大，她深知自己还有很多方面需要去提升，在经过激烈的思想斗争后，她还是选择了放弃留任，因为还有更加重要的事情在等待着她。

在忙碌中沉淀成长

正当苏园媛与室友们商量着寒假结束后如何开始全力备战考研时，新冠肺炎疫情突然袭来，这打乱了她们每天去图书馆学习的计划。但办法总比困难多，她们充分利用时间在家中自主学习，并且成立了学习小组，每天在群里打卡当天的学习进度。这样的方式使她们在期末考试中仍然名列前茅，这时她意识到，成为研究生的方法除了通过考试，还有保研。于是她利用暑假的时间搜索有关保研的消息，并积极参加夏令营。开学后她也没有放弃备战考研，同时利用琐碎时间查看预推免的公告，填写申请表格，最终苏园媛与一名室友同时获得保研资格，再三考虑后，她和室友选择留在母校读研，在江苏大学继续成长。

保研成功后的苏园媛也没有松懈下来，很快她就进入实验室跟着师兄师姐熟悉基本的实验操作，每天早出晚归的生活虽然很忙碌，但也很充实。每次实验后，她还会查阅文献将实验记录本上面的操作步骤补充完整。心怀感恩的她，每周还会抽出一天时间去学院帮助老师做一部分学生工作。在苏园媛的心里，这种生活方式使她的人生经历得以丰富，获得全方面发展，使她的大学生活更加丰富多彩。

努力不一定成功，但不努力一定失败。少一分急功近利，多一分踏实从容。也许你现在还是一只默默无闻的毛毛虫，但请你继续努力，总有一天你会破茧成蝶。

导师寄语

经过四年的相处，我看到了苏园媛的成长与突破，她工作认真负责，各方面表现优异。希望苏园媛同学能在以后的学习生涯中务实求真，积极上进，继续散发自己的光芒！

食品与生物工程学院副教授　张新爱

走在青春的路上

熊浩，男，中共党员，食品与生物工程学院2017级本科生。获校学习优秀二等奖学金、校数学竞赛二等奖，获校“三好学生标兵”“优秀心理委员”和江苏省第十届残疾人运动会“优秀志愿者”等荣誉称号。以第一作者发表论文1篇。

不悲观、不放纵、不轻颓、不自负。

——题记

勇敢独立，积极乐观

大学开学的第一天，熊浩独自拉着行李走进校园，这是迎新那天辅导员接待的第一个没有家长陪同的学生，所以也让辅导员记忆深刻。就在前几天，父母还在商量怎么陪着熊浩去学校，而熊浩却提出想独自去学校报到。在他看来，步入大学代表着一个人独立的开始，因此他希望从此刻就开始锻炼自己，走出自己的舒适区，这也将成为熊浩人生中的第一次“旅行”。短短半天的路程，起初他有些胆小，毕竟是第一次出远门，但是后来胆怯的心理就慢慢消失了，想起自己即将开始的大学生活，更多的是激动与憧憬。来到宿舍楼的那一刻，他想到虽然自己没有让父母跟着一起来，但是自己也平安顺利地到达了学校，他突然觉得自己成长了。

大一期间，熊浩参加了学校的各种部门活动，结识了很多朋友，也学会了与人交流，变得乐观自信，这让他的大学生活更加丰富多彩。当一个人阳光自信的时候，往往在很多方面都能取得不错的成绩。大一上学期，他的成绩排到专业第五名，大一下学期更是进步至专业第三名。于是他抱着试试看的心态参加了学校的数学竞赛，最后竟然拿到了二等奖的好成绩，这让他自己都非常吃惊。熊浩总是认真仔细地去完成每一件事，或许在别人看来他在学习上没有遇到特别大的困难，然而保持一如既往的专注本身就是一件很困难的事，这就是熊浩的制胜法宝。

前路漫漫，脚踏实地

相较于大一时的懵懂好奇，大二时熊浩有了自己的一些目标。满怀爱国热情，从小就被言传身教的他，对中国共产党有着特殊的感情，所以大学期间他抓住一切机会，立志成为一名共产党员。其间，熊浩不断学习党的先进思想和理论知识，规范自己的言行，认真参与学校及学院里组织的各项活动，将无私奉献和为人民服务的理念渗透到自己的日常生活，在思想和行为上与党组织保持高度一致，积极主动地向党组织靠拢。功夫不负有心人，终于在 2018 年 12 月他得到了党组织的认可，成为一名预备党员，预备期满后也顺利转为正式党员。

转正后的熊浩没有忘记自己的初心和使命，他自愿协助党支部完成一些日常工作，不缺席任何一次会议。当结束了一整天的繁忙学习后，他依然会利用自己晚上的休息时间来整理入党积极分子的资料，帮助支部做好发展党员的工作。认真工作让他得到了大家的认可，在支委竞选中他被任命为本科生党支部的宣传委员。这对他而言既是一种鼓励，也是一份责任。

乐于付出，充实自己

熊浩深知学习是学生的天职，于是始终把学习放在大学生活的首要位置。在完成自己的学习任务时，他也会帮助同学解决学习和生活上的一些困扰。临近考试周，学院为同学们举办了答疑讲座，熊浩还作为优秀学生给学习困难的同学们补习线性代数，帮助他们理解难懂的知识点。

熊浩没有因为学习任务的繁重而放弃其他能力的锻炼和提高，他主动参加竞选并当选为部门部长，组织干事办好各项活动，深受师生好评。他认为拥有好的身体才能有好的精力去做更多有意义的事，于是每天坚持锻炼，保证自己的身体健康。作为心理委员，他时刻关心班级同学的心理健康状况，乐于和同学们交流解决，在班级活动中用非常舒服的方式将那些在活动中存在感较低、参与度不高的同学拉回到集体中，让他们感受到集体的温暖。他认为，班级中的每个人都有义务去创造和维护一个和谐健康的氛围，也相对地会被这样的氛围感染而有益于身心健康。大学校园就是一个大家庭，在这个大家庭中，他是被培养的对象。老师是他的长辈，同学们就像兄弟姐妹，他们一起学习，一起娱乐，互帮互助，和睦相处。集体生活使他懂得了要主动去体谅和关心别人，也使他变得更加坚强和坚定。

结缘科研，永不止步

除了认真学习，熊浩也同样热衷于科研。大二时，他主动联系学业导师，积极参与科研学术活动，比其他同学更早接触到实验。在导师的指导下，熊浩知道了科研不能够盲目制定目标，而是应当努力夯实基础，学好专业课程。因此，他勤奋刻苦，深入了解细小的知识点，实验课上积极配合老师，并且注重在课后向老师请教。从最开始的无从下手到后来自己设计实验、完善实验步骤，熊浩从一个蹑手蹑脚的“小白”成长到可以操作自如的“老手”。

大三时，有了一定实验基础的熊浩在导师的指导及同学的协助下获批了省级重点大学生创新创业项目。暑假期间，他主动申请留校做实验，每天两点一线，奔波于宿舍和实验室之间，向研究生师兄师姐学习仪器的使用，与搭档一起探究实验过程，面对实验的失败他没有困于失落和自我怀疑，而是仔细思索问题出现的原因，怀着对实验的热情探寻新的解决办法。比如对大麦全粉进行挤压膨化，由于大麦粉黏度较高，难以得到理想的膨化物，他大胆创新，增加样品的含水量并立即对挤压产品进行烘干处理，最终成功地解决了这一问题。在一次次的试验下，他最终顺利完成“大创”结题。

回顾四年的大学生活，熊浩也有很多感想与收获。他说，大学生活是一个不断适应的过程，它就像一面镜子，你对它热情，它也会对你热情。环境往往不会因为一个人而改变，我们需要不断调整自己的状态，拒绝自满，永远保持一颗赤子之心。一名真正优秀的大学生应当怀抱远大的理想，在对未来的憧憬中规划人生目标，这样生活才会有源源不断的动力，不会因为没有方向而迷茫无措。确定方向后，需要的就是耐心踏实，持之以恒地按计划做好当下的每一件事情了。

在四年的大学学习与生活里，熊浩同学努力进取，在各方面都取得了优异的成绩。随着个人能力的大幅提升，他并未自满，仍在不断审视和纠正自己的缺点。面对未来的挑战，他立志不断提升自我，时刻保持乐观的人生态度，务实创新、奋力前行，为祖国的建设献上自己的一份力量。

导师寄语

我们一起度过了四年时光，见证了熊浩从大一的青涩害羞到如今的成熟自信，看到了他的付出，也一同分享了他收获回报的喜悦。在以后的日子里，希望他能保持最初的热情，积极追逐梦想，以蓬勃向上的姿态在自己选择的道路上前行。

食品与生物工程学院教授　肖　香

与自己赛跑

赵文君，女，共青团员，食品与生物工程学院2017级本科生。获校学习优秀二等奖学金、国家励志奖学金，获院“优秀学生干部”“三好学生”等荣誉称号，以主持人身份结题校级大学生创新创业项目1项，受理国家发明专利1项。

大学是挑战自我、充实自我，为实现人生价值打下基础的重要阶段。奥斯特洛夫斯基曾说：“人的一生应当这样度过，当回首往事的时候，他不会因为虚度年华而悔恨，也不会因过去碌碌无为而羞愧。”回首大学四年的青春岁月，赵文君尝试了许多事情，有遗憾，也有圆满。尤其令她欣喜的是，她在这一段旅程中一次次地与自己赛跑，认识自己，检视自己，成为超越自己的那个人。

努力才能释疑

2017年夏天，赵文君收到了来自江苏大学的录取通知书，这份欣喜足以让她激动一整个夏天。九月开学季，她乘坐火车一路风尘仆仆地来到了她梦寐以求的大学。刚踏入校园时，她对一切都充满好奇，当时的她还不了解食品科学与工程这个专业，也不清楚自己未来四年能够收获些什么。但是，她似乎从他人的口中听说过这个专业就业前景并不好，并非当前的热门专业。周围一些同学抱怨自己选错了专业，于是开始自暴自弃，还有一些同学坚定地要转专业。有些迷茫的赵文君无从得到答案，但是她坚信一个道理：如果不懂它，就去了解它。赵文君深刻而清醒地知道，大学不是放松娱乐的地方，于是她给自己设立了目标：通过大一一整年的学习打好专业基础，加深对所学专业及未来方向的了解。为了实现这一目标，她上课认真听课，课后按时完成各项作业，养成了课前充分预习、课后自我钻研学习的好习惯。久而久之，她的自学能力得到了很大的提升，学习成绩也跻身专业前列，在校奖学金评选中荣获学习优秀二等奖学金。她还利用课余时间不断充实自己，自学了比较感兴趣的 PS、AI 等课外软件，寻找课外知识和专业知识的契合点。

除了理论学习，赵文君还通过实践来检验自己的专业技能。她主动联系学业导师曲文娟老师，表达希望可以尽快进入实验室学习的强烈愿望，以便能够早日独立承担科研项目。在得到老师的允许后，一有空余时间，赵文君就主动到实验室帮助师兄师姐做一些力所能及的基础工作，向师兄师姐学习实验流程及操作方法，以增加自己的实验操作技能。

最终，通过大一一整年的学习，赵文君对食品科学专业有了较深入的了解，以自己的方式解开了心中对专业的困惑和对学业的迷茫，坚定了自己的学习和科研路，为她今后的学习打下了坚实的基础。

试错才能进步

“谁的科研都不是一帆风顺的”，这句话用在赵文君这样的工科学生身上再合适不过了。在准备毕业论文的预实验期间，赵文君遇到了大量的困难。首先她面临的是需要从大量的试剂中筛选出与待测物反应最为剧烈的试剂。这是一个非常消耗时间和需要耐心的过程。好在功夫不负有心人，赵文君在实验室忙碌了好几天，终于得到了较为合适的试剂。然而不久后她又遇到了更大的挑战，由于她的实验待测物（猪肉）需要在一天之内测定多个指标，而实验室的实验器材往往是大家轮流使用的，因此她需要合理规划时间来检测这些指标。正式实验后，为了当天测完所需要的各项指标，往往要到晚上 12 点赵文君才会结束当天的实验。就这样，日复一日地披星戴月，伴随着凛冽的寒风，她在 2020 年年末终于完成了毕业论文所需要的所有实验操作。但是，赵文君又面临新的考验，在实验结束后处理数据期间，她发现很多指标的检测数据都达不到预期的效果，这使她非常焦虑，甚至开始怀疑自己前期的工作是否正确，不知所措的赵文君一直担心实验需要全部重做。经过内心激烈的斗争，赵文君还是坚持处理完全部的数据，并将所遇到的困难与导师进行了充分的交流。最终，在导师的指导下，她惊喜地发现某些指标是比较符合预期的，不需要重新进行实验。

在撰写论文初稿时，她因为经验不足，初稿的逻辑思路及语言表达都存在许多问题。这些问题被她的毕业指导老师李老师一一指出，李老师严谨的治学态度、渊博的知识、敏锐的学术思维以及精益求精的工作态度，让她明白了论文的书写不是一件易事。她反复推敲，谨慎修改，不断完善毕业论文，并认真准备了答辩演讲稿和幻灯片，最终以充分的自信为大学四年画上了一个完美的句号。

付出才能收获

课余时间，赵文君喜欢参加一些志愿服务活动和社会实践活动，以帮助需要帮助的人。随着时代和科技水平的发展，医疗信息化现象已经非常普遍，医疗服务的数字化、网络化、信息化为人们带来便利的同时，却一定程度上为老年人带来了“烦恼”。很多老年人由于不会使用智能手机和自助式机器，往往到处求助他人。

正是出于帮助老年人解决困难的初心，赵文君加入了校医教公益团队，一有时间就主动去医院当志愿者。由于很多老人家不认识字，听力也不好，赵文君会耐心帮助他们打印报告单，告知就诊流程，等等。刚开始做志愿者的时候，由于对医院环境和就诊流程不熟悉，赵文君经常出错。当患者问她灌肠在哪里做、核磁共振在哪里预约等问题时，赵文君只能很抱歉地说：“这个我也不太清楚，您可以到前面的导医台问问。”有时候还会根据自己的印象给患者一个不确定的答案。因为自己的生疏浪费了病人的时间，这让赵文君很惭愧。为了解决这个问题，当天工作结束后，赵文君和队友仔仔细细地跑了一遍医院的各个科室，确定各个科室的所在楼层和大致位置，以便给患者最正确的指导。赵文君说：“当病人问自己不知道的地方时，千万不能乱说，因为自己的随手错误一指，很可能导致患者要跑上跑下，耽误宝贵的就诊时间。”

上进才能超越

赵文君认为，大学是一个很好的超越自我、完善自我的阶段，无论是在学习还是在生活中，这一阶段不是在跟对手比，而是在跟自己比。“佛系青年”“佛系生活”看起来很舒适，但是容易导致人落后，落后就要被淘汰。赵文君认为自身性格较为内向，需要多多锻炼自己的人际交往能力和沟通协调能力。于是，在大学期间，赵文君积极竞选，担任了班级生活委员。

任职期间，她积极贯彻学校在生活管理工作中的各项要求和措施，时刻秉承一心一意为同学们服务的理念做好本职工作。生活委员看似轻松，负责的内容却包括同学们学习和生活的方方面面。从保管和使用班费、宿舍安全和卫生检查、负责设施报修，到收取学费书本费、领取教学用品，再到疫情防控期间的健康打卡、发热同学紧急情况处理等，都需要赵文君认真负责地完成。赵文君像同学们的“小家长”，时刻关心同学们的身心健康，为同学们解决生活上的后顾之忧。还记得在大三暑假期间，班级要进行为期两周的专业实习。由于实习地点分布较广且大部分比较偏僻，部分实习场地不提供午饭，如何解决同学们的午饭问题成了一大难题。赵文君主动提前策划，细心查阅实习地点，做好午饭安排，提前收取餐费，预订性价比较高的饭店，解决了为期两周的午饭难问题，得到了老师和同学们的一致好评。

四年的大学生活只是赵文君人生线路上的一小段，但也是闪闪发光的一段，它饱含汗水与收获，为她规划以后的人生道路起到了至关重要的作用。在毕业之际，她选择进入企业的实验室从事蛋白质研发。赵文君说：“多亏了当时自己坚持打好理论基础，早些进入实验室。大学期间的理论学习和实验基本操作对于我适应现在的工作有很大的帮助。”毕业后，赵文君选择继续自己的科研之路，同时她也立志要不断与自己赛跑，唯有努力才能不断超越自己！

导师寄语

在大学四年的学习和生活中，赵文君同学尊敬老师，关爱同学，学习刻苦，取得了较为优异的成绩。她工作认真踏实，科研严谨，希望她能在将来的学习和工作中，保持良好的心态和坚持不懈的精神，取得更大的成功。

食品与生物工程学院副教授　李欢欢

给予比接受更为幸福

喻邦杰，男，2001 年 4 月生，食品与生物工程学院食品科学与工程专业 2019 级本科生。获校“优秀学雷锋志愿者”荣誉称号。

作为志愿者，无论是在台前还是在幕后，无论是迎来送往还是默默值守，都可以在这场青春盛会中展现自己的风采。这是习近平总书记在 2014 年给“南京青奥会志愿者”的回信中写的话。现在，这句话也常常回响在喻邦杰的脑海中。

初体验　爱永存

黔西的乡下，醇厚的山水孕育出清澈的人。远离城市的喧闹，这里还保持着十年如一日的静谧。数里一乡，鸡犬相闻，邻里相望，亲如一家。在这里出生并度过 6 年童年的喻邦杰从小就在乡民间“沾染”了这份禀气。

2008 年新春，喻邦杰随父母回乡探望爷爷奶奶。大人们围聚几桌，杯盏相接，谈论着过去的一年，小孩子们穿行嬉闹。这时意外发生了。只听一记闷响，原来是几个小孩子追逐嬉闹，其中一个小孩子把喻邦杰绊倒了，他一头磕在了门槛上，嘴部划拉了一道大口子。他没了声响，只觉得昏沉，天旋地转。大人们慌忙冲了过来，有的拨打 120，有的小心地把他抬到了床上，大家顿时乱作一团。他的母亲就用纸巾帮他压住伤口，但渗出的鲜血很快就浸透了纸巾。这时，为了争取时间，大人们准备将他送往医院，不过却犯了难，因都饮过酒，不能驾车上路。紧要关头，坡上的老刘叔一听出了事儿，丢下碗筷，就赶紧冲过来准备开车送他去医院。2008 年的贵州乡里，路面都是泥沙，起伏倒错，加上没有路灯，非常危险，但情急之下老刘叔顾不得多想。众人把喻邦杰抬上面包车，车上父母亲戚又挤了三五人，老刘叔见人都坐稳了，随后一脚油门，往县医院驶去。

手术缝合后，医生告诉喻邦杰的家人，喻邦杰上唇系带断裂，并无生命危险，只是口腔内毛细血管丰富，表观出血量较大。知是虚惊一场，众人才算松了口气。喻邦杰就是在这样朴实无华的环境中快乐而简单地成长。

爱远行　传温暖

时间一晃，已是高二暑假。这是喻邦杰来到滨海小城温岭的第 9 年。高中生的暑假仍然十分紧张，朝五晚九，题海书山，加上面对选考的压力，大多数人会选择埋头复习。面对同等甚至更大的压力，喻邦杰还是决定参加志愿服务。

喻邦杰在学习生活中遇到过不少波折。因为父母的工作不稳定，他几乎每年都要换学校；因为不通当地的语言，遇到口音较重的老师上课，他必须付出加倍的努力；因为是异地学生，要办理一大堆手续，他得时常跟着父母往县教育局跑。即使如此，他还是心怀感激地面对和接受遇到的一切人、一切事，即使像浮萍似的身不由己，被水流推着到处走，喻邦杰仍旧坦然接受。作为一个普通人，他也想用自己的方式为这一方水土做出一点回馈。

面对高考升学的压力，喻邦杰还是毅然选择了加入学校组织的一支志愿服务队伍，抽出几天到县里的各个机构为群众提供服务。他被分到县人民医院的前台，辅助病人填写并整理表格。看似简单的文书工作，细心、耐心、恒心，一样都不能少。刚开始，对工作要点还不熟悉时，也会遇到困难，甚至出现了填错日期这种低级错误，一旦他发觉自己工作失误，会及时告诉同行的医护工作者做好记录，并虚心接受批评；如果还算及时，他会直接赶去对应的科室外静候，待病人出来后补签。他认为，一旦加入志愿工作，就要把志愿精神、服务精神和职业精神牢记在心，一丝不苟地完成工作。志愿者工作不是时时刻刻都充满惊喜的。志愿者就像一颗钉子，要牢牢驻在自己的位置上，完成好自己的任务。他相信，正是所有志愿者的辛勤奉献，推动着公益事业更进一步。虽然志愿项目只持续了几天，却实实在在地帮助了部分医务工作人员，为他们争取到更多的休息时间，也算是为社会做出了些许贡献。第一次参与志愿工作，让喻邦杰切身体会到了医院一线工作者的不容易，也坚定了他今后继续参与志愿事业的决心。

薪不尽　爱常在

奉献、友爱、互助、进步——这就是志愿者精神，也是对青年志愿者的要求。一进入大学校园，喻邦杰就马上加入了学院青年志愿者协会。在志愿活动中锤炼自己、奉献社会，让他觉得自己的生命色彩愈发丰富。他积极参加部门的各项志愿服务活动，荣获“优秀学雷锋志愿者”称号。大一下学期时，学生们因为疫情未能及时返校，部门难以组织线下的志愿服务活动，但是他丝毫没有懈怠。一方面，他申请与村里的干部一起挨家挨户进行返乡登记并发放口罩；另一方面，他积极参与部门的线上防疫宣传等志愿工作。起初，因为从来没使用过线上直播工具宣传，也没有过线上举办活动的经验，他一度非常紧张、胆怯，生怕因为自己对工作的不熟悉耽误了部门整体的工作，但他迎难而上，主动面对，积极查阅资料，与同伴耐心沟通，反复修改 PPT，测试网络信号，为活动的正常举办做好充足准备。真正到了活动的时候，他终于克服了内心的胆怯，沉下心来做好了自己的本职工作，宣传也顺利进行，让参与宣传的人们了解“新冠”的相关知识和自我防护措施。在一年多的活动中，他从学长身上及各个机构里学到了许多从前没有接触过的知识和技巧，自身的能力有了极大的提升。

进入大二，他担任了志愿部门的副部长。除了继续完成志愿服务活动以外，他还有了另一个重要的任务，就是招收新部员，并且把他们培养成热爱志愿活动献身公益的新时代优秀青年。为了培养新志愿者们的志愿精神和热情，做任何事情他都会以身作则，每次活动后都要总结经验，指出问题，为志愿者们优化工作效率指出方向。功夫不负有心人，在他的帮助和学弟学妹们自身的努力下，新志愿者们也都有了独当一面的能力。

葛登纳曾说：“当你服务他人的时候，人生不再是毫无意义的。”从志愿精神萌芽到投身志愿事业，喻邦杰一直都在努力坚持，并不断完善自己，争取为社会做更多贡献。虽然取得了一些进步，但他仍能正视并且改正自己的缺点。相信在今后的日子里，他依旧会砥砺前行，不断学习，尽自己所能支持志愿服务事业，争做一名有志、有识的青年！

导师寄语

喻邦杰同学性格活泼开朗，能说能干，为人大方，乐于助人。宽厚仁道，不激进，不与人争锋，献身志愿服务就是你最好的选择。你已经为志愿事业献出了一份力，相信未来你还能为国家、为社会做出更多突出贡献。不用去想能做到多少，山长路远，只要一步一个脚印，目标始终如一，你一定能实现自己的人生价值。

食品与生物工程学院　张智宏

持真挚诚心　书隽永诗行

陆烨楠，女，2001年11月生，共青团员，食品与生物工程学院生物技术专业2020级本科生。获校学习优秀一等奖学金、校数学竞赛一等奖，获“三好学生”称号。入选院“周恩来”班、校创新创业学院。

必然的抵达

高考成绩出来后，陆烨楠思量再三，选择了江苏大学生物技术专业。她对生物医药很感兴趣，科研方向明确，希望能研制出治疗糖尿病的新型药物。而江苏大学地处长三角地区的镇江，与生物医药发达的南京、扬州相邻，具有优越的生物医药产业资源，是学习生物医药知识的沃土。

踏入校园后，她便与王云老师交流，制订自己的大学规划：大一打好基础，保证不挂科；大二学好专业课，进入实验室寻找自己的课题；大三钻研科研项目，要有成果；大四达成学业目标，争取保研成为南京大学的研究生。

有了规划，她便展开行动。课上认真听讲，课后与老师同学交流，整理笔记，前往图书馆，阅读专业技术文章，培养自身科研兴趣。在一次次分享交流中，她培养自己的自主学习能力，拓宽专业知识面，明确自己的研究方向，并且结交了许多志同道合的朋友。

“人生航行中，高考只是遇到的一次星空，或踟蹰，或向往，但人生的巨轮未曾迷航，被黑雾遮住的明星也不会停止闪耀。”我们需要做的就是坦然面对现实，一日一日来，一步一步走，前方仍有隽永诗行等待着我们书写品读。

心跳的救助

除了学习外，她对志愿活动也非常感兴趣，经常参与其中，乐此不疲。大一时候的她就加入了学院青年志愿者协会，开始了志愿者生活。

她放弃周末休息，在讲堂群参与“急救知识进校园”培训，认真学习救护步骤，熟记专业的现场急救知识，掌握了多种常见情况应采取的正确救护措施。包扎技术演练时，她自如地翻转绷带，轻巧地折叠三角巾，简单迅速地完成包扎；标注好每次通气时间，实时注意病患的表情，在心肺复苏实战演练过程中，联系群众寻求帮助，感受脉搏，观察呼吸……

成功通过培训后，她继续参与急救相关活动。如在主 A 楼进行急救知识宣讲，宣传简单急救技能的重要性；实地进行包扎与心肺复苏的操作演示，强调心肺复苏的次数要求，讲解常见的绷带、三角巾包扎方式，让更多的人了解急救知识掌握急救技能，让更多的红线持续跳跃彰显生命的张力。

流动的温情

通过观看献血流程视频，陆烨楠了解了血液的收集、分离、制备、储存及发放的流程，意识到我国血库资源紧缺的情况；躺在躺椅上安静地盖着毯子的她，凝视着导管中鲜艳的颜色。流动的血液伴随着力量的流逝，但也带给他人生命的延续、暖暖的温情。

在献血车值班时，她会向往来的人宣传无偿献血的意义，呼吁身边的人参与无偿献血，为每一次可能的生命延续增加一份砝码。她知道，每一袋血对于献血者来说，是无畏的勇气，是助人的精神；每一袋血对于输血者而言，都是真挚的救助，是人间的情爱。

在“送清凉”暑假社会实践中，她去往梅园送清水，为绿卫工作者送去清凉，与那些默默辛勤劳动的园丁一起装扮美丽的江大校园；她认识到炎炎夏日绿意盎然的校园内每一处生机背后，都是一双双有些粗糙棕褐色的手，一张张有些沧桑却阳光幸福的脸。

“救助带给受助者的未必只是摆脱困苦的境遇，还可能是爱心和善心的接力。”在一次次志愿活动中，陆烨楠用一颗真诚的心，去感受每一丝苦难与被救助时的感动，她将继续坚持参加志愿活动，并呼吁更多的人参与进来。

不息的尝试

除去学习和志愿活动，社团、“周恩来”班、创新创业学院、校级部门也有她的身影。在图书馆组织的国庆定向越野活动中，按照满是标注的越野地图，她用脚步探索充满魅力的江大校园；在体育馆与学苑楼一排的教室中，她扭动身体延展手臂，配合音乐舞动，挥洒汗水闪耀精彩的大学生活；参加“周恩来”班朗诵培训时，她在字里行间触摸伟人的身影，观他谈笑风生间指点江山，寻他斑驳白发伏案写作，品他为国为民赤子之心……江苏大学学习资源丰富，给予了她尚不丰盈的内心甘露，也激发了她积极探索的精神。

回顾在江大一年的学习与生活，她感觉既充实又“不满足”。大学和人生的旅途总是充满许多未知的因素，她相信天道酬勤，每个人的努力总会得到回报。古语曰：人生在勤，不索何获？年轻是最大的资本。面对未来，她会不断提升自己，不断给自己充电，力争在大学期间不负韶华，在激烈的社会竞争中奋力前行，用辛勤的汗水去谱写属于自己的华丽乐章！

导师寄语

在一年多的接触中，我见证了陆烨楠的成长，她有自己明确的方向，并付出了实际行动，取得了不错的成绩。希望陆烨楠同学在今后的生活和科研道路上，坚定目标，一步一个脚印，每天都有进步！

食品与生物工程学院教授　王　云

不断突破，收获成长

蔺玲艳，女，共青团员，2002年6月生，食品与生物工程学院食品科学与工程专业2020级本科生。获校学习优秀一等奖学金、国家励志奖学金，获校“三好学生”荣誉称号，获江苏大学2020级新生军训国防教育征文比赛一等奖。

2020年7月8日下午，高考落幕，蔺玲艳没有想象中的激动，反而非常平静，她说：“以前一直说着想要离开的地方，现在真的要离开了，说不清楚到底心里是什么滋味。”

尝试中突破自我

初入大学，她的直接感受是大学真大，每天的步数都在10000以上；学生人数多，军训时占满了几个操场；食堂大且多，各式各样的菜色让人目不暇接，每样都想尝一尝。给她更深感受的是大学平台之大。在这里除了学习，还有院级部门、校级部门、社团等各类组织供学生锻炼，有各式各样的校园活动可以参与，还有许多的学科竞赛和科研活动……学校提供的这些平台契合她心中的期待，她开始一点点地尝试突破自我，努力在一次次突破中收获成长。

刚进学校时她鼓足勇气说服自己去尝试，去竞选军训负责人，去竞选班委。但她锻炼太少，讲话总会紧张，语言不连贯，和其他竞争者相比显得莽撞又生疏，不出所料她落选了。紧接着院级部门的招新面试，她也失败了，一次又一次的失败让她开始怀疑自己的能力，不敢再向前迈步。但她想到自己心中的目标，又不甘心放弃。她开始积极准备校级面试，经过仔细选择，她尝试着参加两个部门的面试，出乎意料的是，两次面试都通过了。这时她才意识到，其实前面的尝试并不是没用的，一次次的尝试，一次次的突破自我，都是在为下一次积蓄力量。经过前面的积累和总结，她才能表现得越来越好。大学是个非常有包容度的地方，只要你敢想敢做敢拼，愿意投入时间和精力，就一定会有发光发亮的机会。不断更新认知，不断定义自己，在逼迫自己趋于极致的路上探索自我更多的可能性，历经风雨，你还是能看得见远方，你依旧在踏实前行。

锻炼中提升智慧

大一的下学期，同学们都褪去了刚进入大学的新鲜感，熟悉了大学的生活和学习方式，一切变得常规，生活变得平静，没有波澜。但她还在继续着突破自我之旅。班级的班长由于其他原因要卸职，需要人来接替。此时的她有了小冲动，因为之前竞选学习委员的失败让她伤心了很久，她想弥补之前的遗憾。这次的机会突然来临，虽有几分犹豫，但最终还是说服自己试一试，突破自我。刚接手过来好多事情不太熟悉，开展工作十分吃力，但她还是坚持下来，一点点地问，一点点地了解，一点点地学习，后来逐渐熟练，适应了班级事务和学习并行。

有人说，学生工作太耗时间，影响学习。但是她想说，当学生工作与学习发生冲突时，才是一个人的能力得到大幅提高的时候。在这里得到的锻炼，是对时间的把控力和对自己的把控力。她将每天的安排精确到每刻钟，将所有事情按结束日期和重要性建立优先级，以最高效的方式完成好所有任务。从最初面对一堆事情的茫然无措、焦虑心烦，到现在能静下心来将每件事做好、实现有限时间内的效益最大化，她学会的不仅仅是资源的统筹，更是自我的统筹，收获的不仅仅是任务的圆满完成，更是内心承受能力的进阶。

实践中勇于担当

暑假期间，她的家乡郑州又出现了疫情，形势十分严峻，郑州市下发通知在全市范围内开展全员核酸检测，村里干部成立了“后林村疫情防控志愿者团队”，号召暑期返乡大学生加入这项工作。看到这一消息，她第一时间报名参加，为家乡贡献自己的青春力量，助力家乡抗疫。在这次志愿服务中，她和其他大学生志愿者深入村中向村民宣传防疫知识，提升大家的防疫意识。一次次上门，一次次检测，一次次值班，让她深刻感受到了医护人员的不易。通过这次志愿服务，她与村民有了更多的接触，有了更多交流的机会，她能够深入村民中间了解他们的生活，同时也让他们了解现在的大学生。更重要的是，这次志愿服务让她切切实实地参与了家乡的建设，体现了自己的价值。在真正的社会关系里体察人情，在切实的实践中完善自己。风声雨声读书声，声声入耳；家事国事天下事，事事关心。这或许就是知行合一的意义。

三四月做的事，在七八月自有答案。这句话一直激励着她，事事且先只管认真去做，不急于收获，可能过程中会有困难，但最终一定会有好的结果。她认为，这就像一颗种子的生长，破土而出扎根于大地，经风雨的洗礼，汲自然的养料，受阳光的照耀，最终长成参天大树。大一这一年，她就像这颗种子，不断地突破自我，收获成长。

导师寄语

在进入大学的时光里，蔺玲艳同学积极融入大学生活，与同学关系融洽，积极参与大学的各项活动，加入了校级部门，锻炼自己的各方面能力。并且认真对待学习，取得了不错的成绩。希望在接下来的大学生活里，你能不断学习、不断进步，越来越优秀！

食品与生物工程学院副教授　刘杏荣

认真，青春的模样

岳玫香，女，中共预备党员，食品与生物工程学院食品科学与工程专业2020级硕士研究生。硕士期间担任班级心理委员，获校一等学业奖学金、校“优秀学生干部”称号、江苏大学第十届“中外研究生学术论坛”最佳展示奖、江苏大学第十九届运动会大学生乒乓球俱乐部比赛第二名。

“你的大学是怎样度过的？”“你为什么选择读研？”“你想过怎样的生活？”关于这些问题，岳玫香有自己的答案。

行者无疆

初入大学，来自小县城的她多多少少有点自卑，还有些迷茫，很多想要尝试的事情因为自己的犹豫错失了机会。她有些看不清眼前的方向，但她始终记得小学三年级那年的暑假，一群大学生志愿者来到她的学校，带给她很多美好的回忆。她想，如果不知道去做什么，那就去做一个像他们那样的人，所以她开始改变自己，在完成课程要求的前提下，尝试参与各种公益活动。大学期间，她参与了两次暑期支教，孩子们从好奇害羞，到信任好学，再到不舍离别，每一次她都记忆犹新。她时常觉得，短暂的支教生活远远不够，她想要给予更多，就如同她的名字“送人玫瑰，手留余香”。

大三是一个分界点，身边的舍友、同学都开始准备考研，她有些犹豫，虽然和大家一起复习，但不够用心，成绩也不算理想。她心中好似有两个思想在打架：一个是“接受调剂读研吧，读完研你就有更好的选择”；另一个是“工作吧，工作后你就经济独立了”。她摇摆不定，心有不甘地在学校闲逛，却意外看到了西部计划志愿者的招募信息，她毅然放弃了调剂，也放弃了即将到手的工作机会，选了一条大家都没想到的路。告别了四年的大学生活，拿起行李，她和 99 名西部计划志愿者一同坐上了去往重庆的火车。

勇者无畏

在过去的人生中，想起她做过两件勇敢的事：成为西部计划志愿者和放弃一切从头来过的研究生生活。

2017 年 7 月底，她和一群志同道合的伙伴到达重庆，第一次体会到山城的火热，40 多度的天气实在是让人难以招架。100 人短暂相聚又离别，他们各自奔赴不同乡镇、部门。和想象的完全不同，她被分配到巫溪县“四项创建”工作领导小组办公室，工作内容是数不尽的加班、开会、做方案，这完全超出了她的预期，即便如此，她依旧把每一件工作完成到最好，身为外地人，在语言不通的情况下，获得了领导们的一致认可。

本以为平静的志愿者生活就会这样直到期满结束，但 10 月份的一场暴雨给了她迎头一击，县城内一处河坝旁边的山体因暴雨垮塌，山上的一个村庄发生了山体滑坡，部分居民的房屋被永远地埋在了泥土里。她第一次遭遇这样的事，并没有感受到危险的逼近，甚至没有想起和家里报个平安。直到上班路上父亲打来电话，手机里传来父亲焦急的问候，她才知道一向十分稳重的父亲因为一则新闻为她提心吊胆，她心里沉甸甸的。当天，她应县里的要求，和单位的其他同事一起前往山体滑坡的村庄进行救援和安抚工作，她甚至不敢和父母说，害怕他们担心。所幸事情没有更糟糕，一切有条不紊地推进，生活很快回到了正轨。

结束这段繁忙的志愿者生活后，她又一次开始思考自己的未来，他决定重新考研，用知识来丰富自己。

研者无愧

研一入学时，她就给自己定了一个目标，要尽情地享受研究生生活，不留遗憾。打入学起，她就认真地对待自己的研究生生活，努力争取每一个机会。她想要锻炼自己、为同学服务，所以竞选了班级心理委员；她憧憬成为中共党员，所以参加了团内推优；她想要打好科研基础，所以她抓住每一个机会认真学习。研究课题是寒假时确定的，全新的课题意味着她需要更多的时间来推进。整理文献资料，思考实验方案，购买实验材料……这些看起来容易的事情做起来其实并不简单，但她争取把每一件小事、琐事做好，以备不时之需。从研一下学期开始，她努力协调好自己实验和课程的时间，在忙碌的生活中，以全班第一的成绩拿到一等奖学金，并获得了校“优秀学生干部”的荣誉。从暑期开始，她就以研二师姐的身份要求自己，认真做实验、搞科研，实验的失败和身体的疲惫都没有让她放弃，她更加坚定了自己的目标，尽情去享受研究生生活。

总结这一年多，她用了一个词——“无愧”。努力过好每一天的她，是无愧于自己的。或迷茫，或荒度，或努力，或辛劳，每一步她都认真体会，如果说这些时光里的努力为她留下了什么，那就是认真生活且满载而归的自己！

导师寄语

在这一年多时间里，岳玫香同学踏实上进，努力学习，刻苦钻研，在学习和科研上都取得了优异成绩。希望你在今后的科研道路上继续前行，奔向更为广阔的天空！

食品与生物工程学院副教授　孙　玲

嗜之越笃，技巧越工

赵一繁，女，2000 年 7 月生，中共预备党员，食品与生物工程学院生物技术专业2018 级本科生。获第十七届“挑战杯”红色专项江苏省三等奖、校大学生人体结构绘图大赛二等奖、校学习优秀一等奖学金，获得全国大学生预防艾滋病知识竞赛“优秀组织者”，校“三好学生”、“优秀学生干部”、“优秀共青团员”、大学生暑期“三下乡”社会实践活动“先进个人”、院疫情防控“先进宣传工作者”等荣誉称号。

知之者不如好之者，好之者不如乐之者。

——题记

载着兴趣去翱翔

赵一繁从小生长在北京，一座历史悠久、文化气息浓厚、古老且美丽的城市。从外地来北京务工的父母为了能给她更好的生活，一直不知疲倦地打工。虽然父母的文化程度不高，却毫不吝惜在她教育上的投资。小时候她很喜欢声乐和绘画，于是父母毫不犹豫地为她报了兴趣班，给予她最大的支持和鼓励。慢慢地，赵一繁养成了凭借兴趣爱好主动去学习和研究的习惯。兴趣，是她最好的老师。

踏入大学校园的那一天，赵一繁开心极了，大学校园轻松自由的学习环境和学校提供的各种教育资源让她有更多的时间和更宽广的途径去发展自己的兴趣爱好。但是渐渐地，丰富多彩的大学生活开始让她眼花缭乱，各种各样的部门和社团让她不知如何选择，充满未知的大学生活开始让她有些忐忑不安。冷静思考后，她终于做出取舍。她知道，做喜欢的事所产生的那种满足和愉悦之感是她一直以来的追求。因此，一直喜欢绘画的她直奔院团委宣广部。面试的时候，她心里就在想：来对了！果然自己的运气从来都不差！整个部门的氛围轻松愉快，让她对大学生活的紧张感也随之烟消云散……经过了面试的双向选择，最后，她如愿进入了院团委宣广部和校团委实践部宣传组。

为了更好地开展工作，她自学了PS、摄影，学会了设计海报、宣传画、各类展板，学会了剪辑视频、撰写新闻稿、制作微信推文等，为学院团学宣传工作贡献了一份力量。在校团委实践部，她还多次参加和组织了与防艾、应急救护相关的活动。她走上新生教室的讲台，进行艾滋病预防的同伴教育，通过宣讲、答题、互动教学等形式与年龄相仿、兴趣相似的同龄人进行分享，共同了解防艾知识，打破敏感，突破自我。她希望能够通过这种方式让更多的人对相关内容有所了解，远离病痛，也希望通过这些活动来做自己所喜欢做的事情。

坚持让热爱传承

大学课程任务重，部门工作也很忙，她最初有些适应不过来，不过她是快乐的。她可以尽情地发展自己的兴趣爱好，自主安排课余空闲时间，而且还有很多机会去做之前没有接触过的事情，在这种环境下，她成长得更加自由了。赵一繁把兴趣当作坚持的调味料，让坚持变得有滋有味起来。她开始寻找锻炼毅力的方法。比如制订更详细的每日计划，完成既定目标之后，给自己适当的奖励；在坚持不下去的时候，试着再坚持5分钟，便会自然而然地坚持下去了。慢慢地，坚持变得不再那么难了。学习因为有了兴趣变得轻松愉快，坚持因为有了兴趣变得不再痛苦。繁忙的大学生活，在她的眼里变得五彩缤纷！正是这份热爱，让她的大学生活渐渐步入正轨，学习成绩也逐渐跻身专业第一，人际关系也出奇地变好，在大二时成为班级的班长。

当然，整个过程不可能是一帆风顺的，尤其是在校团委实践部负责“红丝带青春校园行”活动的时候，她深切体会到了幕后工作者的辛苦，并且重新意识到了自身工作的重要性。“红丝带青春校园行”每年仅举办一次，由全国唯一一所高校举办，是一场大型的艾滋病防治宣传教育活动。活动邀请到央视著名主持人刚强老师作为宣传大使来到现场参加，所以校团委对此尤其重视。作为宣传组的主要学生干部，她要挑起整个部门宣传工作的大梁，因此这次活动做得异常艰辛。宣传部门做的宣传海报、推文都需要经过一级级的审核，免不了一次次地修改。在这个过程中，赵一繁认识到了做宣传其实是极其辛苦的。首先不能有任何错误，每一项步骤都要检查多次；其次还要保证时效性，预留出工厂制作的时间；当然也要保证随叫随到，因为随时会出现内容更改。准备活动的那段时间，赵一繁所有空余时间都是对着电脑修改海报、文稿，以及在几个厂家之间来回奔波商量制作材料、大小、时间，等等。

担任班长的经历也是极其不易的，因为没有经验，她走过不少弯路。在开学季、期中、考试季等都会变得异常忙碌。很多时候，班长作为桥梁既要传达学校政策，又要反映同学们的需求，还要统筹考虑班级各方面建设，等等。这些都曾让她累到筋疲力尽，忙得不可开交。她想过放弃，想过撒手不管，想过做这些的意义是什么，想过就当一条"咸鱼"好了。但因为热爱，因为被信任，因为有责任，那些痛苦与艰辛好像突然就会变得渺小，让她选择继续坚持下去。每次"飞"累了，她便用"坚持"给自己加油，以飞向更远的地方。

试把无味变有趣

由于她对政治理论不感兴趣，导致她在政治理论的学习上有很多不足，甚至经历了 2 次考试才通过团内推优。她意识到需要做出改变了。如果能在自己不擅长的领域挖掘出兴趣点，那才是真正的厉害。所以，她有意识地改变自己的心态，尝试寻找政治理论中的兴趣点。她从坚持每天看新闻开始，慢慢地居然真的感受到政治理论的有趣了。

对于专业课的学习也是，生物不是她最喜欢的学科，但她依旧认真听讲，在不知不觉中爱上了生物。一旦喜欢上，很多事情就变得容易起来，学习不再枯燥无味，全身心地投入变得不再痛苦，她仿佛打开了另一个世界的大门，尽力去做，许多东西便自然而然地随之而来。后来，她光荣地成为一名预备党员，也一直保持着专业第一的好成绩。由于学生工作出色，她也获得了校"三好学生""优秀学生干部""优秀共青团员"等荣誉称号。试把无味变有趣，她拥有了更加广阔的天空，尽情地自由翱翔。

三年来，赵一繁成长了很多，她所做的一切，全都是因为喜欢与愉快。只是因为想做，便去做了，不知不觉中收获了许多，并逐渐变得光彩动人。她清楚地知道，只关注自己所爱还远远不够，更需要有坚持走下去的毅力，还需要把无聊变成有趣的心态。虽然未来充满了许多挑战，但她会坚定地、毫不畏惧地走下去。

赵一繁说：“嗜之越笃，技巧越工。为了祖国的建设事业，去寻找自己的所爱吧，去大胆地坚持自己的所爱吧！”

导师寄语

兴趣是最好的老师！希望你可以一直对生物保持兴趣，日后在科研上继续努力，在生活和学习中永远保持好奇。以你的自信，以你的开朗，以你的毅力，还有我的祝福，你一定能够驶向理想的彼岸！

江苏大学食品与生物工程学院教授　王　云

颜色不一样的烟火

郑子涵，女，2002年7月生，共青团员，食品与生物工程学院2020级本科生，校学生会艺术发展部部长，菁英学院成员。获校学习优秀二等奖学金、全国大学生英语竞赛二等奖、“外研社国才杯”阅读及写作大赛三等奖、校课堂笔记大赛二等奖，获院“三好学生”称号。

大学校园里，平淡的学习，重复的生活，枯燥而单调。可就在极为普通的一天里，她迎来了大学生活中最重要的转机。

这一天，学院召开了迎新大会。大会的最后，学院邀请了几位优秀的毕业生来做经验分享，其中一位学姐给她留下了十分深刻的印象。学姐说：“大学四年，虽然过程艰辛，但我从不停止我的努力，一点一点前进，终于成功保研‘上岸’。所以，在座的各位小‘萌新’们，如果此时此刻你也很迷茫，请一定重整旗鼓，找到前进努力的方向！”听完这段话之后，她的内心深受鼓舞，和自己有着相似经历的学姐此时此刻正神采奕奕地站在舞台上发光，她心向往之，也想要成为像学姐一样的人。

坦然面对，在迷茫中前行

明确目标后，日常生活也不再枯燥乏味。每天做早操前，她都会提前到达操场，拿出词汇速记本背诵单词。一方面是为了充分利用早晨宝贵的时间，另一方面是为了唤醒自己迷糊的大脑，开启新一天的学习生活。

为了提高效率，她每节课前都会提前浏览课堂所学内容，标注重点疑点，便于课上着重听讲。上课时，特别是老师讲到重难点和课堂例题时，她会格外全神贯注，仔细做好课堂笔记。为了提高自己的专注度，她会把手机关机放进书包里，在桌角放一杯提神的香茶。要是有不理解的地方，她会做好标注，下课后马上去找老师提问，直到完全理解才罢休。而消化这些知识的关键在于课后的总结归纳。她会把课上的重难点，提纲式地进行总结，完成一份干货满满的复习笔记。在做作业的过程中，遇到难题她会先独立深度地思考，思考无果后再翻开笔记，查阅相关知识点，或者寻求老师的帮助。每次解决难题后，她都会及时记录相关题型及其解题技巧，确保下次再遇到的时候可以轻松解决。

正是因为有这样严谨认真的学习态度，有这样独立思考的能力，她顺利加入了“周恩来”班、菁英学院，在各种考试中大放光彩，取得了十分优异的成绩。大一学年，她获得专业第九的成绩，四六级考试也以 600 分左右的高分通过。

服务同学，在前行中修正

大一暑假，江苏大学学生会开始了新一轮的负责人选拔。在提交报名表后不久，她便迎来了自己的第一个考题：如何吸引大一新生加入学生会？她先在网络平台查阅了相关资料，发现网上给出的答案都缺乏新意。于是她花了一下午时间，独立思考，站在大一新生的角度，想出了许多创新型的好点子。她还通过网上的教学视频，从零开始不断摸索 PS 的使用方法和技巧，制作出一张高质量的招新海报，赢得了学长的一致称赞。在之后的分组考核中，她和她的搭档分工明确、配合出色，及时对彼此欠缺的地方进行讨论，全面思考，完善补充。

竞选前夕，她精心准备了竞选演讲稿和 PPT。在演讲稿中，她提出了对竞选的独到见解，让评委老师眼前一亮。而对于 PPT，她力求做到完美，一方面高度概括自己的演讲稿，让 PPT 呈现自己思想最精髓内涵的部分；另一方面对于 PPT 的样式，对于每一处图片的运用和每一处文字的排版，她都百般推敲、斟酌，让 PPT 看起来简约又不简单。再加上她流利的表达，她的竞选表现得到了评委们的一致好评，不出意外，她成功竞选，担任下一届江苏大学艺术发展部负责人。

成为负责人之后，她并没有松懈，更加用心地投入学生工作中。开学期间，她顶着烈日去校门口迎接新生，帮他们搬运行李；社团招新的“百团大战”期间，她冒着倾盆大雨，在三岔口摆摊宣传；她尽善尽美地完成每一次活动的策划与举办，自如地应对活动过程中的各种突发状况；她竭尽所能地帮助那些刚进入学生会懵懂的学弟学妹们，帮助他们提升自己各方面的能力……她把学习之余的时间都献给了部门，通过不断历练，提升课堂之外的能力。

参与实践，在修正中坚定

除了学习和工作之外，她的课余生活也丰富多彩。学院组织的活动，她都无一例外地参加了。植树节时，她在图书馆旁的山坡上亲手种下了属于自己的小树；学院组织的每一次讲座，她都听得津津有味，并从中学习到了很多知识。不仅如此，她还积极参加各项社会实践活动，在班级团建的路上，为了给同学们解闷，调动大家的情绪，她主动提出唱歌给大家听。她还去江大附属小学，和小朋友们一起做水果电池，并且时刻注意实验中存在的安全隐患。离别时，小朋友都十分不舍，拉着她的手不愿让她离去。在那一刻，她感受到了实践活动的意义，这种拉近人与人之间距离的活动，这种彼此关切的活动，让她坚定了往后继续投入实践活动的决心。

导师寄语

郑子涵同学多才多艺，对工作认真负责，上课态度认真，能够主动参与科研。她友爱同学，关心集体，尊敬师长，经常参加实践活动。加油吧，郑子涵！不断努力，不断前行，你一定能够实现自己的目标！

食品与生物工程学院副教授　张　迪

第二章

“学霸超人”篇

正如习近平总书记在全国高校思想政治工作会议上所说：“好的校风和学风，能够为学生学习成长营造好气候、创造好生态，思想政治工作能润物无声给学生以人生启迪、智慧光芒、精神力量。”食品与生物工程学院历来高度重视学生的学风建设工作。

学院认真践行“三全育人”工作机制，用全员育人理念强化社会主义核心价值观对大学生学习行为的引导，通过正确的思想引领，补足食品与生物工程学院学子“为何学”的精神之钙。用全方位育人理念为有不同需求的学生群体提供针对性的指导，坚持以学生为导向，精准学业帮扶，多问学生需要学什么、希望教师怎么教等问题，筑牢食生学子“学什么”的信仰之基。用全过程育人理念构建以“学业导师”“辅导员”和“朋辈力量”为主体的多元化学风长效机制，加强建章立制并严格制度执行强化学风建设，通过有力举措提高教师教书育人的责任意识，通过榜样示范作用带动食生学子巩固“怎么学”的干事之本。

学院的学生教育工作经不断探索、不断总结，逐步形成了严谨的治学之风和勤勉的求学之风。在优良学风的浸润下，学院涌现出一大批埋头苦学、奋发向上、不断超越自我的“学霸超人”。

可以微弱，但要有光

吕金月，女，1998年7月生，中共预备党员，食品与生物工程学院生物技术专业2017级本科生。获校学习优秀一等奖学金。主持省级大学生创新创业项目1项，参与校级大学生创新创业项目1项，受理国家发明专利2项，1篇论文被北大核心期刊录用。曾至剑桥大学、约克大学等高等学府访学，本科毕业后被保送至哈尔滨工业大学攻读硕士研究生。

别人家的孩子

1998年冬，吕金月出生于辽宁省抚顺市的一个小村庄。她似乎就是大家眼中的“别人家的孩子”，“你看看人家月月”成为别的家长口中的家常话。在周围的伙伴中，她有时显得不是那么合群，以至于不少同学打着“我要去找吕金月学习”的幌子出去玩。为了让她接受更好的教育，在六年级的时候父母给她办理了转学，就这样，她上了一所不好不赖的初中，在那里，她第一次定下了目标，要考上全市最好的高中——抚顺市第二中学。中学这三年里，她会因为总成绩差了一两分而伏案痛哭，也会因为一点点进步而沾沾自喜。最终，功夫不负有心人，她如愿考上了心仪的高中。抚顺二中，素有“抚顺小清华”的称号，在这里，吕金月不再是“别人家的孩子”。她成绩不再拔尖，只是平均水平。有一次年级大考上的失误，让她彻底清醒，正是周围人长时间的关注，让她有些迷失了自己，沉浸在“别人家孩子”的角色中，实际上她并没有拼尽全力。优秀的人真的很多，虽然努力未必会名列前茅，但不努力真的会被落下。她庆幸在高考之前明白了这个道理，所以选择拼尽全力，静等花开。

你若盛开，清风自来

吕金月十分喜欢生物学，高考后她第一志愿填报了江苏大学生物技术专业并顺利被录取。从踏入大学校门那天起，看到忙碌又充满朝气的大学生，她便暗下决心，要用自己四年的青春去做真正有意义的事情。她对待学习认真刻苦，课堂上认真听课、及时圈画重点，与老师积极沟通，课后认真整理笔记，及时复习。

埋头苦干而后创新，这句话就是吕金月四年来的学习和科研之路。每天至少 10 个小时的学习是让人非常疲倦的，但她坚持了三年。她说，我不知道坚持下去会得到什么，但如果放弃，我必定会后悔。她平均学分绩点达 4.46，多次获得专业第一。大二开始进入实验室后，她想真正做出一些成果来，以便把书本与实践操作相结合，更好地了解自己的专业；之后，她的周末和课余时间几乎都是在实验室里度过的。在导师的指导下，她主持申报并获批了 1 项省级大学生创新创业项目，参与了 1 项校级大学生创新创业项目，1 篇核心期刊论文被录用，作为第四作者获批 2 项发明专利。在科研的道路上，她遇到过各种各样的困难，有一次她本该在一周之内完成的实验，用时一个月还未出结果，在导师和师兄师姐不厌其烦地支持和教导下，加上她自己不断探索操作技巧，最终顺利获得了实验结果。科研的道路总是艰辛的，甚至有很多运气的成分，但她坚信，只要静下心来，一步步走，总能登顶的。

遇见成长，做最好的自己

在学习之余，她注重全面发展自己。成功竞选班级团支书后，她便迅速投入团支部工作中来。她带领团支部举办了“庆祝新中国成立 70 周年之我与祖国共奋进”团日活动、“汇聚合力，阻击疫情”主题团日活动等近 20 项，她所在的团支部荣获江苏大学“五四红旗团支部”称号。支部 27 名团员中，7 人通过团内推优，4 人加入中国共产党。她还担任院团委组织部部长，负责团内推优考试、管理学院部门横向活动。在工作中，她难免会遇到各种各样的状况，例如团内推优人员忘记参加推优考试，团支书会议缺席严重等情况，这些都需要吕金月一个个去联系和解决。她加入为贫困生服务的勤工助学中心，并担任资助宣传大使，向家庭经济困难的低年级学生介绍国家和学校的资助政策，鼓励家庭经济困难生勤勉励志，自信自强。

各项工作虽然忙碌，但她能够做到事事有安排，件件有着落，认真办好班级和部门的各项活动，积极调动同学参与的热情，让班集体和部门凝聚成一个大家庭。面对各种学生工作中的困难，她从最开始的手足无措，到最后处理事情有条不紊、及时高效……这些经历提高了她的抗压能力与协调能力。在她看来，只要拼尽全力去做，无论结果如何，努力的过程中总能取得巨大收获。

吕金月还积极投身于志愿服务、出国交流、朋辈帮扶等活动中。2019年8月，她赴英国参加短期文化交流活动，参观了剑桥大学、约克大学等高等学府，拓宽视野。访学期间，她见识到了国外不一样的教学理念：国外的学习方式更灵活，更加注重自我创新能力的锻炼，这为以后升学提供了很好的参考。2020年新冠肺炎疫情袭来，吕金月主动参与疫情防控志愿服务，每三天给整个小区的楼道进行消毒，每天爬楼梯，换装消毒液，虽然腿是酸疼的，但内心是充实且温暖的。2021年寒假，她回到家乡，到商场做志愿者，为顾客测体温、检查行程码、进行出入登记等。东北凛冽的寒风让吕金月真切体会到了何为“平凡铸就伟大，英雄来自人民”。她还担任了学院“我的青春故事报告会”的主讲人，为学弟学妹分享学习心得、保研经验和入党心路历程等，鼓励同学们找到合适自己的方法，统筹协调好各个方面的发展。

善良有爱　筑梦青春

吕金月是一个善良热情的东北女孩，来自雷锋第二故乡的她，从小了解了许多红色事迹。她说，善良是社会的主色调。来自农村的她，家庭并不富裕。大学期间，她受助于国家励志奖学金和励行奖学金才得以完成学业，还有幸获得了省政府提供的出国交流的经费资助。她立志要像那些社会爱心人士一样，用自己的力量帮助更多的人。或许她现在的财富还不足以支撑，但她仍然想要竭尽全力去帮助别人，就像小星星一样，可以微弱，但要有光，是善良、温暖、积极、乐观的光。她认为，帮助别人可以首先从帮助身边人做起。每逢考试周，她会给学习上有困难的同学答疑解惑，圈画重点；关注考研同学的生活状态，帮助他们缓解心理压力。保研成功之后，她更多地承担班级的工作，体现自我价值。

吕金月认为，大学是梦想真正开始的地方，为了实现梦想，必须认真地规划每一天。万事开头难，养成良好的学习生活习惯、打好基础显得格外重要。在学习上，大学的授课已不是高中填鸭式教学，课下需要更多的时间去理解消化，巩固复习。她认为，正是在学习之余参与了多项科研竞赛，才直接应用了专业知识，锻炼了统筹协调能力；正是参与了多项学生工作，才更好地锻炼了自己的沟通能力和办事效率，学习他人的长处，在奉献中实现了自身价值。

向小星星学习，可以微弱，但要有光！正是这份谦虚好学的姿态，让一个平凡的女孩熠熠生辉！

导师寄语

四年大学生活，吕金月同学严谨自律，未敢懈怠，朝夕相争。毕业离校之际，亦是你人生新的起点，望牢记“博学、求是、明德”之校训，通过不懈的拼搏，再创新的辉煌！

食品与生物工程学院副教授　蔡梅红

人生握在自己手中

苏盈盈，女，1999年10月生，中共党员，食品与生物工程学院2017级本科生。获国家奖学金、国家励志奖学金、校学习优秀一等奖学金，获校“三好学生”、校“三好学生标兵”、江苏省“三好学生”、江苏省“优秀毕业生”等荣誉称号。发表SCI论文1篇。

爱因斯坦曾说过：“对真理和知识的追求并为之奋斗，是人的最高品质之一。”一直以来，苏盈盈都把这句话深深记在心里，并踏实地付出行动。进入大学后，面对丰富的校园生活，她没有迷失自我，也没有降低对自己的要求，她珍惜每一次学习的机会。时间是宝贵的，也是公平的，所以她规划好时间，积极进取、孜孜不倦，一直在进步的路上，让优秀成为内在要求。

提高效率，事半功倍

每个人一天的时间都是24小时，1440分钟，86400秒，谁都不会多一分，也不会少一秒，为什么有的人一天就可以干许多事情，而有的人一整天下来却什么都没干成？叶圣陶说：“培育能力的事必须继续不断地去做，又必须随时改善学习方法，提高学习效率，才会成功。”对于苏盈盈而言，效率才是她的制胜法宝。

学习是一种拓展知识层面、转变思维方式的途径，更是一种与老师和同学交流的享受。大学期间，苏盈盈合理规划每门课程的学习，保证理解老师上课时所讲的内容，不懂就问，从不会把疑问留到下节课。课后时间，她有目的、有选择性地做练习题，巩固所学知识；合理规划好时间，即使时间紧迫，事情繁多，也会做到忙中有序。

“规划时间、做好计划、提高效率、事半功倍”，每当有同学向苏盈盈请教学习方法，苏盈盈都会分享这十六个字。她始终坚持这一理念，从一堂课的计划，到一天的计划，再到一周、一个月、一个学期的计划，苏盈盈的计划从来不是模糊地罗列事情，而是做到量化。她按照计划安排，一点一点地完成，一步一步稳扎稳打地向前走。因此，她的成绩在专业中名列前茅，在大一学年不仅获得了国家励志奖学金、校学习优秀一等奖学金和校“三好学生”的荣誉称号，还顺利通过英语四、六级考试，同时获得CAD 职业技术培训证书及国家普通话一级乙等证书。这些出色的成绩让很多高年级的同学都叹为观止，敬佩不已。

大三学年下学期，由于疫情原因，大家都没有办法返校，只能进行线上学习。学习方式的转变让她有些不适应，但她积极地找办法适应线上学习，做好时间规划，在部分同学无法专心学习的时候，她却能坚守自己的内心，学习效率丝毫没有降低。另外，她还和室友成立了学习互助小组，每天在群里打卡，互相监督，分享学习心得，发扬“停课不停学”的精神。中国青年网、《江苏经济报》、今日头条等媒体先后报道了她们的学习互助小组。

从无到有，循序渐进

起初面对科研，苏盈盈也感到迷茫，不知所措。经过与老师沟通交流，她决定先进入实验室，从实验室基础操作和注意事项开始学起。无论所做的实验是否简单，她都会注重每一个细节，恰恰是这些看似“无用”的细节，为她之后的科研积累了经验。大二学年她跟随老师参加“惰性气体对超声辅助提取菜籽多酚的影响”的课题研究，主要负责文献综述的编写和菜籽多酚含量的测定。实验测定时，待测样品的总数繁多，并且要严格保证每组加入试剂的时间间隔一样，所以不仅要有足够的耐心，还要求操作熟练以保证速度。刚开始，由于她的操作不熟练，得到的数据不是很准确，导致她的实验接连失败。她一度想要放弃，也开始怀疑自己的能力。后来，她找到老师进行交流，导师给了她建议和解决方法，她豁然开朗，又满怀信心地坚持了下来。即使后来又失败了几次，但在不断地重复和调整之后，她最终得到了准确数据，这让她感到了成功的喜悦。通过这次经历，她明白了耐心和操作规范也是相当重要的，这是实验能否做好的基础。同时，她也提高了查找和阅读文献的能力，学会了与队友分工合作，这些都是今后科研道路上必备的技能。

毕业设计期间，她的整个实验周期为 24 天。苏盈盈从养菌开始，有条不紊地进行，因为她知道如果数据结果不好实验就得重新开始。寒假前，她就开始进行实验。苏盈盈不仅要养菌，还要处理 200 多个苹果，实验工作量很大，耗时也很长。即使她仔细耐心地去完成每一步实验操作，耗费了很多的心血，得到的数据仍不尽如人意。这对她的打击不小。寒假期间她与老师交流，仔细分析了问题所在。苏盈盈不再急躁，她选择“先收拾好心情，再信心满满地处理好事情”。回校后，她继续进行为期 24 天的实验，每个实验步骤都小心翼翼，终于得到了精确的实验结果。

科研就需要不怕失败的勇气，每一次经历都是一次进步，在循序渐进中更上一层楼，在科研道路中不断进步。

躬行实践，力学笃行

对于大学生而言，学习很重要，但如何将学习到的知识用于实践更为重要。苏盈盈在大学期间，积极参加校内文体活动和社会实践活动，抓住与其他同学沟通交流的机会，锻炼了自己的交际能力，取长补短，发挥出自己最大的优势。

大一时，学校举办校园马拉松比赛，苏盈盈很感兴趣，但是犹豫要不要参加，毕竟之前她没有参加过类似的比赛。这时，室友鼓励她说，不要害怕结果怎么样，只要参加就是最棒的。室友的鼓励给了她勇气，她报名参加了比赛，最终获得三等奖。之后她开始积极参加校园的活动，在活动中丰富自己。2017—2018 学年，苏盈盈被评为江苏大学勤工助学服务中心项目部“优秀干事”，为同学们服务，在工作中提升自己。2019 年和 2020 年，她连续两年担任江苏大学“学生资助宣传大使”，在此期间，她参与宣传“国家学生资助政策”活动，让更多人了解资助政策，传播资助好声音。她认为，人生以服务为目的，服务是一种美德，是一种快乐；服务别人，得到的是自我价值的肯定。

2019 年的寒假，她前往香港理工大学参加“科技创新”访学项目，全英文授课对她来说确实很难，但她咬牙坚持了下来。她结识了很多优秀的人，也见识了他们的实力，苏盈盈看到了自己与他们之间的差距，但她没有因此而自卑，遇到不会的问题就主动向他人请教。这次访学项目让苏盈盈收获颇丰，她更加明白：比你优秀的人都那么努力，你又怎么能轻易放弃。

回首大学时光，她体会过苦与乐，流过汗与泪，酸甜苦辣交织在一起，在一步一个脚印中铸就了现在的她。褪去曾经的青涩与稚气，她变得更加成熟与自信，不变的是当初的梦想。她的大学四年没有因空耗时间而悲切，没有因一无所获而失落，没有因盲目选择而后悔，人生就握在她自己手中。

导师寄语

在四年的学习生活中，苏盈盈同学在学习上认真刻苦，成绩优异，在专业中名列前茅；在社会实践与素质拓展活动中表现积极，并多次获得奖项，有很强的综合素质能力；在生活上能团结同学，有集体荣誉感。希望苏盈盈同学能够坚守自己的梦想，奋发有为，开拓属于自己的美好未来！

食品与生物工程学院副教授　张新爱

向阳之花，自信芬芳

胡煜骞，女，2000年12月生，中共预备党员，食品与生物工程学院食品科学与工程专业2018级本科生。获校学习优秀一等奖学金，获江苏省“优秀学生干部”“优秀学生干部”“三好学生”“优秀共青团干部”“优秀共青团员”等荣誉称号。主持省级重点大学生创新创业项目1项，参与发表论文2篇。

作家白落梅曾言：在这个光怪陆离的人间，没有谁可以将日子过得行云流水。但我始终相信，走过平湖烟雨，岁月山河，那些历尽劫数、尝遍百味的人，会更加生动而干净。漫漫长路，我们总会经历种种，或是荆棘密布，或是鲜花满地，但只要一心向阳，我们总会拥有属于自己的美丽天地。这便是胡煜骞的信念。

她时刻将自己的理想牢记在心，立志成为一个照亮自己、温暖他人的有用之人。她学习刻苦努力，取得了优异的成绩与众多的荣誉。她以自己的行动告诉大家，只有坚持不懈，才会距离顶峰越来越近。求知的过程好比攀登，只有一路爬到顶峰，才能看到最美丽的风景。

葵花只为向日倾

“她喜欢向日葵，因为向日葵永远向着太阳。”父母在侧，双手相牵，裙摆翩翩，笑意盈盈，这应是大多数小女孩的幸福童年，但是胡煜骞的童年并不美丽。在她很小的时候，父母离异，此后的十几年间她一直跟爷爷和奶奶生活在一起。虽然生活贫苦，缺失了父母的陪伴，但是她并没有失去阳光与乐观。反而，无论处于什么样的环境中，微笑面对生活是她的信念，她就像向日葵一样向阳生长，在困难的尽头也能看到光芒。

上中学后，她的家庭重组，生活终于开始稳定下来。但是这其中的酸甜苦辣只有她自己知道。她将这些转化为动力，勤奋努力，全身心投入学习。功夫不负有心人，她一次又一次地取得了好成绩。

胡煜骞相信："不管前方的路有多苦，只要走的方向正确，都比站在原地更接近幸福。"

菊残犹有傲霜枝

"荷尽已无擎雨盖，菊残犹有傲霜枝。"菊之所以被誉为霜下之杰，不仅因为它蕊寒香冷，姿怀贞秀，还因为它有挺拔劲节的枝干。花残了，枝还能傲霜独立，充分体现它坚韧傲世的品格。

家庭的不完美并没有对胡煜骞的个人发展产生消极影响，相反，她如菊般坚韧，希望在未来的人生里，能够依靠自己的努力创造美丽的生活。

在 2018 年 9 月，17 岁的胡煜骞走进了江苏大学，在这片沃土上，她开始有了新的目标与规划。她认为，作为当代大学生，一方面要有远大理想和坚定目标，另一方面要把握好当下，为未来添砖加瓦。

从一开始，胡煜骞就非常明确：学生的第一要务是学习。于是，大学的每门课程，她都认真对待，毫不懈怠。她并不属于头脑聪明的那一类学生，虽然高考获得高分，但是大学的许多课程仍然不是她的长项。笨鸟先飞，她选择用时间来弥补。

她高中物理本就薄弱，大一基础物理课老师提出的问题，她总是不能像其他同学一样迅速得出答案，有时候老师讲解了之后还是心存疑惑，这让她十分担心自己的成绩。于是，她只要课后有不懂的问题，就去主动请教物理老师。而即使是看来非常基础的问题，老师也很耐心地为她一一讲解，这让她非常感激。她仔细地将每一个小知识点记录下来，在课余时间做习题巩固。同时，她还向身边擅长物理的同学求教，一起探讨难题。一学期的积累沉淀，让胡煜骞在大学物理期末考试中取得了 97 分的好成绩；此后，在第二学期大学物理的学习中，她继续保持，取得了 100 分的好成绩。这让她大受鼓舞，在接下来的学习中，她根据课程随时优化自己的学习方法，在概率统计、食品工厂设计等多门课程中取得了满分或者接近满分的好成绩。这份坚持，让她三年都保持着专业第二的优异成绩，并获得了校学习优秀一等奖学金和二等奖学金。

除了在专业学习上名列前茅，胡煜骞还在大一竞选成为班长。此后的三年间她作为食品科学与工程 1802 班班长，一丝不苟，兢兢业业，认真完成老师下达的任务。她深刻地认识到作为一名学生干部所肩负的责任，注重团队合作精神和集体观念，积极带领班级其他学生干部策划、组织各项活动，为营造班级良好的学习生活氛围做出贡献。她的工作受到了老师和同学的一致好评，在 2021 年获评江苏省“优秀学生干部”。

此间，胡煜骞也曾因为部门活动、学习压力和学生工作的叠加而焦虑过，心有余而力不足，也曾想过放弃。但是，她认为既然选择了，就要用心对待，善始善终。于是，为了解决这个问题，她减少了自己的休闲时间，日常完成部门工作和班级工作后，周末便去图书馆学习专业课程，查漏补缺。这一坚持，就是三年。

“泰山不让土壤，故能成其大；河海不择细流，故能就其深。”

任是无人也自香

“我爱幽兰异众芳，不将颜色媚春阳。西风寒露深林下，任是无人也自香。”在寒风凛冽的深林之中，兰花即使无人欣赏也能够自己散发芬芳。它不争奇斗艳、高洁傲岸，努力生长。

大学校园不仅仅是学习的天地，更是大学生进行创新创业、科研竞赛的大舞台。胡煜骞注重专业前沿知识的学习，积极参与学校的科研项目，以及各类大学生科研创新比赛。

当学业导师提出愿意指导科研项目时，她主动担任项目负责人，主持了省重点大学生创新创业项目——花椒麻味物质快速检测方法研究。虽然在此之前，她还是个对科研一无所知的“小白”，但是在老师和师兄师姐的指导下，她开始查阅文献，进行实验，参与论文的写作。虽然过程很艰难，但是最终圆满完成，并参与发表论文 1 篇。

2020 年新冠肺炎疫情袭来，身处湖北的胡煜骞，并没有被形势的紧张给打倒。相反，她积极乐观，充分利用暑假，积极查阅文献资料，与老师同学沟通创新点，为学校各类创新大赛做铺垫。机会只留给有准备的人。终于，这一年 9 月和 10 月，她与团队同学参加“互联网+”和 CIFST-第二届“三只松鼠杯”休闲食品创新大赛，分别获得了学院三等奖和全国入围奖。

不是所有的努力都会被看见，但是你的努力都会在未来的某一瞬间以另一种方式显现。

梅花香自苦寒来

“宝剑锋从磨砺出，梅花香自苦寒来。”逆境从来都不是打垮人的理由。唯有自强不息，直面困难，努力克服，才能让自己的人生多一份光彩。回望来时的路，生活给了胡煜骞许许多多的磨炼与挑战，但也有不少阳光与温暖。跨过了困难挫折，她变得越来越坚强与成熟。如今，来时的重重荆棘，已经变成她生命中不可磨灭的宝贵财富。

“但行好事，莫问前程”，这是胡煜骞人生的座右铭。无论身处何种境况，都应该树立远大的理想志向；不管有无回报，都应该怀着一颗积极阳光温暖的心，去做正确而有意义的事情。她会一如既往，勤奋努力，心存感激，努力回报国家，回报社会，让她的人生充满爱与希望！

导师寄语

胡煜骞同学有明确的目标和较强的执行力，对于学习的规划，完成得很出色。愿她走过千山万水，归来仍如向日葵般阳光积极，如菊般坚忍不拔，如兰般高洁独立，如梅般坚强成熟！

食品与生物工程学院副教授　张　迪

春风有信，未来可期

刘晓霜，女，2000 年 3 月生，中共预备党员，食品与生物工程学院食品科学与工程专业 2018 级本科生。获校学习优秀一等奖学金，获校“三好学生”“优秀共青团员”等荣誉称号。主持科研立项 1 项，发表北大中文核心期刊论文 2 篇。

我们会在有光的地方绽放。

——题记

能上大学，刘晓霜是很兴奋的。当高中班级中的大部分同学都决定留在省内、留在离家近的地方上学时，她早已决定要去江苏，去春山如黛、春草如烟的江南。18 岁那一年的 8 月，她如愿收到了第一志愿江苏大学的录取通知书。虽然对食品科学与工程专业一无所知，但她还是满怀憧憬地踏上了从家乡开往镇江的列车。

初入校园，且不说偌大的江苏大学校园令刘晓霜摸索了好一阵子，大学与高中完全不同的管理与学习模式也让她花费了一段时间去适应。第一学期，学习工程图学等基础课程时她感到有一些吃力，最终绩点堪堪落在专业第六。对于这个成绩，刘晓霜觉得差强人意，但同时总觉得有一些遗憾。慢慢地，在大一学年的春天，她摸索到了适合自己的学习方法与复习模式，考到了专业第一，并在之后的大二、大三一直保持着专业第一的成绩。

但凡坚持，功不唐捐

大一至大二，食品科学与工程专业的课程以通识课为主，专业课涉及不多。高等数学（简称“高数”）与大学物理（简称“大物”）这两门令不少大学生闻之变色的课程，刘晓霜却均取得了十分优秀的成绩。其实她高中时数学并不好，上第一节高数课时她的反应与大部分同学一样——紧皱眉头，但她克服了自己的畏难情绪，并没有被听不懂的课程劝退，而是与自己的朋友一同学习，迎难而上。对于高数和大物的学习，她认为在课上及时跟上，课下及时复习，尤其是复习自己的错题，是十分必要的。大多数成绩不好的同学都是因为上课不听，课下不学，作业不交，临考才抱一抱佛脚。刘晓霜的高数课老师对学生属于“放养式”教育，平时布置的作业是不会收上来批改的，因此，班级里有的同学一学期都没有做过作业。但刘晓霜每一次都认真完成书上的课后习题，并与配套的答案比对，找出错题，把错题再做一遍，反复琢磨，如果实在不会就把题目收集起来去请教老师。可以说大一她花费在高数上的时间是毫不吝啬的，经常一做题就是一整个晚自习的时间。在复习时她也会每天做题，重点做错题，保持手感。学习概率统计（简称“概率”）时，她也采用了同样的办法，还经常到教概率的程老师的办公室去请教问题，整理错题。大一结束时，她的各门理科课程——大物、高数、概率等都取得了优异成绩，对于提高她的绩点起到了很重要的作用。

大二到大三，专业课的比例增加，课程数量变少，方向范围集中，刘晓霜也遇到了一些自己真正感兴趣的课程，学习不再是一件被动的事情，而是变成自己去主动寻求突破的过程。大二的春季学期，新冠肺炎疫情袭来，刘晓霜在家中以网课形式度过了一整个学期。网课意味着自由，隔着遥远的屏幕与关闭的电脑摄像头，学习变成了真正的自我监督，听课还是玩手机只在一念之间。在二三月份刚刚开学的几个星期里，刘晓霜还没有从放假的模式中调整过来，加上家乡湖北疫情攻坚战尚处于严峻时期，她并没有把心思完全放在学习上，上课时经常会走神、吃零食。但是很快，她也意识到了自己前期的松懈给后面的学习带来了多大的困难。学期末，除了要完成专业课老师布置的各项越来越具有难度的作业外，她还要抽出时间开始复习。静下心来学习后，她的卧室变成了图书馆，整理考点，查漏补缺，雅思作文课期末考试前每天两篇大小作文练习手感成了她的日常，有时中午妈妈把饭送到手边才知道已经到了吃饭的时间。靠着努力，她不但补上了之前没有认真学习而落下的知识，而且认真复习每一门功课。期末考试期间，她克服了在考试过程中出现的设备硬件问题，把控好时间，认真答完了每一道题，成功适应了全新的线上考试模式。这些小插曲并没有让她发挥失常，在大二结束的时候，她再次考到了专业第一。

但凡深思，心甘情愿

通过生物化学、微生物学、食品工程原理、食品化学、食品原料学、食品工艺学等专业课程的学习，刘晓霜为日后从事食品行业建立了牢固基础。学习的知识越多，实践的愿望越强烈。新冠肺炎疫情期间的那个暑假，刘晓霜作为队长组织了“热锅套餐送关怀，美食文化两地牵”的暑期社会实践活动。热干面是宜昌人民早餐的不二之选，锅盖面亦在镇江家喻户晓，身在湖北的刘晓霜将二者制作成“热锅套餐”，为社区的独居老人送去关怀，希望能传承绵厚悠长的中华传统美食文化，倡导科学、环保、健康的生活方式。此次志愿服务活动被中青网、江苏大学团委等媒体宣传报道。尽管新冠肺炎疫情给全球各地的众多人们与家庭带去了灾难与难熬的寒冬，也让刘晓霜与实践成员分隔两地，但美食送去的关怀不受地域限制，不受疫情阻隔。作为食品与生物工程学院的学子，未来的食品人，既要学习理论知识，掌握食品工艺原理，更要体味人间烟火、四方食事。这次实践活动让刘晓霜走进了社会，不再局限于校园这一方天地，成为和生活贴合的食品人。

但凡热爱，触类旁通

怀揣着对食品专业的热爱与对科研探索的渴望，刘晓霜在大三时主动联系了她申报的科研项目的导师李云亮，进入食品与生物工程学院的实验室开始了科研上的全新探索。她参与了老师的一部分实验，触摸到了新的领域——分子生物学。在实验室，她参与了老师改良设计的艾姆斯实验，对超声诱变后的鼠伤寒沙门氏菌菌落进行计数、挑菌、PCR、提质粒、制胶、电泳、送测、利用生物信息学分析基因测序结果等操作，在半年多的学习中，她掌握了一系列分子生物学实验的基础技能。在老师的指导下，她先于课程学习了凯氏定氮、脂肪的索氏抽提、蛋白质酶活的测定、灰分的测定、固定化酶的制备等对于食品专业十分重要的基础实验，并在之后的课程学习中将理论知识与实验经验一一对应，加深了印象。她也充分利用寒假的时间，在老师的指导下开始接触科研论文的写作。撰写综述类的文章需要参考大量的资料，包括英文文献，整理文献和写作的过程对于第一次写作的她来说十分艰难，但是李老师通过在假期不间断的“云指导”，召开线上会议为她答疑解惑、梳理思路、优化框架，一篇初稿终于完成了，后来发表在核心期刊上。在论文写作的过程中，她的知识面得到了扩展，汇总整理资料的能力也得到了锻炼。

曾经的她因为繁忙的生活与学不懂的机械课程走得跌跌撞撞，但她没有抱怨山长路远，而是选择早早提灯远行。今天的她站在大三的尽头，回首过去，一路崎岖，早已繁花盛开；春风有信，韶华未来可期。

导师寄语

在大学的学习与生活中，刘晓霜同学为人真诚，做事有韧性。希望她在以后的人生中，尽情学习、尽情成长，在需要的时候释放善意，在必要的时候展现能力，勇敢镇定地向前走，向阳行！

食品与生物工程学院　李云亮

心向璀璨，敢做敢拼

李婷，女，中共党员，食品与生物工程学院食品科学与工程专业 2018 级硕士研究生。获校一等学业奖学金，校“三好学生”“优秀共青团员”“优秀毕业生”等荣誉称号。以第一作者发表北大核心期刊论文 1 篇，参与发表 SCI 论文 2 篇。

夯实基础，主动掌握选择权

个性豁达开朗的李婷 1996 年出生于云南昆明一个普通的农村家庭，父母都是地地道道的农民。尽管父母文化程度不高，但对她的管教颇为严格，尤其注重培养她的学习习惯，从小就教育她要刻苦努力，好好读书，争取为家乡建设添砖加瓦。在父母的影响和熏陶下，从小学到高中，从未上过辅导班也没搞过“题海战术”的她，学习成绩始终位居年级前列。高考后，李婷以优异的成绩被江苏大学食品与生物工程学院生物技术专业录取。

2014 年 9 月，满怀无比激动和自豪，李婷踏入了江苏大学的校门，开始了精彩且充实的大学生活。大学期间，她自强自律，努力学习专业知识，持续发扬她的“学霸本色”。她认为只有打牢学业基础，才能拥有更多选择的权利。多年的努力没有白费，李婷的学习成绩蝉联专业第一，多次荣获校学习优秀一等奖学金，获校“三好学生”荣誉称号。

纸上得来终觉浅，绝知此事要躬行。除了保证专业课成绩基础，李婷也注重培养自己的实验操作技能基础。她意识到生物技术专业是一门以实验为基础的学科，许多生物现象只有通过实验才能得到解释，很多“为什么”都可以在实验中找到答案。以往自己的学习存在重知识、轻实验，重理论、轻实践的现象，这将不利于自己的长远发展。敢于大胆实践，这样才会培养思维能力、创新能力、分析能力和探究能力等。为此，她利用课余时间主动跑到实验室帮助学长学姐做实验，处理数据，撰写实验报告。经过一学期的实践学习，她的实验技能和自主学习能力得到很大提升。在伍娟、程宇两位老师的鼓励下，她积极参加了 2017 年江苏大学校级大学生创新创业训练计划项目，将所学知识应用于实际实验中。得益于前期掌握的实验技能，她有序开展实验并顺利结题。李婷一直认为，夯实基础，才能掌握选择权。正是因为拥有牢固的基础知识和扎实的实验技能，大四那年，她获得了保研本校的资格。

弥补短板，让人生多一分精彩

大学生活的前三年，李婷都在致力于提升自身学习成绩和专业技能，本科阶段没有做过学生干部的她，为了弥补这一遗憾，在大四保研之后主动请缨担任学工助理，负责协助辅导员老师一同管理学生事务。学生工作最繁忙的时期要数迎新和新生入学教育期间。李婷跟随新生辅导员参与入学教育相关讲座，提前做好讲座准备，负责现场拍照、撰写新闻稿等。新生军训期间她跟随新生辅导员一起解决各种突发事件，小到学生找不到装备，大到学生中暑晕倒进医院，事无巨细。在此期间，李婷学到了学生工作的方式方法，那就是必须耐心、细心，真心地对待每一个学生，帮他们解决各种困难，同时在各种事务性工作的过程中做好思想政治教育，帮助学生树立正确的人生观、价值观，助力学生成长成才。

学工助理的兼职生涯不可谓不辛苦，尤其是生物技术和食品科学这种实验型的学科本身还要花费大量时间摸索实验方法、反复操作。基于学工助理这一特殊身份，白天她穿梭在实验室与学生工作办公室之间，游走在做实验和处理千头万绪的学生工作中。李婷还要负责汇总学生日常数据和奖优勤助补等，工作纷繁复杂，每天晚上离开实验室回到宿舍后继续汇总材料已成为她生活的常态。做学工助理的这段时间，虽然异常繁忙，但李婷也学到了很多东西，提升了自身的组织管理能力和协调能力。

直面困难，铸就研途芬芳

作为一名保研生，李婷可以优先选择导师。敢闯敢拼的她毅然决然选择了跨专业，就读食品科学与工程专业，师从马海乐教授。从生物技术跨到物理加工，从理科到工科，对于李婷来说无疑充满了挑战。为了尽快进入科研状态，刚刚本科毕业的她主动联系了导师，提前进入课题组跟随师兄师姐学习。李婷认为，作为一名研究生，绝不仅仅是做一位苦行僧，更重要的是要脚踏实地，学会质疑已有的成果，归纳前人的经验，分析现有的实验方法，反省自身存在的问题，同时还要具备献身科学的勇气及异想天开的想象力。经过与导师商量后，她决定从事农产品催化式红外杀菌技术的选题研究。由于她从未接触过催化式红外，课题组师兄师姐也没人做这方面的研究，因此这对她来说是一个具有挑战性的课题。她继续发挥“学霸”技能，充分利用图书馆资源，阅读了大量文献、相关书籍及杂志，逐渐明确了自己的研究内容，制订了研究方案，很快她就进入实验室开始了实验。

山阻石拦，大江必定东流去；雪辱霜欺，梅花依旧向春开。在科研的过程中，难免会遇到挫折，李婷也一样。研二下学期，受疫情的影响，原本就已被耽误的实验又频频遇到棘手的问题。一会儿设备零件损坏，一会儿实验方案又出问题，导致实验一直失败，无法获得数据。可是毕业在即，没有数据写不了文章，这让她深感焦虑。经过一段时间的心态调整，李婷坦然面对实验中遇到的挫折并积极寻找解决方案。她说：“世上没有不经过努力就获得的果实，科研也一样，研究中遇到些困难和失败并不是一件坏事，当一条路走不通的时候，会迫使你找到其他途径。如果实验没有达到自己预期的结果，这个时候一定要冷静下来反思一下，反思一下自己的实验设计环节，多查阅资料或者与导师同学交流，最终找到合适的解决方案，达到预期的结果，而不是漫无目的地重复。”终于，功夫不负有心人，在课题组老师和师兄师姐的帮助下，实验成功获得了数据，李婷即刻撰写了小论文。经历了 3 个月的漫长等待后，这次她收到了小修的通知。经过修改，论文顺利被录用。她的努力再次有了收获，这让她再次坚定了自己的选择。

魅力摄影，点亮平淡的生活

李婷是一个时尚漂亮的女孩子，平时喜欢摄影。大学期间，李婷加入了摄影协会，自学摄影技能，掌握了一些摄影技巧。课余时间，李婷经常和协会的小伙伴们一起参加户外摄影活动和摄影比赛。对李婷来说，摄影是她生活中必不可少的乐趣。摄影能让她将生活中一个个或可爱、或美好、或震撼、或悲伤的画面定格，将精彩的瞬间变为永恒；摄影让她有了另一种表达方式，让她透过镜头表达自己的个性和看法；摄影让她更注重细节，以不同的角度看世界；摄影让她更加专注现在，忘记生活中的压力和忧虑；摄影更让她学会了分享，用镜头与身边的人交流。除了自己摄影以外，凭借姣好的面容和十足的镜头感，李婷得到了摄影师的青睐。在校期间，李婷作为学院代表，参与了学校毕业生 MV 录制，其个人风采照也多次被江苏大学官方微博采用并对外发布。摄影像一个火种，点亮了李婷大学平淡的生活。

弹指一挥间，李婷同学在江苏大学已经度过了 7 个年头。在这 7 年的时光里，她目标坚定，敢想敢做，一步一个脚印，用努力收获了属于自己的美好未来。人生的路，既平凡也不平凡；科研的路，既枯燥也精彩，生活不会时时厚待我们，虽然前进的路途上偶尔会跌倒，会哭泣，会受伤，但是李婷始终相信，一分耕耘一分收获，越努力才会越幸运！

导师寄语

李婷同学在江苏大学求学的 7 年里，勤奋刻苦、坚持不懈，科研积极、工作踏实，取得了优异的成绩，我们见证了她成长和蜕变。希望李婷在今后的工作和生活中继续秉承“博学、求是、明德”的校训，迈开坚定的步伐，走向既定的目标！

食品与生物工程学院教授　马海乐

满腔热忱，成绚烂人生

郭昊天，男，1997 年 9 月生，中共党员，食品与生物工程学院 2019 级食品工程专业硕士研究生。获校一等学业奖学金，获校“优秀共产党员”荣誉称号。

郭昊天同学常引用罗曼·罗兰的一句话：“世界上只有一种真正的英雄主义，那就是在认清生活的真相后依然热爱生活。”在别人眼中，他用力学习、用心观察、用情生活。不论遭遇怎样的困境，他都以饱满的热情去对待。

用力学习——做好学生本职工作

自远古以来，中国人民在长期的农、林、牧、副、渔、医、药（本草）等研究实践中，积累了大量有关植物、微生物、动物、人体的结构和功能等方面的知识，这些知识是中国历史文化宝库中的重要组成部分。民以食为天，食品安全问题是人们日常生活中的头等大事。

郭昊天本科专业是食品科学与工程，从进入大学的那一刻起，他就牢记学习是自己的第一任务，在此后的学习中不断地拼搏努力。本科四年，他的成绩在全专业始终排名前列，他多次获得“三好学生”“优秀学生干部”等荣誉。仅在本科期间，他就获得了三次学生奖学金。在他看来，学习没有捷径，只有踏实、努力、钻研。

本科期间他只在课本上了解过分子生物学的相关内容，直到进入研究生阶段，才正式开始自己动手开展实验，撰写研究报告和文章。不同于本科阶段丰富的校园活动，以及密集的课程，研究生阶段的学习更关注研究课题、实验和文章。只有高中生物和大学生物基础，没有完善的实验计划，没有充足的准备，没有明确的方向，这些都让他有点不知所措。而细胞内的一切又是那么奥妙无穷。“分子实验看不见摸不着，很是枯燥”，这是实验室里师兄们经常跟他说的玩笑话，但他却不以为然，既然已经通过不懈的努力考取了硕士研究生，那么在接下来的日子里就不能肆意挥霍时光，一定要在研究领域做出成绩，不求闻达于学术界，但求无愧于心。从那时起，他就沉下心来，向着这个目标努力奋斗。

一开始学习分子生物学是枯燥苦闷的，必须耐得住寂寞，经得起考验。分子生物学与普通生物学不同，有很多不确定的因素影响实验过程，并且分析实验问题比较困难。为了解开其中的困惑，开学初期他每天早出晚归，深入了解科研方面的知识，培养自己的动手能力，平时主动和师兄们、和导师交流关于实验方面的技巧，及时请教和询问，虚心听取建议和意见，并能及时总结和反思，认真规划和设计，充分利用时间。经过一学年的努力，他逐渐感受到了分子生物学的魅力。从一开始的茫然到后来的得心应手，其中的辛酸只有他自己知道。

用心观察——摄心中之影，感人生百态

在努力做好科研工作的同时，他一直坚持着自己的科研与生活的平衡准则。他不仅在科研上有所追求，同时也醉心于摄影艺术。他常说：“在生活中，到处都是艺术。”他喜欢摄影，因为它能记录下动人的瞬间，能够在以后的日子久久回味当时按下快门的情景、心境。对他而言，把自己的情感倾注于照片上，每次按下快门都会思考为什么要拍下照片，并且通过这种方式表达自己的情感，感受不同的人生滋味。

摄影作为一种新兴的艺术，它的基本特点是什么？在这个问题上，很多学者从不同角度进行了深入的讨论，提出了复杂的审美复合论、审美错位理论等。这些都是摄影文学的定义，通过学习，他的认识得到了丰富。并且，在追求艺术审美的过程中，他也把自己的作品投到网络上，得到了很多赞赏。

沉浸在摄影的乐趣里，他保持了一种健康快乐的心态，因为快乐，所以简单；因为简单，所以平凡；因为平凡，所以有爱；因为有爱，所以幸福。他会穿行在城市的每个角落，漫步在校园中欣赏每一处美景，正如苏

轼那样，“行到水穷处，坐看云起时”。那是多么惬意、美好的一件事。他总是认为生活是美好的，是幸福的，是快乐的。

用情生活——保持对生命的爱与热忱

生命应该是绚烂的，而不能只做一件事。他合理安排时间，保证每天在实验室学习满10个小时，此外他每天还会保证一定的运动量。他是学院篮球队的一员，时常跟同学去篮球场上挥汗如雨。学校操场上“每天锻炼一小时幸福工作五十年”的标语深入其心。在篮球比赛中，他对团队协作的精神有了更深刻的理解，与队友们在校内篮球赛中取得第五名的好成绩。

除了坚持锻炼之外，他也喜爱阅读，尤其是经典文章和著作。他觉得读书的作用就是帮一个人打好三观的基础，帮助他构建一个优秀的底层认知框架，这个工作是漫长而无形的。“读史使人明智”是他的座右铭，他一直牢记心中，并且付诸行动。在任何情况下，这种读书的热情都不会消退。每次饭后他都会捧着一本读物小憩一下，读书让他对世界充满想象。从视觉上，看到了蓝色的大海、宽阔的河流、美丽精致的花朵绽放；从听觉上，听到了海浪、高山、流水和百鸟争鸣；从嗅觉上，闻到了花的清香。在书中，他还领略到“一个从不阅读文学作品的人，纵然他有‘硕士’‘博士’学位，他也只能是一个‘高智商的野蛮人’”。因此，他特别重视培养自身的修养与道德。莎士比亚也曾说过：“书籍是全世界的营养品。生活里没有书籍，就好像大地没有阳光；智慧里没有书籍，就好像鸟儿没有翅膀。”通过阅读书籍适当地放松身心、补充知识，他单调的科研生活也得以调剂。

无论回首自己的哪一段时光，他都觉得自己从不后悔。他对生活投入了自己最大的热情，不管生活是顺利还是坎坷，他都坚强面对。因为他明白，世界上只有一种真正的英雄主义，那就是在认清生活的真相后依然热爱生活。

导师寄语

郭昊天同学在进入硕士研究生阶段以来，思想上进，积极进行科研实践。希望今后的你展开理想的翅膀，用青春的绿色去酿造未来富有的金秋，在未来新的征程上志存高远，在新的舞台谱写新的人生篇章！

食品与生物工程学院教授　齐向辉

专注眼前事，走好脚下路

吴泽伟，男，2000年1月生，食品与生物工程学院食品质量与安全专业2018级本科生。获校学习优秀一等奖学金、二等奖学金，校“三好学生标兵”等荣誉称号。

人的一生应当这样度过：当回首往事的时候，他不会因为虚度年华而悔恨，也不会因为碌碌无为而羞愧。

——奥斯特洛夫斯基

从迷茫到清晰

如果你对于刚刚到来的大学生活充满迷茫，吴泽伟的经历或许对你有一些帮助。

也许每个人从高中步入大学都会经历一个迷茫的阶段。在摆脱高中繁重的课业压力和家长的管教之后，刚步入大学校园之时几乎每个人都是无拘无束的。然而，在度过一小段大学生活之后，有人也许会开始感到焦虑，也许会意识到没有压力并不是一件好事，也许会对未来一头雾水。有些同学从小就怀揣梦想并为之一直努力，不会因为进入大学而放松；有些同学会根据对未来的期望制订切实可行的计划。希望从事研究工作的同学努力学习专业知识；也有的同学开始着手参加党团活动，积极竞选学生干部。每位老师在大一刚开始的时候都说过要尽早找到自己的目标，然而，终究有一部分同学是迷茫的，他们对未来没有认真思考过，也没有对长远发展的规划，也许他们对未来认真地思考过，却没有得到答案。他们想浑浑噩噩地过完大学四年的生活吗？不，没有人愿意白白浪费自己最美好的四年。吴泽伟就是其中的一员，当他现在回首大学生活的时候，他也有遗憾，但他没有因虚度年华而悔恨，也没有因碌碌无为而羞愧。迷茫的大学生应该怎么做呢？他希望给这些迷茫的学弟学妹们一个小建议：至少要做好一件事情。虽然他现在也还是迷茫群体中的一员，但他对他大学的经历并不感到后悔。

在上大学之前，吴泽伟在网上看到过许多关于大学生活的文章，听到过许多亲戚家里孩子的大学经历，也接受了许多事业有成的长辈们的教诲。他发现有不少大学生在毕业之后，对自己的大学生活感到非常后悔。他们觉得大学四年的时光除了带来了年龄上的增长，别无所获。“我应该怎么做呢？”也许每个大一新生都会思考这个问题。跨过了高考这座大山之后，他感觉走路都轻飘飘的，心也轻飘飘的，一点都不踏实。多次思考之后他得到了一个答案：虽然他人生的目标还不清晰，但他希望做好一件事情，让他能在以后回顾大学生活时有可回忆之事，而不是一片虚无。

他选择了这件事情：取得一份比较漂亮的成绩单。

从清晰到力行

既然做出了决定，就要一步一个脚印地去实现。首先，他要做的是掌握每一门课程的学习方法，哪门课程需要理解，哪门课程强调知识点的背诵，哪门课程对未来的专业研究有帮助，哪门课程无论从事什么工作都需要掌握。他会在每学期一开始就弄明白这个学期课程的特点，规划好如何高效率地学习。

当一个人对某件事情产生了强烈的意愿之后，他就会想尽一切办法去实现它，就算一开始不了解、不擅长，这个强烈的意愿也会不断驱使他去想办法、去进步。一旦开启了这种意愿驱动模式，就已经成功一半了。选择了学习，学习就会驱使你向前。

在弄清楚每门课程的学习方法以后，依照方法进行学习就可以了，但是学习之路没有这么简单。吴泽伟在学习的过程中遇到过许多困难。比如，他制订了学习计划，但因各种各样的会议和活动而无法完成；他希望每天都可以投身于学习之中，但总有一些时候大脑想偷懒；他想在学习的时候保持高度的注意力，可时不时地被其他事情所吸引……他为此想了许多办法，上网寻求过帮助，也请教过老师和同学。为了学习计划不被打乱，他不去参加没有意义的活动、会议；为了不让自己产生惰性，他读了一些成功学书籍和“心灵鸡汤”，也许这些“心灵鸡汤”没有什么实际意义，但总是可以让一个怠惰的学生亢奋；他在学习中为了保持注意力，用软件把手机锁起来。他做了自己可以做到的一切努力，让自己距离当初设立的目标更近一点。

他这几年奔走于各个教学楼与图书馆之间，坚持远离寝室的床铺。三江楼的 807、三山楼的 702 和京江三号楼的 3508 教室都是他常去的地方，他在这一间间教室里度过了很多个有意义的夜晚。图书馆是他最喜欢的地方，学期开始时图书馆里的人寥寥无几，期末考试之前则座无虚席，他都经历过。图书馆的楼顶有一个圆形的玻璃天窗，他喜欢坐在这个窗户下学习。每当他感到疲惫烦躁时，总是可以透过天窗看向天空来获得一丝宁静。透过天窗，他看到过冬日里的皑皑白雪，看到过夏夜里的点点星光，当他戴上耳机看向窗外的世界时，学习的压力就会减少一些。减压与自我调整是他学习生活中必不可少的。

从力行到希望

按照计划执行了几个学期之后，吴泽伟的成绩稳步提升。一间封闭的屋子在打开了一扇窗户之后，阳光、新鲜的空气都会进来。在阶段性完成目标之后，他的自信心与心态都随之提升。在接下来的几个学期里，他在保证成绩的前提下，做出了一些新的尝试。他向老师寻求帮助，做了一些科研的练习；他开始学习英语，希望可以在未来有更多的选择；他参加了一些课外活动，体验了中学时期老师们口中大学的美好生活。

随着大学生活的不断深入，他接触到了更多的人，收获了更多的知识，对专业有了更深入的理解。虽然还没有完全从大一的迷茫里走出来，但他没有放弃对未来的思考。闲来无事时他依旧会思考未来要做什么，但由于不知道自己能走到哪一步，他仍然没有一个清晰的答案。经过几个学期的学习，在各位老师的悉心引导，他不再像大一思考的时候一样毫无头绪。通过几年的专业课程的学习，他重要的收获之一就是弄清楚了自己不喜欢的方向。在排除了那些不喜欢的方向之后他对于未来的设想也就更清晰了。

如今他即将结束大三的学习生活，也意味着大学阶段的课程基本结束了。现阶段，大家都变得忙碌起来，有的同学决定工作，有的同学决定考研，有的同学决定出国学习，即使是原来非常不爱学习的同学也不得不为自己的未来考虑一下。这个时候他可能比其他同学稍微轻松一些，因为他拥有一份不错的成绩单，凭借着这份成绩单，他可以争取保研的机会，也可以申请去国外的学校学习。在这个时候，他很庆幸自己大一的时候选择了做好一件事情——学习。也许选择比努力更重要，如今想起来，他觉得他的选择对于一个迷茫的大一新生来说是正确的。

如果一个大学生在大学时期做对了且做好了一件事情，当他回首大学时光时，至少他不会觉得大学的时光是荒废的。这段珍贵的青春不应因虚度年华而悔恨，也不应因碌碌无为而感到羞愧。

导师寄语

在三年的学习生活中，我们共同见证了吴泽伟同学的成长，他的努力获得了回报。学习之路是一条需要坚持不懈的道路，希望吴泽伟同学在今后的学习和生活中永远保持一颗积极向上的心，与时偕行，实干求真！

食品与生物工程学院　张家艳

坚持到底，前程万里

赵丽娜，女，2000年1月生，共青团员，食品与生物工程学院2018级本科生，担任班级班长。获“国家励志”奖学金、校学习优秀二等奖学金，院“三好学生”、校“优秀共青团员”等称号。

所谓无底深渊，下去，也是前程万里。

——题记

“不耻最后，即使慢，驰而不息，纵令落后，纵令失败，但一定可以到达他向往的目标。”在每一次做完实验，上完一天的课，拖着疲惫的身体回到寝室的时候；在每次因为无数乱七八糟的事情要马上处理，压力太大疲惫不堪的时候，赵丽娜都想过要放弃，但是一想起这句话，她的内心就再次充满了能量，她知道自己天赋平平，也不聪明，但是她坚信只要坚持，就一定会有成功的一天。

坚持是石，擦亮星星之火

偏僻和戈壁，是甘肃留给人们的印象，那里距离江苏一千七百多公里。赵丽娜的家乡位于甘肃中部酒泉的一个小县城里，那里有葡萄、美酒、夜光杯。赵丽娜的父母勤恳敬业，从小到大，父母教育她做什么事情都要坚持，不能半途而废，更要努力学习，走出去，为国家，为自己的家乡建设做贡献。高中时，她就梦想要来南方，完成梦想和学业，终于，在2018年夏天，她通过自身努力考到了江苏大学，选择了食品与生物工程学院的食品质量与安全专业。刚来学校的时候，她很迷茫，走过偌大的校园，不知道未来的大学四年要如何度过。她不了解自己的专业学什么，也不知道未来能干什么。食品专业，在外人看来就是做吃的，以后只能在食品加工厂上班。但是各种关于食品安全问题的新闻，说明国家迫切需要保障食品质量安全的专业人员，她忽然明白了自己专业的重要性，明白了自己能在这个学校做些什么，从此她下定决心，要努力学习。

大一第一学期，她就给自己进行了准确的定位，学习是首要任务，要认真学好每一门科目。但是刚刚经历了高考，从高中到大学，从北方到南方，人生地不熟，面对新的生活，她还没有完全适应，所以尽管她过得很忙碌，但参加的许多活动和比赛都没有拿到满意的名次，期末考试的成绩也不是很理想。她再一次陷入了迷茫……是自己太笨了吗？是这个专业真的不适合自己吗？是自己从开始就错了吗？她不断地怀疑自己。那段时间，她过得极其煎熬，也不知道自己未来的目标在哪儿，不知道自己的付出到底值不值得。过了一段消沉的生活后，她想起了鲁迅先生说的“不耻最后”：“即使慢，驰而不息，纵令落后，纵令失败，但一定可以到达他向的目标。”于是她重新振作起来，虽然走得慢了一点，但是也在进步，即使失败了，也还有重来的机会，失败不可怕，可怕的是跌倒了就站不起来了。之后，她先询问了学长对于大学中各种压力、各种失败的应对措施，了解他们是怎么度过大一的迷茫期的。她从学长学姐那里获得了许多宝贵的经验。接着，她又更加详细地了解了食品质量与安全专业的要求、培养计划，她了解到硕士研究生可以更加系统、全面地学习自己专业的知识，所以，她有了新的目标——考研。她重新调整了自己的学习目标，完善了自己的大学规划，有了这次的经历，她不会再选择放弃，反而更加坚定自己的目标，决心要向着自己的梦想前进。

坚持是火，点亮前行之灯

转眼到了大二，由于疫情，大家都在家里上网课。不少同学因此放松了对自己的要求，懈怠了下来，但是赵丽娜并没有因为待在舒适的环境中就放弃坚持，放弃自己的目标，她在学习专业知识的同时，还修完了所有的校选课，在课余时间查找考研的相关信息，着手准备考研。每次在坚持不住的时候，她都会想起鲁迅先生的那句话，在每次想要放弃的时候，那句话会带给她坚持下去的希望。果然上天不会亏待努力的人，这一学期，她的各科成绩都很不错。在暑假期间，她还参加了酒泉瑞泽社工的“永青活动”，短短7天的暑期实践活动，从开始筹备到实践总结让她体会到了爱的力量、青春的力量、生命的力量，可谓收获满满。到了大三上半学期返校的时候，因为对同学的坦诚相待，用心服务，她还被推荐成为班长。大学的课程繁多，知识点也很多，有些内容也很难理解，在学习的过程中，赵丽娜注重方式方法，每次上课前都提前预习，在不懂的地方做好标记，等到上课时再着重听老师讲解；课后，向老师、同学请教上课没有听懂的地方做到真正理解，不会遇到不懂的问题就放弃，而是坚持下去发现学习的乐趣。（对于自身的严格要求，让她获得了国家励志奖学金、校学习优秀二等奖学金等。她的努力和坚持，让她得到了收获。）

坚持是灯，照亮人生之路

大三开始，各种专业课逐渐多了起来，实验课也随之而来，每天赵丽娜都在教室、实验室之间来回奔波，做实验，写总结，交报告。虽然忙碌，但有了目标之后，一切都变得有意义。除了每天学习专业课外，她还会抽出一点时间来复习考研知识点。这一学期，她申请的大创开始进入试验阶段，在进行大创项目期间，她不断学习，查阅资料，虚心请教，从连测水果褐变都不会，进步到熟悉使用各种检测仪器和独立撰写实验报告。虽然在这忙碌的一学期里，她有过无数次想要放弃的念头，但是每次想要放弃的时候，鲁迅先生的话就会在耳畔回响，再想起之前遇到困难挫折想要放弃时却坚持下来的自己，她都会重新振作起来，坚持到底。

大三即将结束，她的大学生活也过去了四分之三，在这三年里，她有过迷茫，有过失望，有过无能为力，但是她都没有放弃，坚持了下来。是这一次又一次的坚持，带给了她成长，带给了她收获，带给了她进步。大学三年里，她最大、最强的感受就是：坚持，不要放弃。试想每次看到别人在放松享受，而你在奋笔疾书学习时，每次遇到困难挫折，想要临阵退缩时，你的脑海中是否出现过：就这么算了，放弃吧！千万不要有这种想法，再坚持一下，你一定会收获更多。

以后的路还很长，大学阶段只是我们漫漫人生路上的一个小站点，但也可能是改变我们一生的转折点，大一的我们，也许会立下许多目标：我一定要学习一样乐器、我要看完多少本书、我要学习日语。但是在这些众多的目标当中，有几个是自己真正付诸行动并且坚持下去的？等到回头看时，只能羡慕别人的大学生活充实精彩，而自己的大学四年忙碌却一事无成。我们都在挥霍着现在，担心着未来，那为什么不从现在开始，珍惜当下，坚持自己的目标呢？先制定一个目标，行动起来吧。坚持下去，一定会有收获！

导师寄语

在赵丽娜同学三年的大学生活中，她的乐观开朗、努力坚持感染着我。我相信，她的努力终将得到回报。考研之路是一条需要坚持不懈的道路，希望丽娜同学在今后的学习和生活中永远保持乐观，以全身心的努力去拼搏，以最顽强的信心去争取，以最平常的心理去对待。

食品与生物工程学院教授　徐　斌

勇于突破，勇敢成长

卢歆怡，女，1999 年 5 月生，食品与生物工程学院食品科学与工程专业 2017 级本科生，曾任食品科学与工程 1702 班班长、食品与生物工程学院学生会副主席。获校学习优秀二等奖学金、三等奖学金，中国电信一等奖学金；获校“三好学生”、校“优秀共青团干部”、校“优秀毕业生”、2018 年暑期社会实践“先进个人”称号。主持 1 项科研立项，参与 1 项大创、发明专利的研究。

柳暗花明，美丽蜕变

当年高考失意的她进入江苏大学，幸运地被第一志愿专业录取，就这样，她成了江大食品与生物工程学院的一员。并不优秀的入学背景，使得初入大学校园的她对自己并没有太多的信心，也没有奢望自己能得到奖学金、“三好学生”这些几乎全靠绩点定夺的奖项和荣誉。在她心里更多的是被还未真正开始学习的高数、线代和“四大”化学支配的恐惧和焦虑。在刚刚结束的高中时代，数学和化学对她来说可谓噩梦般的存在。好胜心强的她，为了不让自己成为班里的“差生”，大一的第一学期，她认真听好每一节高数课、每一节无机化学课，直到把课上的所有疑问与老师交流解决完毕、认真整理好笔记后，才肯离开教室。每天的三节晚自习，她常常全用来解积分题，看着课本习题页的空白被解题过程填满，总是能给她带来满满的成就感。第一学期末，98 分的高数成绩让她第一次对自己有了信心，也给了她第一次站上讲台与同学们分享学习经验的机会。所有的努力让她最终在学年末获得了校学习优秀二等奖学金，以及校“三好学生”的荣誉称号。

在食品与生物工程学院学习生活的四年中，她积极投身学生工作，其中的契机还是来源于她对文艺表演的喜爱。在大一刚入学时，她就竞选并成功担任班级文艺委员，还加入了食品与生物工程学院学生会文艺部。担任班级文艺委员期间，她组织班级同学参加学院的手语操比赛，最终获得了二等奖。之后，在前班长的推荐下，她从大二开始担任班长，任职期间，她一直谨记学院领导和老师的教导，利用课余时间为班级同学服务，尽职尽责，所在班级获得了校级“先进班集体”“五四红旗团支部”等荣誉。在学生会工作期间，她利用自己的课余时间，努力组织举办好每一场文艺活动和晚会，丰富同学们的课余活动。虽然在参与学生工作的过程中偶尔会耽误学习进度，但在忙碌中她学会了合理安排自己的学习，提高学习效率，并在学期末保持着不错的成绩和专业排名。在担任学生干部期间，她还获得了校级“优秀共青团干部”、食品与生物工程学院“优秀学生干部”等奖项。

抛弃胆怯，勇于展现

在学院辅导员的宣传下，她了解到学校里有各种各样的名校交流访学项目，同时学校会给予参加项目的同学一定的资助。本着有效利用寒暑假的初心，她报名参加去东京的游学项目。在老师的带领下，她参观了东京大学、东京工业大学等名校，被校园中浓厚的学术氛围感染，也是从那时起，她对从事科学研究工作产生了向往。在东京的时间虽然短暂，但她收获颇丰，不仅开阔了视野、体会到了异国不同的文化和风土人情，同时也认识到自己作为一名大一新生，不论是知识储备还是社会经验都存在着很多不足。这也给了她继续努力的动力。

一年之后，在朋友的鼓励下，她又报名参加了前往罗马尼亚的国际志愿者项目。这一次不再有老师陪同，独自来到国外的她，一开始并不敢开口用英文与外国人对话，每次开口前，她会先在翻译软件上反复确认是否有语法错误或用词不当的情况，还会在心里默默练习几次。在同行志愿者的鼓励下，她从日常对话开始，主动与当地人进行交流，每次对方做出的回应，都会让她更自信一些。经过几次尝试后她发现，原来和外国人交流并不是一件困难的事情，可能一个单词、一个手势对方便可意会。这段一个半月的国际志愿者时光，让她从初次踏出国门时的“不敢说”成长为“我要说”。她不仅要说一口流利的英语，还要在外国朋友面前说出中国故事。在志愿者工作期间她意识到，如果每场活动完全按照项目方的计划来实施似乎会稍显枯燥。而作为代表中国的志愿者，她认为自己有义务向当地的友人分享中国的文化，让全世界都能了解中国甚至爱上中国。因此，她在每次活动的尾声，都会结合自己的经历，向大家介绍中国各地的节日、美食、景色等，让他们在万里之外的罗马尼亚也能感受到中国的风土人情。而当外国友人发出“我有机会一定要去中国看看”的感慨时，她感到无比骄傲。

拨开迷茫，熟能生巧

要说真正接触到科研，还得从开展毕业论文说起。考研初试结束后，本着为复试做准备的想法，卢歆怡便开始联系毕业论文的指导老师，想要早些进入实验室，熟悉实验操作、学习使用各种仪器。记得刚拿到论文题目时，她更多的是迷茫，查阅许多相关文献后还是对实验方法的设计摸不着头脑。但她积极向指导老师请教，在老师的耐心指导下对论文题目有了更深刻的理解。初次进入实验室的她，面对各种仪器却不知从何下手，操作不熟练，导致实验结果不尽如人意的情况时有发生。但她并没有因此而气馁懈怠，每天的实验结束后都认真总结并分析失败原因。在写作毕业论文的半年时间里，虽然辛苦但也收获了许多感动。和实验室里的仪器度过一整天是常有的事，她认为做最后一个离开实验室的人总有种莫名的成就感；在实验室里她还收获了很多友谊；熄灯后，她常常与舍友一同努力敲键盘处理数据、撰写论文，这段时间总能让她忘掉从早到晚做实验的疲惫；最重要的是，指导老师们给了她最大的帮助与支持，他们曾在她的实验初期耐心地为她解答各种困惑，曾多次来到实验室不厌其烦地指导她进行实验操作，曾为她的论文提出修改建议直到深夜两点……论文答辩前，她翻阅自己总结的数据结论时不由得感慨这段时间里的飞速成长，这半年实验室时光同时也让她对未来的研究生学习生活有了更深刻的理解，也更坚定了在本专业领域继续学习深造的决心。最终，她收获了食品与生物工程学院优秀毕业论文、一项发明专利和一篇文章被录用。

回顾在江大四年的学习生活，她的简历从初入校园时的一张白纸，到将要走出校园时获奖经历一页都写不下。在一次次勇敢突破中成长，是对她这一路走来的经历最好的概括。人生路上不能总打保守战，不勇敢尝试，不勇敢突破，将无法发掘出自己最大的能量。不甘于在原有的舒适圈中停留，勇敢突破边界，让它不断扩大，才能在自己的领域真正做到游刃有余。

这次，她满载学识与收获并心怀感恩从江大再次起航，并将“自强厚德，实干求真”的江大精神和老师们的谆谆教诲铭记于心，相信她在往后的学习工作中定能再创佳绩。

导师寄语

四年前，卢歆怡同学满怀憧憬来到江大。今天，她满载收获从这里扬帆起航，驶向新的彼岸。作为江大人，经过四年的学习，“自强厚德、实干求真”的江大精神已经在她身上生根发芽。我相信在江大精神的照耀和鼓舞下，没有什么能阻挡她前进的步伐。祝愿卢歆怡同学前程似锦、一路凯歌！

食品与生物工程学院副教授　丁青芝

坚定如故，逆风成长

梁佳宇，女，1996年生，食品与生物工程学院食品工程专业2019级硕士研究生。获校一等学业奖学金，获院“优秀研究生”荣誉称号。

生活跌宕起伏，仍旧坚定如故。

——题记

让不懈努力成为习惯

梁佳宇是个有目标、踏实肯干、勤学好问的学生。她的学习素养的培养源于初中时老师的一句称赞和一个认可的眼神。这是她人生中第一次得到别人的认可，而不是被用来和别人做比较，这种被认可的感觉让她瞬间觉得自己有了动力，从此她便立志要成为一个优秀的人。于是她开始默默地努力，努力提高各科成绩，慢慢地努力也就变成了一种习惯。正因为这份坚持和努力，她在初中时考到了全校的第一名，从那时起，“让努力成为一种习惯”便成了她的座右铭。但是生活总是会时不时给她重重的一击，高考失利，她去了与理想学校相差悬殊的学校，尽管很不情愿，但是她心里明白既来之则安之，就算在这与她理想中有偏差的学校，她也要努力学习证明自己。

在大学期间，为了证明自己，她努力学习，不断上进。她曾 3 次获得学校一等奖学金和 3 次国家励志奖学金。在扩充专业知识的同时，她也参加了各种比赛，和小伙伴们一起组队参加了辽宁省食品创新大赛，那是她第一次站在台上向专家评委汇报研究的成果。她十分紧张，但是由于她已经将稿子反复背了无数次，做足了准备，因此发挥稳定，对答如流。最终她们团队获得了省级食品创新大赛的一等奖。后来她还参加了学科竞赛，并取得了校级化学竞赛一等奖。

大三暑期，正是准备考研的时期，她报名参加了南京农业大学的夏令营，并顺利通过筛选。在夏令营期间她认识了很多优秀的小伙伴，学习到了很多知识，通过努力她获得了“优秀营员”的荣誉，这意味着只要通过保研申请她就可以踏入理想的学校。然而现实又一次击垮了她，尽管她的专业成绩在全年级名列前茅，学分绩点超过 4.0，但还是落选了。为了能够体验其他高校的校园生活，有更高的学习平台，她收拾心情，重整旗鼓，再次投身考研，最终以优异的成绩考入江苏大学。

让勇敢坚持成为力量

研究生一年级实验不多但是课程繁忙，这一年她学到了许多专业知识，包括一些科研中要用到的数理统计学、高级微生物学及生物化学等专业课程知识。在研一期间她依旧保持努力学习的习惯，多年学习的经验告诉她，学知识不仅要知其然更要知其所以然。在学习数理统计的时候，老师讲课时常常举很多例子。有同学反映老师讲的主题内容太少，可她认为通过老师举的这些例子，她明白了如何将数理统计与实际应用相结合，更加便于理解。尽管她们班数学最后由其他老师上课，但她还是一如既往地来“蹭”这个老师讲的数学课，理解每一个知识点，最终期末考试取得了 97 分的成绩。看似很高的成绩，但她觉得还是没有发挥好，因为有些题目是自己平时复习时疏忽的，也就是自己的弱点，最后她通过查阅资料找到了证明题的详细解题思路，正是这种“打破砂锅问到底”的学习精神，使她成功地在研一期间拿到了学业一等奖学金。她始终相信，努力的人运气应该不会太差。

然而，困难说来就来，毫无预兆。研一的暑假，她申请留校做实验，忙碌的科研生活便开始了。由于实验的特殊性，她每天早上 6 点就开始做实验，深夜才回寝室，尽管她拼尽全力，但实验结果总不是自己想要的。因为做的是微生物相关实验，而她本科期间很少接触微生物领域，加上导师有事不在身边，实验接连失败。每次失败后她都和实验组的小伙伴们一起想办法，从用的无菌水到消毒用的酒精，他们在反复实验中艰难探索着，每当解决一个问题后，新的问题就会接踵而至，就这样实验接连失败，最终他们不得不打电话向导师求助。在与导师深入沟通后，她慢慢理清原因，原来是进行实验时用的滤杯没有灭菌导致的，这样看似非常简单的一个动作，却影响了整个实验的进展。

后来的实验中，仍然出现了很多新的问题，但这一次她选择与同学一起查找文献和相关书籍，多向师兄师姐请教，从头理清实验思路，及时整理实验数据，在不断的实验后，终于取得了成功，并且发表了文章。从这之后，她明白实验中不光要埋头苦干，更要勤动脑筋，还要有一双敏锐的眼睛，及时察觉实验中出现的问题，注重实验中每一个细节，只有这样才能保证科研实验的顺利和严谨。

让终身学习成为信仰

科研过程是枯燥的，光有埋头苦干的干劲远远不够，还应该具有创新的精神，在科研中还要及时与导师沟通。她的导师何强教授并不会按照固定的模式指导学生实验，而是更注重培养学生独特的视角和思考问题的方式。

研一时，导师对她的要求就是多读文献，首先要对自己的研究领域有所了解，其次要学习统计学相关知识，会使用统计学及生物信息学相关的工具。由于科研中要用到许多分析工具，如 R 语言，零基础的她对此确实有些摸不到头绪。因此，她会去图书馆借阅很多有关 R 语言的书籍，观看教学视频，从陌生到慢慢熟练。

导师对她说得最多的一句话就是，“让终身学习成为一种信仰”。学习是一生的事，只有让自己的思维跟上时代的步伐，才能走在前列不被落下。她时常感慨，自己要学的东西实在太多，而时间太少。她知道学习是自己的事情，时刻给自己充充电总是没错的。她坚持这样的信念，自信乐观地在科研的道路上一直努力。

她相信在研究生三年的科研实验和学习生活中，一定会收获很多，慢慢成长，因为她坚信奋斗铸就辉煌。

导师寄语

在科研实验中，梁佳宇同学态度认真，做事严谨，同时善于归纳总结，积极学习相关知识并能够独立分析实验中出现的问题。希望她在接下来的科研中保持工作热情，能够在实验室同学中起到榜样作用，产生积极影响。

食品与生物工程学院教授　何　强

吾志所向，一往无前

赵雨萌，女，2001年11月生，食品与生物工程学院食品科学与工程专业2019级本科生。获校社会实践先进个人、校“优秀共青团员”等荣誉称号和校学习优秀二等奖学金。主持校级大学生创新训练项目1项。

少年心事当拏云

是什么时候赵雨萌同学有了一个有关食品科学的梦想呢？时光的每一段刻痕都是这梦想深深浅浅的足迹，在岁月的悠长中诉说着无言的力量。

是年少时想让丰富的美食突破地域限制，让每一个中华儿女都能随时随地品尝到幸福的中国味道。可是当时的她并没有足够的知识和能力将这个想法转变为现实，只能在小小的心里浅浅地种下一颗关于食品科学的种子，期待它有一天会生根发芽，结出甘美的果实。

是渐渐长大后，互联网的高速发展，让无数良莠不齐的信息冲击了人们的视野，无数只为收割流量的公众号，以骇人听闻的标题博取关注，罔顾科学依据写下的一篇篇让人们心惊胆战的文章。而民以食为天，与生活息息相关的食品也成了这类文章的重灾区，诸如“震惊！夏日吃虾竟吃出结石病”“最新研究：樱桃吃多会致癌”，等等。看着爷爷奶奶照着这类文章更改自己的饮食习惯，被一篇篇胡编乱造的文章蒙骗，连吃饭都要小心翼翼，强迫自己吃并不喜欢的食物，她暗下决心，要好好学习有关知识，用科学知识告诉爷爷奶奶和那些被无良公众号蒙骗的人们，不要轻信那些文章，饮食养生也要有一定的科学依据。于是，她在中学阶段认真学习理化知识，为将来学习食品专业奠定坚实的基础。那颗儿时的梦想种子，渐渐长出稚嫩的幼叶。

高考在夏日的蝉鸣声中落下帷幕，她又一次站到了人生的岔路口，如何填报志愿让她犯了难。许多的声音在说：“学一个就业前景好的专业，梦想不重要，人不能只是仰望星空，只有脚踏实地才能过好这一生。”她很迷茫，也很无措，可她不明白，为什么食品专业是“星空”呢，食品作为人们生活不可或缺的一部分，明明是再朴实不过的存在。而就业前景也是很难预见的，30 年前的人们也很难想到计算机会成为热门专业，那属于食品的未来会不会到来，现在也不能妄下断言。何况学大热的专业也有人工作不如意，由此可见，决定一个人能走多远的不是他的选择在世俗意义上有多么正确，而是他是否在通往未来与希望的道路上竭尽全力。所以，她坚持选择了在江苏大学食品与生物工程学院进行学习。那封录取通知书，实际的重量很轻，可作为开启她人生新阶段的钥匙的重量却很重。

学业攻炉冶，炼尽三山铁

当真正开始大学阶段的学习后，她才意识到原来自己对大学、对食品专业的认知都太浅薄，她像一把被放进高汤里的粉丝，拼命吸收对自己学习生活有用的知识，希望在前行的道路上可以成为更好的自己。她也很庆幸自己选择了食品专业作为自己前进的方向，并心甘情愿地为之矢志不渝地奋斗。

然而，学习中总会遇到始料未及的困难，她原来对食品专业的认知太过浅显，以为只要学习好生物和化学知识就好。然而，如果没有坚实的数学基础，又怎能处理好实验中繁杂的数据呢？如果没有良好的物理学基础，又怎能正确认知实验中的分离提纯与测出的光谱信息中暗藏的奥秘呢？如果没有对机械基础的认知和作图方面的有关知识，面对食品加工线上的一个个机器，面对一张张画有精巧机械结构且能改进食品生产流程的机械图纸，她也只能望洋兴叹，更别提结合自己所学知识设计出巧妙的食品机械了。食品专业的学习范围远比她想得更广、更深，所需要的知识也远远超出她的想象。困难纷至沓来，让她有些喘不过气，甚至有些怀疑自己的选择究竟是否正确。特别是在生物化学的学习中，三羧酸循环所涉及的物质，能量变化让人应接不暇，呼吸链的电子传递与组成让人头晕眼花，相似的专有名词数不胜数，相同的物质但构型不同就有了不同的功能……这一切实在让她感到难以应对，常常是早上记住了，中午就忘了，连梦中飘荡的都是乙酰辅酶 A、丙酰辅酶 A、丙二酸单酰辅酶 A、乙酰乙酸……它们在勾连变化，它们在相辅相成，它们在循环往复，可它们却很难进入大脑被记住。记忆在这无数相似的名称中变得模糊不清，彼此混淆，谁是谁的前体，谁又是谁的产物？它们催化了什么，又抑制了什么？呼吸循环中，ATP 的计算到底又该怎样进行？尽管她在课上感觉听懂了大部分，可做练习题时仍然会茫然无措，无法将所学知识成功应用到问题的解答中。面对这一切，她又该怎样选择，是放弃还是咬牙坚持？

石以砥焉，化钝为利

即使是一把锈蚀的钝刀，在磨刀石的磨砺下也会变得锋利。她相信，面对学习中的困难，努力不是无畏地负隅抵抗，而是能披荆斩棘的宝剑。面对生物化学的烦琐复杂，她没有选择放弃，而是咬牙坚持。相似的产物难以区分，那就分门别类地写在本子上，找出它们的区别与联系，出现在哪个反应中，一一列出进行分析；专有名词的简称全称难以记忆，那就将书中提到的简称全称对应列出，写在 A4 纸上折成四分之一大小，便于随时拿着背诵记忆；ATP 的产生与消耗难以记忆，那就将循环图反复绘画加深记忆；糖类的产生和消耗是重点，要区分好糖异生、糖酵解、EMP、TCA、磷酸戊糖途径。在那段时间里，闹钟早早地便响起，图书馆的走廊里总能响起她背诵的声音，晚上回到宿舍，那盏小灯更是到凌晨才熄灭。最终，努力没有白费，她取得了满意的成绩。在其他科目的学习中，她也没有松懈：高数公式繁多，例题花样百出，她总结了整本书中的公式与重点，将一道道例题写成了厚厚的复习总结。学习概率统计时正值疫情期间，她结合老师所讲的内容与自己寻找到的网课资料，一遍不懂就听两遍、三遍，将易混淆的知识点总结梳理，将错题整理成合集以供复习。平时上课她怕记笔记时出现缺漏，便用 notability 软件录下老师讲课的内容，下课后再结合自己的笔记与录音进行查漏补缺。期末复习期间容易产生倦怠，她采用不同的复习方法，始终保持复习的新鲜感。复习前几天用番茄 to do 软件进行计时学习，之后又采用 forest、翻页时钟、线上自习室等方法，不让自己因长时间的习惯而产生惰怠心理。人生的波折磨难都是命运赐予的礼物，打败磨难才能收获进步。你我皆风华正茂，梦死方坠人生暮年。

追风赶月莫停留

入学以来的成绩没有辜负她的孜孜不倦，她获得了一些荣誉和奖励，如校学习优秀二等奖学金、院“三好学生”等。大学的美好时光，她没有仅仅埋首在课本中，学习之外，她还积极参与了部门工作。在院团委宣广部，她学到了微信推文制作方法、修图方法与拍照方法等，结识了志同道合的好友，在各类综合评比中获得了校“优秀共青团员”、校“社会实践先进个人”等荣誉称号。她知道这些荣誉只是暂时的，如果接下来她无法持之以恒地学习，那么荣誉终将逝去，成为过往不可追忆的尘埃。她希望自己不仅仅能开好头，更能为未来的大学时光结好尾。前路漫漫，她愿继续携梦前行。

导师寄语

在校期间，赵雨萌同学对于学习认真严谨，一丝不苟，也取得了一定的成绩。希望赵雨萌同学能够在接下来的日子里继续努力，朝着自己的目标不断前行，用汗水点缀耀眼的青春。

食品与生物工程学院　李欢欢

不负青春不负己

杨紫涵，女，2000年1月生，食品与生物工程学院食品质量与安全专业2018级本科生。获校学习优秀二等奖学金，校“三好学生”荣誉称号。参与“新型食品多彩3D打印技术及装备开发”大学生创新创业训练计划项目。

一半幸运，一半努力

杨紫涵很幸运，她的高考成绩刚好达到江苏大学录取的最低分数线，但是她明白：一个人不管曾经取得怎样的成绩，都只代表着过去，不能因为一时取得好的成绩而骄傲，也不能因为成绩一时不理想而气馁。高尔基说：“反省是一面莹澈的镜子，它可以照见心灵上的污点。”要学会反省自己的不足，从而不断进步。

起点低是她的“软肋”，但是她并没有因此而消沉，而是选择奋起直追，走出这片泥沼，而这种选择需要拥有自信和勇气。给自己一个新的开始，不需要放弃兴趣与爱好，不需要完全推翻过去的自己，也不需要立马就能看到改变所带来的结果，只需要认清自己在什么时候该做什么事情。在上课时坐在前排，清楚地听到老师讲授的内容，也许不能立马听懂，成绩也不会立刻就有所改观，但在课后的回顾中，总会有意想不到的收获。大学和高中生活完全不一样，老师不会时时刻刻督促，只有靠自己认真自觉，该学习的时候一定要集中注意力学习，掌握更多的专业知识。她建议学弟学妹们学会规划自己的大学生活，竭尽全力地对待每一件事，不让自己留下遗憾。

“目标明确、态度端正、勤奋好学、努力上进”是她在学习中最大的优点，因为她深知学习是学生的天职。进入大学以来，她在学习中一直秉承“一分耕耘，一分收获”的理念，坚持每天认真听讲，课上做好学习笔记，课后在教室或图书馆自习，充分利用课余时间不断拓宽知识面，通过网络媒体及时收集专业相关的资料。在当今这个快速发展的信息时代，只有不断汲取新知识，才不会落伍。她认为好的学习方法对学好知识很有帮助，所以在每次考试后，她都会总结一下学习经验。经过不懈努力，她取得了班级第一名的好成绩。

挑战自己，勇敢尝试

大学的校园活动很丰富，也许有人会认为学习与活动不可兼得，但是，杨紫涵并不这么认为，相反，她觉得两者同样重要，都是大学生活中浓墨重彩的一笔。在努力学习的同时，要积极参加各项活动，抓住一切能够锻炼自己的机会，在活动中提升和拓展各方面能力、丰富经验。对于她而言，大学不仅是知识积累的过程，还是一个人成长、成才的重要阶段，要学会在观察、思考和摸索中确定自己的理想和追求，同时培养自身将理想化为现实的能力。在大学期间，学习、科研创新、竞赛、社团活动、实践，这些一个也不能少，要全方位发展，开阔眼界，丰富阅历。

大一时的杨紫涵，克服了羞涩，迈出了挑战自己的第一步，在竞选班委时，带着狂跳不已的心站起来自荐做生活委员。她的挑战成功了，也就是从那一刻起，她发现了自己的勇气，发现了挑战的乐趣，也是从那时候起，她认真、负责地完成自己争取来的工作，让大家从中认识这个每次当众说话都会脸红的高高的女生。作为班级的生活委员，她以身作则，严于律己，顾全大局，做老师的得力助手，给同学们树立榜样。

大二时，她通过竞选成为部门的部长，从一个听从指挥的干事晋升为“指挥官”，在这个过程中她不断地了解自我，学习组织活动的流程，提高管理能力和掌握管理技巧，从中收获成长，也交到了很多朋友。

大三时，她通过努力成为协会会长，这时她面对的不仅是协会内部的学生，还有协会的负责教师、参与招聘会的学生及进入校园进行招聘的企业等，在这些关系的协调中，她学会了与不同人群沟通的技巧，也懂得了合理规划时间的重要性。刚任职时，繁杂的工作让她产生了很大的压力，为了完成这些工作，她需要在协会中花更多的心思，除了缩减休息的时间，学习的时间也不得不减少。但是通过合理的调配规划，最终还是取得了较为满意的结果，部门工作得到了老师和搭档的认可，学习成绩也没有落后。

三年大学生涯使她积累了一定的文化知识，不同的工作经历让她明白了以身作则的重要意义，不仅提高了社会实践能力，也让她在心理上有了质的飞跃。对她来说，这些经历带来的收获不只是那一沓荣誉证书，还让她迅速成长，在各种场合都应对自如。她说："做了这么多工作，不是为了头衔称号，而是真正想为同学们做点事，做好事，做成事。"因为热爱，甘愿付出。当代青年在享受丰富的社会资源的同时，更应担当起实现中国梦的时代责任。

努力完善，坚持向前

一个人只有对自己严格要求，做到自律自省，才能不断进步。进入大学已经三年，她经历了刚入学时的报到、军训，通过了每一学期的上课、考试，大学生活教会这个安静的女孩很多很多，从懵懂到成熟，从青涩到坚韧，蹚过一条时间的河，她在成长的路上前进着。许多东西都已经改变，然而她努力完善自己的追求从未改变。

几经风雨，沐浴阳光，三年大学生活的磨砺，铸就了坚强的她、自信的她、充实的她。无论学习，还是工作、生活，她始终保持一种积极乐观的态度，回顾过往，经历无数艰难险阻的她，依然在不断摸索、奋勇攀登，依然信心十足、激情满怀。"要有梦想，即使遥远"，这是她很喜欢的一句话。文字虽然简单，却包含着很多道理。未来的道路还很长，不管前程如何，我们都需要再接再厉，奋斗不息，充满信心。对于未来，要学会用欣赏的眼光，积极面对人生；用释然的心态，乐观面对人生。

心中应该有更高的追求，才有继续向前的动力。学习就如逆水行舟，不进则退。只有不断努力，才能取得更多优异的成绩，才能创造更美好的将来。时间还在继续，生活还在进行，杨紫涵会继续拼搏和努力，不断地提高，不停地挑战，争取在各个方面全面发展，相信明天会更加美好和绚烂！

有人说生活是一地锦绣，是一万个值得。对于杨紫涵而言，在江大的三年便是锦绣，便是值得。感谢昨天的遇见和今天的陪伴，不要在最美的青春年岁里浪费时光，不要做任何让自己后悔的决定，尽一切努力，不断提升自己，向着更美好的前程走去，不负青春不负己！

导师寄语

多彩的大学生活，杨紫涵同学不断进取，在思想、学习、科研、实践等方面都收获颇丰。她身上体现了一名江大学子良好的道德品质，一种积极学习的思想态度，一种认真踏实的工作作风，体现了我校大学生的基本素养。

食品与生物工程学院副教授　周兴华

但因热爱，愿迎万难

张书箐，女，2001 年 12 月生，食品与生物工程学院食品科学与工程专业 2019 级本科生。获校学习优秀二等奖学金，获江苏大学“三好学生标兵”荣誉称号，获全国高校传统文化知识竞答江苏省一等奖、全国大学生组织管理能力大赛校三等奖、江苏大学物理实验竞赛三等奖。

单调的攀登动作会感到厌倦，但每一步都是接近顶峰。

——题记

初入校园，憧憬美好

谈到为什么要选择食品专业作为第一志愿，张书箐的回答是学习食品的相关的知识会非常有趣，和生活也很贴近。之后她了解到江苏大学的食品专业在全国名列前茅，她下定决心要抓住这个好机会，充实地度过大学四年生活，努力探索食品专业的相关知识，不虚度每一寸光阴。终于，跨越 1004 公里，她来到了江苏大学。当时她刚进入一个陌生的环境，对大学生活满怀憧憬而又略带好奇，并没有具体的目标，不知道应该从哪做起，如何去做。起初，她对于老师的快节奏授课、偌大校园内的东奔西走感到焦虑。“主楼在哪儿?”“高数老师怎么讲课那么快啊?”“街舞社看上去好酷，参加了会不会影响学习?”……这些问题一直在她的脑海里回荡着，她觉得不能再这样下去了，她想知道大学生活到底应该怎么过，微博、知乎、贴吧，她翻了个遍，最终她在哔哩哔哩网站上观看了一个学姐的经验交流视频，有了很深的感悟，结合后来辅导员对于专业的介绍，以及学业规划课程老师的指导，她渐渐能够平衡好学习和生活的关系，并且有了本科阶段的志向：好好学习，全面发展，为成为一名研究生而不懈努力。

确定目标，直面困难

对自己有了准确的定位之后，她便为了这个目标不断奋斗。她先与学业导师联系，导师了解了基本情况之后告诉她，打好基础对于大学四年及之后的研究生生涯都是非常重要的，所以大一期间要以学习基础课程为主，并争取通过英语四六级、计算机二级等一些考试；大二或大三期间，可以跟随课题组了解科研知识并接触科研项目。

得到导师的指导后，张书箐的目标更加明确了。大学的学习氛围是自由又宽松的，她知道，既需要在开放的环境中全面发展，又要在学习上严格自律，于是她努力找到自己学习最高效的方式。她是踏实型的女孩，她规划好个人时间，上课认真听讲、做笔记，课余时间及时复习，积极思考，充分活跃思维能力，坚持早起和上晚自习，巩固旧知识的同时，做好新内容的预习，在遇到问题时，她及时向同学、老师请教。

令她在大学犯难的第一个科目，就是高数。起初学习高数时，她觉得十分困难，她高中时数学就不是很好，所以对数学抱有恐惧心理，在教室看着小小的高数课本，不经意想起老师的话：“高数挂科率高，大家要认真对待。”可是心气很高的她要好好学，拿个好成绩，怎么能和挂科沾边呢？终于，她绞尽脑汁，想了个法子——把老师上课时讲的例题全部抄下来，下课后再一一复习。她先尝试了几节课，上课的时候老师只要讲题目，她就把题目、思路和结果迅速记录下来，有时候老师讲得太快，她就大致记下思路和答案，课下再重新思考，效果还不错。于是她每节课都这样做，持续了一学期，高数题目写了厚厚一本，身边的同学看到后都有点惊讶，原来老师讲过这么多题呀！平时打好基础，考试前她就轻松了许多，只要复习平时作业和重点例题就足够了。看着身边的同学一个个手忙脚乱，她还主动把自己的经验和方法分享给大家。学期末，她高数取得了 97 分的好成绩。

让张书箐感触最深的，其实是英语。英语是她最喜欢的学科，毫不夸张地说，在高中时，她的英语成绩是班里数一数二的，也经常被老师夸奖。到了大学后，她不禁感叹：“原来大学里有的同学英语那么强！”她那时才真正体会到什么是人外有人，天外有天。无论是英语四六级考试还是普通的大学英语考试，听力都是必考内容，而张书箐高考时不考听力，所以她的听力水平比较差。大学里她第一次听英语听力时，感觉像是在听天书。她决心要练好听力，不能让它成为英语的短板。她在网上寻找资源，跟随老师所讲的“视听一致”慢慢练习，每做完一份题后都整理归纳不认识的词组，她认为做题后的反思、整理才是最重要的。量变引起质变，她的听力终于不再拖后腿了，考英语四级时听力竟得了197分，是她意想不到的结果，这都源于她对英语的热爱和坚持。

懵懵懂懂，接触科研

由于她有读研的想法，在大二第一学期时，导师决定让一位优秀的研究生师姐带领张书箐了解科研，并让她着手做实验，为以后的科研做铺垫。她起初对科研充满好奇，觉得科研是一件很“高大上”的事情。在做实验前，她提前了解师姐的研究方向，并询问实验课题，在网上查找文献，翻阅大量书籍，以了解该课题的大致方向和已有的研究成果。在熟悉实验室之后，她便利用课余时间跟随师姐学习实验基本操作，并在之后开始了系统性的实验。

然而，实验并不是一帆风顺的，在她合成Au-Ag NPs时，遇到了很棘手的问题，合成的材料颜色不正确，在进行了重复性实验后，结果依旧如此。虽说一个实验进入瓶颈期很正常，但是困难的来临还是让她深感失落，甚至有些迷茫，但是她不忘初心，告诫自己要坚持，不能放弃。在师姐的带领下，她换了许多研究方案，不断地尝试、优化，终于她找到了问题所在，最终合成出了颜色正确的材料，并通过表征，确认了材料的可用性。这次过程中的失败也让她有了巨大的收获。她明白了做实验、搞科研，是不能心急的，一定要脚踏实地，稳步前进。在之后做实验的过程中，她考虑更加周全，处理问题也更加得心应手。

渐入佳境，全面发展

张书箐认为除了学习成绩，综合实力对于一个人的发展也是非常重要的，所以她非常重视学术交流对个人专业能力的影响。在寒假期间，她参加了南洋理工大学开设的食品安全与未来粮食系统的线上海外交流课程。南洋理工大学的食品专业非常优秀，且这次线上海外交流是由一名资深的教授授课，所以她非常期待，但又因是全英文授课感到紧张。在课前，她提前了解专业的相关英文词汇，并仔细研究老师发的授课课件，做好充足的准备去上课。教授上课时讲了许多相关领域的知识，例如，不同国家的粮食系统、现代城市农业的发展、营养学、疫情对食品运作系统的影响等，像是为她打开了新世界的大门，接触到前所未有的领域，她感到收获颇丰。在课程最后的汇报阶段，她和小组成员一起查阅文献，讨论要点，完成汇报 PPT，虽然讨论过程十分艰辛，因为“每个读者心中都有一个哈姆雷特”，但知识的碰撞让她学到更多，以及最后一节课时其他优秀同学的汇报也让她受益匪浅。那次海外交流，无论是对专业课程学习，还是对平日里做实验，都有很大的影响。这就是张书箐，一个认真对待每一次学习机会的踏实女孩。

导师寄语

在校期间，张书箐同学认真学习，刻苦钻研。一分耕耘一分收获，她取得了较好的成绩，同时也慢慢接触了科研，这些经历将为她的学习生涯锦上添花。希望张书箐同学在今后的生活中永远保持乐观的态度，奔赴自己热爱的事物！

食品与生物工程学院副教授　李欢欢

规划，人生关键一环

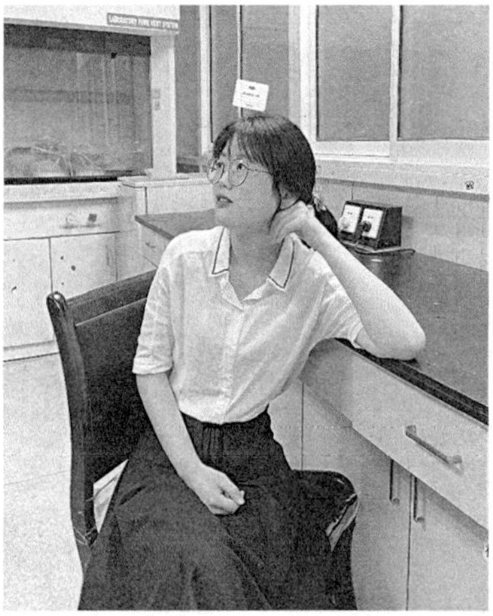

黄清清，女，1997 年 5 月生，中共预备党员，食品与生物工程学院食品工程专业 2019 级硕士研究生。获校一等学业奖学金，院“优秀研究生”称号。研究生一年级期间在 *Food Chemistry* 杂志发表 1 篇 SCI 一区文章。

黄清清从小就成绩优秀，是人们口中的“别人家的孩子”，但高考失利一下子打乱了她所有的计划，刚过本一线的成绩让她进退两难。看着父母失望的眼神，望着堆叠成山的试卷，回想起日复一日的学习日程，她感到非常茫然，考上好的大学是父母给她定下的目标，而高考的失利让她失去了方向。她第一次问自己想要怎样的人生，她的未来该何去何从，但这对于刚成年的她来说没有答案。直到进入江苏大学后，在学业导师的指导下，她找到了人生的方向，也学会了人生路上一项重要的技能——规划。

规划是人生航海的指向标

如果说军训是意志的磨炼，新生讲座就是主人翁思想的启蒙。度过了高考失利的难过期，网络生活的色彩斑斓逐渐让黄清清迷了眼，而进入大学校园后的新生讲座给了她一记当头棒喝，让她那颗浮躁的心逐渐沉静下来。为了更好地引导大学生学习和规划人生，江苏大学给每个学生都分配了学业导师，定期对学生进行指导，帮助学生解决学习和生活中的各方面问题，而这正是当时的她迫切需要的，能够有老师指导自己做好大学生涯规划，这是一件多么幸运的事！在学业导师的引导下，她逐渐明白了自己真实的诉求，在白皮书上写下考研的目标及每学期的短期目标，将目标细化便是不再迷茫的关键。也许有人说白皮书的书写是形式主义，是在浪费时间，重要的是怎么做。但黄清清每次都严肃对待自己写下的每一句话、每一个字，因为她认为没有方向地做事效率极低，而规划能够总结过去的不足，指明前进的方向，是坚定理想的基石。虽然进入大学后的第一年，由于学科涉猎范围扩大，黄清清没能很好地适应，她的学习成绩有所下滑，但经过每学期的总结和规划，她的成绩一步一步追了上来，在第二学年便获得了奖学金，在大四这一年顺利考上研究生，圆满完成最初的学业目标。

规划是高效学习的关键

黄清清不是学习最刻苦的那个，也不是最聪明的那个，但她绝对是学习最高效的那部分人之一。古人言：“书山有路勤为径，学海无涯苦作舟。”学习无法一蹴而就，但通往山顶的路不止一条。为了照顾不同学习能力的学生，老师教授的方法、教材陈述的知识基本属于缓慢但稳妥的通用方式，而我们要做的就是规划出一条适合自己的便捷小路。数学解题的基础是认清条件，而规划的前提就是认识自己，明白自己的优势与不足，才能扬长避短，克服障碍，以最小的代价越过难点。黄清清认识到自己在数学、逻辑等方面的优势，不同于普通学生按部就班式的学习，对于思维性强的课程，她主要把时间花在梳理知识点上，在串联知识的同时合并同类项。理解记忆会增加逻辑性，从而避免记忆混乱，减少了大量重复记忆的时间。而文字考察类科目并不是黄清清的优势，她反复记忆，力保不出错，也取得了中上水平的成绩。在研一阶段，她仅花了一周的复习时间，所有课程就都取得了较高的分数，尤其在像数理统计这类逻辑性强的科目，而这一切都取决于合理的规划。

学习并不是闷着头往前冲，而是选择最适合自己的方法。做好规划的前提就是了解自己，黄清清也知道，任何好的学习方法的背后，都离不开思考与探索。

规划是科研生活的必需品

步入研究生阶段，黄清清下定决心要加倍努力，提升自我素质，在新的人生阶段闯下一片天地。本以为与本科时期相比，科研只是学习难度的增加，没想到还是知识广度和深度的增加。由于阅读文献的不足，知识面狭窄，对食品行业的方向不够敏感，最开始她总会提出一些让老师和师兄师姐们啼笑皆非的问题。没有统筹规划的后果就是实验总是搁置，顾头不顾尾，遇到困难临时换方案，结果都没有成功。因此，实验开始后问题重重，实验进展停滞不前，缺乏整体规划，加上片面的分析，导致实验越走越偏。在预实验陷入困境时，她主动找到陈中伟导师，导师的点拨使她豁然开朗。导师告诉她在实验开始前首先需要明确目标及创新点，在此基础上合理规划实验框架，这是一切的基础，然后再对关键性实验进行重点突破。听完导师的一番话，她恍然大悟，原来科研也离不开规划。在接下来的实验过程中，她坚持每周撰写计划与总结，结合文献及时对实验结果进行分析，主动找导师讨论结果，调整实验方案，并且同时阅读大量文献扩充知识面，快速掌握研究生的必备技能，逐渐学会独立思考及解答疑问。

转眼间，黄清清即将迎来在江苏大学的第七年，面临研究生毕业的她在努力完成科研项目的同时在规划清单上默默写下考取公务员的新目标。新的旅途即将开始，而规划将永不缺席。对她来说，规划是对过去的反思，是对未来的期许，停下脚步是为了辨别方向，而暂停是为了更好地开始。在未来的旅途中，她将继续努力奋进，不断充实自己，为了创造更加美好的明天而奋斗。

导师寄语

黄清清同学成绩优秀，具备较扎实的基础理论和专业知识。她掌握多种现代仪器的基本理论与操作技能，具备较强的分析问题、解决问题的能力，反映了较高的业务水平和科研能力。希望她在以后的学习和工作中，继续保持并发扬严谨的作风，取得更大的成就。

食品与生物工程学院副教授　陈中伟

初心如明光，照亮科研路

熊婷，女，1997 年 8 月生，共青团员，食品与生物工程学院 2019 级硕士研究生。获校一等学业奖学金，院“优秀研究生”称号。

只有百米短跑才在乎起跑线，而人生是一场马拉松，大家都是一起出发，谁能坚持到最后才是关键。

——题记

博观约取

早在高中时期，熊婷就在内心埋下了读研的种子，她对知识充满渴望，对未来有着明晰的规划。尽管一路跌跌撞撞，没办法实现心中的所有目标，但是所处的环境告诉她，只有努力拼搏，才能不悔初心。在一个普通的一本大学里，她并非出类拔萃，但却一直勤勤恳恳，努力学习，因为她知道即便在全年级取得不错的成绩，但相较于那些名牌大学，自己也只是平平无奇，加上对未来的事业也没有明晰的目标，所以大三下学期开始，她就认真准备考研复习，当作暂时的小目标去探索自己未来的道路和去向。每天 6 点起床，风雨无阻。她会准时出现在图书馆长排的队伍里，和大家一样晨读英语。每天除了上课时间，寝室—图书馆—食堂“三点一线”成了她的日常生活，尽管每天看似简单重复，但这让她养成了早起学习的好习惯，逐渐掌握了管理时间的技巧，高效学习并且合理分配学习和休息的时间。

在考研学习的过程中，除了线下教学，获取知识最主要的途径是观看网上视频教学，从中可以搜寻到适合自己习惯和喜欢的授课老师，同时也能找到同届备考者和研究生学长的经验，在学习上做到对症下药，减少了学习过程中的迷茫和无效的重复，同时有时间去运动放松身心，这些良好的学习习惯和方法对她之后读研大有裨益。科研并非一蹴而就，也没有标准的答案，所以参考前人或者类似的经验会比自己独自摸索更加便捷和高效。虽然与第一志愿失之交臂，但是坎坷的考研之旅让她树立了良好的心态，提高了解决问题的能力，对自身的认识更加透彻，变得更加独立自主，有了自己的主见和对研途的规划。

见贤思齐

当她迈入江苏大学校园的那一刻，她便下定决心投身于科研，做一个自己心目中的“优秀研究生”。刚入校的她并不清楚研究生的学习方式，目标也尚未明确。于是她积极主动向身边的同学或师兄师姐们请教。同时为自己定下了小目标：做见贤思齐的攀登者。在研一的学习生活中，导师也为她指明方向，要求她专心学习研一的课程，为之后的实验打下扎实的理论基础，抽空查看与课题相关的文献。她每周都会和导师分析讨论所看的文献内容，在这个过程中，导师耐心教她基础的搜索文献的方法，并检查她阅读文献的质量和速度。在周末没课的时候她会帮师兄师姐们做实验，学习实验基本设备的使用和操作方法，更好地融入新的集体。她在不同的课堂上结交了不同院系的同学，扩大了自己的交友圈，并且踊跃参与学校举办的各类活动，获得了江苏大学中外研究生学术论坛优秀墙报奖。读研期间，她学到的最重要的本领就是自主学习。她清楚地知道外语对搞科研的重要性，为了能够顺利参加学校的雅思培训，她在研一上学期重新备考六级，最终考了540多分，顺利通过了雅思班的筛选。第二个学期由于疫情暴发，开学遥遥无期，但是课程都在网络上稳步进行着。虽然她身处疫情最严重的湖北，但这并未阻挡她对学习的热情，她认真上好每一节线上课程，制订每日学习计划，高效完成定下的每个任务，同时每天会和同班同学练习口语，认真完成学习任务，第二学期她雅思考了7分的好成绩。

知行合一

疫情好转后的研二时期，所有基础课程的学习都结束了，课题实验也逐步走向正轨。基于前期的不断学习，她开始着手准备开题答辩，而这个过程也并不容易。起初有师兄师姐带着做实验时，试剂和设备都由师兄师姐提前备好，但当自己独当一面时，她却总是忘记做实验前的准备工作，正式实验时就一顿手忙脚乱，拖慢了进度。甚至有时候实验完不成，实验中还遇到这样那样的问题，导致心情烦躁、沮丧。经历了几次挫折后，她慢慢总结经验，提高了动手技能，接受了实验中意外插曲不断的事实，最终她以平常心去面对各种实验结果，以优异的成绩完成了论文开题。

在课题的研究过程中，她对相关的领域有了全面而具体的认知，对大论文的体系和框架也有了思路和方向。撰写论文的过程也提升了她阅读、运用文献和写作的能力。实验慢慢走上正轨，同时她对自己的实验进度有了更好地掌控，能够有条不紊地进行相关实验，在学长的指导下，她还学会了使用各类实验仪器和处理数据的技巧。不过科研并不止步于规划，还有许多意想不到的“事故”发生。例如参考众多文献去调配一个试剂，试剂就是无法溶解，只有在反复实验的过程中去摸索合适的比例，最终才能达到自己的预期，这就是科研中暗藏的玄机，但凡只是机械地重复别人的实验，实验基本难以展开。除此以外，设备得提前预约，部分设备存在损坏等问题，也会导致实验的周期被无限拉长，原本踌躇满志的心就会遭受打击，这是无法避免的，因此她也明白了实验是急不来的，需要耐着性子慢慢去探索。

在两年研究生的学习与生活中，她不断努力进取，在各方面都取得了进步。尽管如此她仍能发现自己存在的缺点，不断改善自己的不足，变得更加成熟稳重。她相信这些经历和积累都将成为她人生道路上的宝贵财富。临渊羡鱼，莫若退而结网。有梦便去追，她将会继续保持并发扬严谨治学的作风，为自己的青春插上翅膀，努力成为一名优秀的科研工作者，做一个对国家、对社会有用的人。

导师寄语

熊婷同学个性开朗、吃苦耐劳，善于独立思考。科研之路需要坚持不懈，希望她用智慧才情和毅力，开辟出一片属于自己的天地。

食品与生物工程学院教授　曲文娟

不惧灰暗，悄悄发光

邓欣悦，女，2000 年 10 月生，共青团员，食品与生物工程学院食品科学与工程专业 2018 级本科生。获校学习优秀二等奖学金 2 次，参与发表 SCI 论文 1 篇，2020 年以主持人身份获批大学生创新创业训练项目 1 项。

不知所措，也不要停滞不前

邓欣悦从小就养成了良好的学习习惯，从小学到初中，她的成绩都是名列前茅。或许是来自骨子里的温柔，又或许是父母过于“开明”的教育方式，在读高三前她似乎都没有一个明确的人生目标。高考结束后，填报志愿迫在眉睫，她却还在“志愿填报指导系列丛书”里寻找可以激起自己学习热情的专业。7 月的太阳亮得发白，邓欣悦翻阅着“指导丛书”，在江苏大学的目录下看到了“食品科学与工程”专业。突然，她回忆起奶奶每次只吃肥肉却把瘦肉留给自己的场景，想到了三鹿奶粉，想到了航空餐，想到了营养师……这些都是和生活息息相关的啊！保障食品安全、服务社会的责任感一瞬间涌上她的心头，她想成为一名营养师，帮助人们生活得更加健康。就这样，邓欣悦来到了江苏大学。

初入大学时，邓欣悦和所有新生一样，脸上写满了迷茫。对于没有清晰目标的邓欣悦，环境的变化给她带来了巨大的无措感，大一的第一个学期是艰难的，克服生活上的困难还不算什么，真正令她苦恼的是如何寻找和确立自己的人生方向。

学习好专业知识就可以有一个光明的未来了吗？并不是这样的，人才市场的过度饱和，每一个年轻人都背负着不小的压力。不想沦为庸庸众人，就只能努力地往高处走——知识要增长，学历也要提升。但初入大学的邓欣悦哪里知道什么真正的行业前景和机遇呢？课程都是晦涩难懂的，“如果可以的话，以后还是不要学这个专业了吧”，这是那时她内心真实的想法。

作为一名大学生，环境不允许她每天忧心忡忡——如果她想拥有更多自主选择权就必须要把课程学好。而在大一上学期，高等数学和工程制图就足够让人头疼，不仅要找到更加适合的学习方法，还要消除对于自身能力的质疑。一学期转眼间就过去了，2018 年的冬天让邓欣悦十分难忘，并不是因为那年冬天有多么寒冷，而是因为她连续 17 天每天独自一人去图书馆学习。就是这样一份在“学霸”眼中普通的经历，给了那个冬天不一样的意义。就是在那 17 天里，邓欣悦第一次感受到了独立系统的复习体验。她将高数教材从第一页翻到最后一页，把画过的知识点换种颜色的笔再画一遍，把老师讲过的例题再梳理一遍。《工程制图》书上被她用红色和黑色的笔圈圈画画，这就是她的战场。

现在回想起来，那 17 天就像浓缩版的考研一样，乘风破浪的艰辛与柳暗花明的快乐只有自己知道。她不曾想到，高考结束了半年，自己又经历了一次洗礼。付出终将会有回报，在那一学期的考试中邓欣悦的高数拿到了满分，而工程制图也取得了高分。这次经历也让她更加坚定——要相信自己的能力，在迷茫无措的时候，冷静下来，做出一些尝试和努力，说不定时间就会消化你的困惑。令所有人吃惊的是，邓欣悦在第二学期的高数考试中再次获得满分，这就是努力的力量吧！

尝试摸索，寻求灵感和突破

迷茫是持续的，学习成绩上的压力被努力与时间渐渐缓解，但邓欣悦一直都在苦恼自己以后的人生方向。她知道自己需要对专业有足够的了解，才能从思想上有所改观。那是疫情期间的一次暑期社会实践，她与同学组建了实践小组，一起开展了关于居民膳食营养健康的线上讲座。这是她第一次深度参与策划和实施的社会实践活动，也是她第一次将所学到的专业知识传播给身边的人。

实践活动的开展不是一蹴而就的，如何筹备一场活动，如何考虑周全，如何应对突发情况，邓欣悦没有任何经验。四个人的团队，前前后后讨论了好几次，他们才觉得实践方案有点样子了。她分配到的任务是设计问卷，收集居民的相关数据，增加讲座的科学性和合理性。这不是一件简单的事情，她在网上查阅如何科学制定调查问卷的资料，查找有关居民膳食营养健康的知识和课题研究。而她的调查问卷也几经修改才定稿，为讲座收集到了 50 多份调查数据。

此前，她想过要离开食品专业，而这次调查研究的经历为她打开了一扇窗——从事与居民健康相关的工作。其实她深知，面对课题即便有饱满的热情，真正的实验过程中也会充满枯燥的重复和持续的纠结——这也是她之前一直摇摆不定的原因。而这次实践过程让她明白，原来自己只是还没有真正进入这个领域，还没有真正体会到这个行业的意义。观念上的转变带来的是行动上的积极，她想要探索更多食品科学领域的有趣故事。

想一万次，不如亲手做一次

对食品科学探索的渴望，对专业知识学习的热情，再加上对进入实验室从事科研的兴趣，使得邓欣悦积极主动地申报了大创项目。

初次申报的热情在一开始就被数目庞大的项目资料和数据淋了一盆冷水，由于这是导师已经做了几年的项目，因此要把项目背景全部梳理清楚，这对于初次接触科研的她而言是个不小的挑战。但是为了能够早日跟上导师的研究思路，她也只能硬着头皮去查询资料，了解数据分析方法，了解实验设计的思路，理解一个又一个深奥的专业名词。疫情期间居家学习，由于身边没有电脑，难以访问学校数据库，邓欣悦只好用手机磕磕绊绊地查询资料。好不容易整理好相关内容发给导师，导师却并不满意，当时，她感到很委屈，但是委屈有什么用，还是需要让自己变得更强大！或许任何事情都不可能做到完美，但是在追求完美的路上，我们应该尽最大努力做到最好。

返校后，她积极找导师了解项目的进度，跟进研究思路，常去实验室旁观学习，对于项目过程存在的数据处理方面的问题，她先自己思考，再同老师探讨。最终，在课题组所有人的共同努力下，一篇投向 *Journal of Agricultural and Food Chemistry* 的论文被成功接收，虽然邓欣悦只是第八作者，但这对她来说是莫大的鼓励。

时间还在继续，邓欣悦对于专业知识的学习和探索也在不断深入。从最初的忐忑与惶恐，到后来的平静与释然，时间带给邓欣悦的是愈发淡然的内心和更加美好的期待。或许有时困扰你的只是你的梦魇，而能够战胜它的是你踏实的努力。

导师寄语

进入大学以来，邓欣悦同学一直努力学习，在积极探索人生方向的同时，注重个人品德的塑造和修养的提升，尊敬师长，礼待同学。愿云彩、艳阳一直陪伴她走到海角天涯；鲜花、绿草相随她铺展远大的前程。

食品与生物工程学院副教授　张　迪

沿途有风景，背后有阳光

缪敏瑞，女，1999 年 3 月生，共青团员，食品与生物工程学院 2017 级本科生。曾担任心理学分会组织部部长、校医教公益团队社长。获校学习优秀二等奖学金，获院“三好学生”“优秀毕业生”荣誉称号。

大学对缪敏瑞来说，不长不短，走得很慢，遇到了很多人，做了很多事，这些都成为缪敏瑞心底的风景、温暖的回忆。

热烈起航，藏于茫茫

大学，是每一个高中生心中的象牙塔。9 月，刚进入“象牙塔”的她，虽然野心勃勃，但极其迷茫，不知道这脚下的路到底要怎么走才能通往想要到达的地方。

入学后，学院邀请优秀学子介绍经验。那一年她坐在下面，看着台上闪闪发光的学长学姐，看着他们成绩斐然的履历，她一边热血沸腾，一边焦虑万分。听着学长学姐如何将高考失利带来的失望转为动力，他们的经历让她切实感受到，哪怕学校不是“985”“211”大学，也不会阻碍自己成为期待的样子。所以，她成了身边最早一批开始泡图书馆的人。还记得那是一个温习化学习题的午后，高中没学过化学的她面对天书般的化学反应式差点崩溃，迷茫与焦虑、挫败与痛苦，所有负面情绪涌上心头。焦躁之下，她偶然看见窗外一抹红叶，在大片绿意的衬托下，显得格外耀眼而热烈。那份旺盛的生命力莫名给予她重新振作的力量，这股力量很快平静了她内心的烦躁。她再次拿起笔耐心解决难题，不再一个人埋头死磕，向同学、老师请教也是一种途径。虽然后来并未像小说所写“开挂”般地击破各个难点，但解难的过程和精神的磨炼使她受益匪浅。大一这一年，她学着享受独处、掌握自学的方法、夯实学科基础，尤其学习上，她不再遵从义务教育之下的填鸭式教育，明白预习、记录、思考、提问、复习各环节缺一不可，阶段性的知识点归纳与总结，以及实际应用对工科专业更是至关重要。从开始的满腔热血到后来的迷茫焦虑，再到后面的摸索前行，忙碌而充实，她也在这一学年成功获得专业绩点第二名的好成绩。痛苦不会说谎，努力不会背叛，她感恩自己的坚持。她一直心向星光，盼望所有的梦想照进现实。

完善自身，风雨灿烂

初入大学的她有些内向，在老师的鼓励下她决定迈出教室，体验书本外的精彩。大一时她参加了学校的医教公益社团、院科协的创管部及心理学分会组织部。在创管部内，她和部长们共同策划举办了很多活动。清明时节他们一同去公墓祭奠、缅怀烈士，学习爱国精神，与社区老人共同制作青团，给老人带去欢乐；端午佳节与外国友人一起制作粽子、香包，体验手工的同时向他们宣扬中国传统文化。在心理学分会组织部，她积极参与每次活动的宣传、准备工作，如“925”迎新生活动、“125”红丝带活动和手语操大赛等，并撰写新闻稿、总结活动优缺点、吸取经验教训，为下一次活动做准备。在活动中，她不仅结交了许多志同道合的朋友，还学会如何举办一场活动，明白活动的策划不是纸上谈兵，更需要考虑经济基础与可实践性，甚至在经费紧张时还需要发挥社交能力去拉赞助。努力锻炼了她出色的策划和活动组织能力，时间为她的努力写下了成绩。

大二时，她勇敢参加竞选并成为医教公益社团社长。经过一年的时间，她终于从一个大一时什么都不懂的小“萌新”成长为能够独当一面的社团社长。从这年 9 月到次年 6 月，她和社员们一起招新，一起组织志愿活动，完成了多项活动。在一次次的活动策划中，她不但提升了能力，也在和伙伴们的相处中收获了珍贵的友情。除了自己写策划，她还手把手地教社员写策划。每当有大型活动时，她都会将自己的经验向社员倾囊相授，经常熬到深夜帮助社员们修改出完美的策划方案。除了写策划，完成一次活动还需要联系医院、学校，对接工作十分繁复，但她没有一丝怨言。活动结束后，她为了完成报销工作，维持社团正常运转，在炎炎夏日，在不同部门当中周转签字盖章。她带领社员们领略了公益的魅力，和社团成员们为公益事业做出贡献，在彼此陪伴的时间里共同成长。

除了参与学生工作，她还加入了校篮球队。偶然得知学校有女子篮球队，向往之下她鼓起勇气报了名，通过层层筛选最终如愿加入校队。每天 6 点的早训和傍晚的晚训是辛苦的，也是值得的。比赛中，竞技的刺激、传接的配合、命中的快感、队友的欢呼都会让她兴奋，曾经在球场上肆意挥洒汗水的快乐失而复得，她格外珍惜这群可爱的队友。偶尔也会与外院约友谊赛，或打打野球，她与队友们总不会放过任何可以在场上酣畅淋漓的机会，她享受篮球带来的快乐，也收获了友谊。

日拱一卒，功不唐捐

“千淘万漉虽辛苦，吹尽狂沙始到金”，毕业设计的磨砺让她获益匪浅。在大四第一学期，导师给她布置了低共熔溶剂体系合成植物甾醇酚酸酯课题方向。作为新人第一次独立进行课题研究，在课题开展前，她针对不了解的部分，扩大搜索范围，阅读文献，掌握更多入门的知识。她还经常辅助师兄做液相色谱等相关实验，以此熟悉操作。一般液相色谱所测样品较多，非常耗时，经常需要从早上 8 点做到晚上 11 点。在这段时间内，她抓紧时间阅读文献，熟悉课题。冬天的时候，实验室比室外更冷，有时候不得不靠运动取暖，以免手脚僵硬。一开始她经验不足，导致实验错误频频发生，在导师的悉心教导下，她学会每次在实验结束后总结经验，同时了解了实验规划的重要性。她每天都带着高涨的热情和认真的学习态度去规划实验计划，早上 7 点多就开始为当天实验做前期准备。但实验并不是一帆风顺的，合成结果并不理想，低共熔溶剂课题只能宣告暂停。随后她换了新课题谷甾醇芥子酸的化学法合成，有了前车之鉴，该课题预实验顺利开展。然而在工艺优化阶段由于预实验考虑问题单一，又一次宣告失败。由此缪敏瑞展开第三个课题。整个毕业设计的过程就是错误、失败然后重新开始，一个实验的成功周期往往需要 1~2 个月，实验过程宛若在没有路灯的道路上摸黑前行，不知道方向正确与否、能否走出黑暗。即使如此，她依然坚持摸索，她坚信科研的成功离不开实验的不断试错，人在生活中也是不断试错，不断发现问题、纠正问题，进而解决问题，最后在这种磨炼中成长。“不积跬步，无以至千里；不积小流，无以成江海。”时间会在你脸上刻下印记，每一天的苦难训练和痛苦的挣扎会在你灵魂里做上标记。

终有一天，我们会在科研路上得灼见。

现在，大学阶段的帷幕悄然落下，她回顾自己四年的学生生活，在学业与生活方面算得上收获颇丰，但仍存在诸多遗憾，如对未来没有系统的规划，大学期间未参与各类实习工作增长社会经验。但一味沉溺于遗憾并不是明智之举，重要的是反省。因此，研究生生活的首要工作是定下长远目标，同时根据长远目标制订阶段性计划，并时常反馈、总结。此外应该时刻保持对科研的热情与好奇心，主动学习远比被动学习来得更有意义。希望缪敏瑞的研究生生活能够收获满满、不留遗憾。

导师寄语

缪敏瑞同学性格开朗，精力充沛，上进心强。她像是寒冬里的暖阳，温暖别人的同时坚持走自己的路。在以后的道路上，希望她乐观面对失败，将其化为前进的动力与成长的养分，相信将来她一定会在属于自己的舞台上绽放光彩。

食品与生物工程学院教授　崔海英

勇敢逐梦，不负青春

陆敏敏，女，1999年2月生，中共党员，食品与生物工程学院食品科学与工程专业2017级本科生，首批“周恩来”班成员。获校学习优秀二等、三等奖学金。

时间如白驹过隙，四年韶华如水而逝。那年，背着梦的行囊匆匆而来；今夏，又将重新启程，去追寻梦和远方。在这四年中，海阔凭鱼跃，天高任鸟飞，陆敏敏无所畏惧、勇往直前，而那些追梦的身影仍留在校园。

不负时光

白驹过隙，一晃大学四年生活已接近尾声了。陆敏敏说，刚上大学时的欢乐情绪和莫名兴奋还历历在目，当时大学里一切都是那么新鲜，那么富有吸引力，我们睁大懵懂、好奇的眼睛走进校园，小心翼翼地参加各种活动，拼命地上自习、备考。那时，我们虽然都对未来没有明确的规划，可是我们都有一个梦想、一腔热血，虽然我们什么都不懂，却坚信未来尽在掌握之中。

大二时，陆敏敏不再迷茫彷徨，一切都步入正轨。情绪平淡了一点，她将更多的精力放到了专业课程的学习上。大学最重要的任务仍然是学习，与其叫嚷着为走进社会做准备，不如多学习一些知识，技多不压身。很朴素的道理，但是很实在。她找到了更多志趣相投并且能力相当的朋友。志趣相投让他们之间有话可说，在一起变得很有趣。能力相当可以让他们交换资源，共同进步。她学会了时常反省自己，不要故步自封，多怀疑自己，只有产生了疑问，才能在求解中进步。

大三是大学生活的一个转折点，经过两年大学生活的洗礼，陆敏敏对大学也有了一点感悟，对梦想也有了自己的一些思考。大三正是沉淀专业知识的关键时期，也是开始准备考研的关键时期，于是大家显得更加忙碌了。但突如其来的疫情打破了原本的计划，有时候一天或者几个星期下来，都觉得没有什么收获，但她仍然凭借顽强的毅力努力坚持，坚定自己的信念。坚信不管结果好坏，一定不会后悔。

进入大四，陆敏敏不再像大一时那样对什么都好奇，不再像大二时那样热衷于各种活动，不再像大三时那样拼命啃专业课准备各种考试。她开始真正为自己的前途而奔波，每天为了自己的未来而努力拼搏，寻求机会。

大学的学习方式与高中有着很大区别，大多数的时间都由学生自己去安排，这需要一段时间去适应。大学四年里，她合理地安排自己的学习生活，并且注重自己各方面的发展。

回想这几年，有过欢乐，有过痛苦，她在生活的磨炼中逐渐走向成熟。回想起刚踏入大学校园时，她对一切都充满好奇，用心参加各项活动、加入社团，尽情地体验渴望已久的大学生活。

不念过往

过去的两年中，她诚实守信，热心待人，勤俭节约，还主动帮助身边有困难的同学，勇于挑战自我，时间观念强，有着良好的生活习惯。她喜欢真诚、友好地对待每个人，微笑着度过生活的每一天。因为她相信付出多少就会得到多少，人是感情动物，人与人的相处是相互的，所以她一向与同学相处十分融洽。一直以来，她积极参加学校组织的各种活动，踊跃参与社会实践活动，并在实践中学到了一些课本上学不到的知识。

陆敏敏有良好的道德修养，坚定的政治方向，积极地向党组织靠拢，最终在大三成为一名中共预备党员。自此，她积极发挥一名党员的先锋模范作用，主动承担班级和学院的事务。在疫情期间，她也尽自己的绵薄之力捐款并在村委会做一名志愿者，为抗疫尽自己的一份力。在学院创立“周恩来”班之初，她就主动积极申请加入，并且积极参与班级中每一次活动，成功获得结业证书。她积极上进，时刻用党员的标准来要求自己，用心服务班级里的每一位同学。

在学习上，她对自身要求很高。她认真学习理论知识，并且注重培养自己的动手操作能力。经过刻苦学习，她获得了计算机二级证书并且顺利通过英语四六级考试，每学年都获得校学习优秀奖学金。她平时注重英语口语的练习。她在学习专业知识之余还喜欢阅读文学作品，会在忙碌的生活中通过看一些杂志书籍来缓解压力，同时提高自己的文化素养。

不畏将来

她相信，“没有目标就等于失去了方向”。在大学这样自主性十分强的生活中，科学的计划显得尤为重要。她是一个计划性比较强的人，在每一阶段她会给自己定一个目标，并且会朝着这个目标努力奋斗，最终实现。在完成每一个目标之后，她会适时地给自己一点小小的奖励，买一件渴望已久的东西，或者和几个同学到饭店去美餐一顿。

即将进入研究生生活的她，在心中暗暗立志——愿这三年，年少有为，不虚度光阴。笛卡儿说过：“最有价值的知识是关于方法的知识。”在研究生期间，她希望自己建立合理的知识结构，博览学科知识，多了解研究领域的方方面面。她还希望自己能够掌握独立研究的方法和技能，学会论文写作，提高自己的逻辑思维努力。

研究生三年，她是这样安排的：

研一，找到自己感兴趣的方向。兴趣是一个人最好的老师，只有准确地了解自己的兴趣所在，才能明确自己研究生期间的主要奋斗目标。在牢固掌握专业基础知识的同时，广泛涉猎与专业相关的文献和新闻等。研二，在准确了解自己感兴趣方向的基础上，在导师的带领和帮助下做一些自己感兴趣的研究项目，深入发掘自己的专业潜能及突破点所在，并努力发展自己所擅长的方向，提高实践工作能力。研三，按时完成毕业论文，顺利通过答辩，并且在学术期刊上至少发表一篇论文，成功获得硕士学位。在三年的学习实践基础上找到一份满意的工作。

一位建筑设计师承接了一个项目，交付使用的同时他在这个建筑物的周围全部铺上了草坪，没有路，任人去踩。几个月后，草坪上分明出现了宽窄不一的几条道，然后他就在此基础上修路，有粗有细。陆敏敏说这个故事告诉我们，在开始的时候，可以没有明确的目标，只要张开所有触角，去看，去读，去感受，就会不自觉地产生兴趣，日子久了，就会出现几条路，这些路都可以通向要追求的目标。学会倾听心声，让心来告诉自己该如何走，从而确定自己的目标。

大学是人生当中的一个转折点，经过大学四年的生活，她变得更加成熟、更加睿智，大学生活激发了她的潜力，锻炼了她的意志，也陶冶了她的情操。大学四年是充实的四年，在她以后的工作生活中，必定是一笔宝贵的财富，她会美美地珍藏。

毕业在即，回首四年的学习生活，她也深深地体会到了学院老师、领导为学生的成才所付出的艰辛劳动，她要向他们表示深深的谢意和崇高的敬意！

导师寄语

在四年的大学生活中，我们共同见证了陆敏敏同学的成长，她的努力获得了回报。希望陆敏敏同学在今后的学习、工作和生活中永远保持开朗、保持自信、保持毅力，继续努力，拥抱每一个属于自己的晴天！

食品与生物工程学院副教授　张　迪

播种努力，收获幸运

刘莹，女，1997 年 5 月生，食品与生物工程学院食品科学与工程专业 2019 级硕士生。获校学业一等奖学金。

考研，磨炼了她的意志；科研，塑造了她的性格。研究生生活，让她变得更坚强、更自信。为了远大的理想，为了精彩的人生，她奋斗的步伐将永无止境。

立志考研，知行合一

“当你对一件事情有强烈渴望的时候，整个宇宙都会帮你达成。”这句话的出处我们不得而知，但是这句话对于考研时期的学生再适合不过了。在大三下学期刘莹就立志一定要考上研究生，这份执着伴着她走过了整个考研准备期。为了实现梦想，她一直在用自己的方式努力。刚开始准备考研时，本科课程并没有完全结束，因此她充分利用课余零碎时间，科学合理地做笔记。她的笔记分为两个类别：一是错题集，这是大部分学生都会有的；二是基础知识点归纳，里面写的全都是容易被忽略的冷知识。在错题集上，她也有详细的分类，她并没有像大多数学生那样只收集自己的错题。那三个厚厚的笔记本上，还记着大部分人都不会、错误率极高的题目，以及她在做题过程中觉得设置了巧妙的陷阱的题目，这些都是在大考之前复习的“宝贝”。

考研期间，当其他同学还在睡梦中的时候，她已经起床去图书馆了，晚上11点才从图书馆回宿舍，继续复习当天学过的知识，直到凌晨2点。寒冷的冬天，早晨5点的气温只有零下20多摄氏度，但她从不贪睡，准点起床。如果遇到疑难问题，她会选择先独立思考，实在弄不懂，再向同学请教。她一直都以“1%的错误会导致100%的错误”为座右铭，认真对待学习，对待每一个错误。如果学习上的困难是从高山上滚下的巨石，那么她就是坚忍的西西弗斯，毫不犹豫地将困难推回去。她摸爬滚打，不顾一切走上坡路，付出苦累，收获甘甜。她认为“现在不努力+安于现状=放弃未来”，天道酬勤，她的努力终究获得了回报，成功考取食品与生物工程学院研究生。对于考研来说，她觉得最重要的就是坚持。暑假是整个考研期间最关键的时期，一个暑假的突击，可以使数学和英语这种需要基础的科目很快地提升上去，这样开学以后复习专业课和政治就相对轻松了很多。

专心科研，持之以恒

考上研究生后，她主动联系导师，希望能尽快投入科研。在得到了导师的指导后，她确定自己要做的事是努力夯实基础，因此她规定自己每三天深究一篇英文文献，不仅可以提高自己的英语水平，还能充分了解自己的研究领域。她还去图书馆借阅自己研究领域的专业书籍，扩展知识面，夯实自己的专业基础知识。在有了一定的知识储备后，她开始拟定实验方案，开展系统性实验。很长一段时间，实验室里每天都有她的身影，她每天都是早早地出现在实验室里，为这一天的实验做准备。然而，她遇到了很多棘手的难题。在刚开始做实验的时候，使用移液枪时总是会出现漏液的现象，她就每天对着视频里规范的操作反复练习。除此之外，有时仪器约不上，有时做出来的数据不很理想……最困难的是，她所研究的课题是她们课题组的一个新的方向，遇到问题时师兄师姐也都表示不清楚，这让她感到很困惑。但是她不忘初心，不断告诫自己不抛弃、不放弃，一直坚持着对实验内容的思考和反省，改进实验方案，经过多次调整，不断尝试，把自己所想到的可能性全部进行了预实验。功夫不负有心人，在经过了黎明前的黑暗后，她终于迎来了曙光，成功地踏出了第一步。她认为科研就是要一步一步、脚踏实地，真正弄懂每一个实验步骤的原理和意义，因为很多文献上的步骤因原料不同、仪器不同等并不适用于我们的实验，我们要根据实验原理不断地去更换，找到最适合自己的步骤，得到理想的实验数据。

在步入研二后，实验进行得差不多了，她便开始写文章。由于文笔不是很好，她压力很大，经常失眠。导师发现了她的异常后，多次找她谈话，鼓励她指导她，她的心情有所好转，每天写作，反复修改文章，每天坚持阅读文献，去借鉴、学习、模仿学术大家们写文章的手法，整理心得体会。忙碌的生活虽然使人疲惫，但她确实会学到很多，进步很多。

心之所向，未来可期

刘莹同学的研究生故事还在继续，未来的路还很长，她说：“未来的路上等待我的也许是荆棘，也许是指南针，我不知道。我唯一可以肯定的是，我对未来有信心，因为我在努力。”迎接未来，未来是无限风光；展望未来，未来是无限美好；畅想未来，未来是无限阳光。研究生生活虽然很枯燥，但是实验成功时带来成就感是无法用言语来表达的。但是长时间做实验会使身心都很疲惫，平时也应该去做点别的事情放松下心情，比如做普拉提或者跳舞，出汗会使整个人都放松下来。

“成功就是百分之九十九的努力加上百分之一的运气”，也许你会认为这是一碗“毒鸡汤”，因为这句话还有后半句，“没有那百分之一的运气，你的努力也就是努力而已”，运气确实十分重要。但是，倘若你平时不努力，就算机会来了你也没有能力抓住它，这份运气也就没什么用了。所以我们要在运气到来之前，先具备可以抓住这份运气的能力，这样就不会让自己在运气到来的时候因为抓不住而后悔。

雄关漫道真如铁，而今迈步从头越。未来的她心中有着更高的追求，不断前进，不断努力，创造属于自己的“小幸福”。

导师寄语

刘莹同学是一个性格活泼、学习刻苦的学生。希望刘莹同学在之后的道路上也能够一直保持创新的意识、强大的意志力和豁达的胸襟，再接再厉，脚踏实地，取得更好的科研成果。

食品与生物工程学院教授　曲文娟

和时间做好朋友

周心雨，女，2003年5月生，食品与生物工程学院食品质量与安全专业2020级本科生。获国家励志奖学金、校学习优秀一等奖学金、江苏大学第六届高数竞赛二等奖，获校“三好学生”称号。参与申报科研立项获批资助。

时间是一个伟大的作者，它会给每个人写出完美的结局。

——题记

清醒沉静，唯时是惜

经历过难熬的高考，周心雨也跟大多数学生一样，怀着喜悦的心情来到江苏大学。但她很快发现现实与她日思夜盼的有落差，对大学的一切感觉陌生、不适应，导致情绪低落。时间在流逝，学习上没有质疑问难，更没有进步，本来英语基础很好的她四级分数却不高，第一学期绩点也远远低于目标，这让她懊恼不已。

转眼一学期结束。时间的脚步唤醒了从来就不服输的她。她暗下决心，一定不务空名、勤勤恳恳，唯寸阴是惜，争取保研或考研到更优秀的院校。于是她立即开始重新规划学业，改变学习方法，积极参加部门工作及相关竞赛活动，跟着导师走进实验室……时间让她慢慢沉静，让她清醒，也让她自信。

把握时间，充实自己

进入大学，有时候感觉很忙，但更多的是闲散。大多数同学在经历高中学习的高压后，会在大学如释重负，进而放飞自我。而周心雨敏锐地觉察到自己在消磨时光，于是她决定充分利用这些稍纵即逝的时间，充实地过好每一天。她要完成一件件必做的“大事”，还要做好各种琐碎小事，她要用时间连缀学习生活中的颗颗珍珠。为了巩固并增加英语单词量，周心雨坚持晨读夕忆。为了提高学习效率，她课前预习，大课间回头浏览巩固，上晚自习时再复习当天学过的内容并完成相应作业。放晚学回宿舍后用一些时间或做所承担的科研任务，或做部门工作，或适当娱乐。这样合理安排，有序推进，既抓学业，也完成其他工作。一学期后，她学业取得很大进步，成绩排名年级第二，此外，她的其他工作也做得有声有色，生活过得充实快乐。

在追求进步的过程中，周心雨充分利用时间，科学规划，做到了“长计划，短安排”。她以考研为远景目标，分期细化自己的计划表。时间上，她做到天计划、周计划、月计划、学期计划、学年计划、假期学习计划。比如，她计划大一在学好基础学科的同时，完成英语四、六级考试，大二考取各种必要的证书，参与一些科研项目研究、实验，大三着力备研等；空间上，她充分利用可利用的地方，如操场、寝室、教室、图书馆等。

时经地纬，宏观微调

她每天根据自己的课表合理规划，早上 6 点起床，然后带上晨读资料到操场，早操结束就开始读书，因为这段时间是记忆的黄金时段，对于英语等需要记忆的科目来说是绝佳可用的零碎时间。早操后的操场空气新鲜，安静，是个读书的好去处。周心雨抓住上课这个主要时间，抓住课堂和教室这个主阵地，全神贯注地听讲，认真消化每节课所学的内容。课间十分钟用来休息放松调节，有时也会安排补写笔记。

中午她会选择在一点到一点半午睡；下午没课时她会去乐跑锻炼或完成部门里的事情；晚上利用自习课集中精力在教室学习，复习、总结、完成作业、有余力再预习新课，还要准备英语四、六级考试。晚上回到宿舍洗漱完之后，她会适当进行娱乐或拾起自己的摘抄，尽量保证十一点半之前睡觉，确保第二天有饱满的精神状态。

在时间分配这方面，周心雨对一件事记忆深刻。大一上学期英语有视听说练习，总共有八个单元，老师时常强调平时要记得练习，但她没有放在心上，直到期末并且是在考完英语老师马上要录成绩时，她才意识到事情的严重性，于是她也只能顶着还没复习好其他科目的压力，赶紧做“视听说”。结果既没有复习好考试科目，英语成绩也不理想。因此她明白制订计划表时一定要分轻重缓急，严格按计划表执行，拒绝拖延症！

在这之后，为了更好地落实计划完成阶段性任务，周心雨会结合自己当时各类具体情况，调整计划，先完成时间紧、任务重的事情。比如当天的作业、要立即上报的统计表、科研项目等，立即着手，绝不拖延。对于一些不紧急但又比较重要的事情，则提前做好安排，列入待办清单。时间有限，学会列清单，这使她的学习和工作更加高效。

惜时成才，沉淀优秀

爱惜生命最好的方式，是珍惜自己的时间。珍惜时间最佳的一种方式，是选择自己想过的生活，并且努力实现它；做自己认为重要而有价值的事情，并且尽力完成它。在大一期间，她在导师的帮助下充分利用时间，做到宏观规划、微观调节，圆满完成了科研立项和参赛设计工作，成绩优异。不但如此，她在学习的同时也抽出时间给自己的兴趣爱好，避免成为只读书的“书呆子”。

她和时间做好朋友，最终沉淀出优秀的自己。

导师寄语

周心雨同学学习刻苦，各门课程均取得优异的成绩；工作踏实，积极参与学科竞赛、社团活动和科研项目。希望她在今后的学习和生活中继续努力、战胜困难，迈开坚定的步伐，走向既定的目标！

食品与生物工程学院　祝　莹

在探索中大步前行

蒲怡珂，女，共青团员，食品与生物工程学院2020级本科生，现任院学生会国际部部长、班级学习委员。获校学习优秀一等奖学金，校“三好学生”称号。大一期间顺利通过英语四级、六级，以及全国计算机等级考试二级、江苏省计算机等级考试二级。

人生的每一笔经历，都是在书写自己的简历，那些你以为微不足道的事情，回头看的时候都有着无法细数的刻度。

——题记

偶遇奇迹，善于发现

寒窗苦读12年后，蒲怡珂如愿以偿，在高考中取得满意的成绩，进入令她向往的知识海洋——江苏大学。还未入学时，她便对自己进行全面的分析，明确想要读研的目标。虽然她对大学及考研一无所知，但她暗自决定：“无论遇到任何困难，尽力去解决。认真对待每一门学科、每一项作业。”

2020年9月，她正式踏入期待已久的校园，美丽的校园风光、清新的空气、友善的学长学姐，一切都和她所预期的一样。第一次一个人远离家乡来到千里之外，感到的不是孤独、害怕、担心，而是美好、向上和活力。进入大学后不久，她发现大学生活不只是学习，还有许多课外活动，她意识到自己仍处于过渡阶段，还未完全适应大学生活。她下定决心要打破僵局，真正地适应大学生活，尽早得到提升。她与小伙伴聊天，试图从网上寻找答案，她逐渐明白自己应该改变“大学只有学习”的错误印象，多一些课余活动和兴趣爱好。

最大化利用课余时间，不仅可以真正实现在快乐中学习，在快乐中成长，还可以收获宝贵的友谊和生活阅历。于是她不断探索，不再只局限于学习。

快乐学习，播洒汗水

“学而不思则罔，思而不学则殆。”她始终认为自己的重心应该是学习，但是仍有问题一直困扰着她：考研究生该干些什么、考去哪儿、研究方向是什么，以后毕业好就业吗？问题接踵而来，她有点不知所措。于是她就从最轻松的问题入手，先解决“去哪儿”。通过搜索有关食品专业的学校排名及对自身的了解，从中学就有着出国梦想的她，将自己的目标锁定在荷兰瓦赫宁根大学及美国康奈尔大学。她明白这是一个远大的目标，于是她先了解学校的招生要求，并制定了一个绩点目标——3.5 以上，最好达到 4.0，每科不低于 3.0。有了目标，需要付诸行动。她总是提前到达教室，选择最佳的听课位置。下课后，她第一时间复习课程内容，完成课后作业。所有课堂任务完成后，她还会自己找习题来巩固。但接下来的高等数学期中考试给了她当头一棒，她感觉平时学习还算扎实，但考试成绩却惨不忍睹。短暂伤心后，她认真总结了所有的错题，并将期中考试中不熟悉的知识再次复习了一遍，改进学习方法，提高学习效率，加大做题的广度和深度。期末考试前，她将往年的题全部做了一遍，之前的所有错题再次做了 2~3 遍。期末考试成绩出来后，她非常满意。

对于学业，她有一套独特的评价标准。要真正掌握知识，不能仅仅只停留在上课听讲、考前刷题、套公式层面上，更要将老师课堂所讲的内容加以理解、内化，通过自己的思考建构完整的知识体系，厘清知识点之间的联系。凭着这份付出，大一期间她顺利通过英语四级、全国计算机等级考试二级、江苏省计算机等级考试二级、英语六级，获得了校学习优秀一等奖学金。现在的她还在探索“考研该干些什么”“该研究什么方向”，虽然答案还没找到，但是她的目标很明确，并在不断补充、修正、完善、调整。

敢于突破，勇于创新

基础课的学习远远不能满足考研的需求，科研、实践、思想都应该得到相应的提升。于是，她和同学组队参加“大创”，参加“盼盼杯”“丰岛杯”等食品创新大赛。通过参加这些比赛，她第一次接触到食品行业的专业论文、专业知识，她发现自己对食品专业了解太少。在导师的带领下，她主持的大创项目顺利获批，开始学习如何开展实验。她还关注了一些校外的志愿者项目，如线上联合国志愿者项目、国际支教志愿者项目等。她殷切地希望将来可以参与这些项目，在这些远行与实践中开阔眼界、锻炼能力，了解各国的风土人情，增加对学习的专业和即将从事的事业的认同感和责任感。

白驹过隙，大一结束不仅只是年龄的增长，更是思想、知识的提升和综合素质的提高。她不断探索，不断成长，学到的不只有知识，还有如何去适应新环境、如何在新环境中探索和学习。大学还有三年，她将继续她的探索之旅……

导师寄语

蒲怡珂同学善良诚恳、踏实努力，沉着冷静地面对学习和生活中的各种困难，是个能为他人着想的学生。未来还有许多困难需要解决，我希望蒲怡珂同学做一个志在巅峰的攀登者，不会陶醉在沿途的某个脚印之中！

食品与生物工程学院教授　崔海英

心之所向，素履以往

杨雅淋，女，1998年2月生，中共党员，食品与生物工程学院食品质量与安全专业2017级本科生。获校学习优秀二等奖学金，校“三好学生”、校大学生暑期“三下乡”社会实践活动先进个人等荣誉称号。参与江苏大学校级大学生创新创业训练计划项目1项。

理想是青春的光和热。一个初出茅庐的年轻人，为所热爱的理想向远方奔跑时，总会遇到诸多困难和挫折，但有志者事竟成，总是需要勇气才能无视他人的冷漠和怀疑，才能坚持自己的意志，并把事业继续下去。理想不只是靠力量，更要靠坚持来实现。

满怀希望，向阳而生

刚入大学的杨雅淋是迷茫的，她将在离家一千多公里的陌生城市度过四年的学习生涯，与形形色色的人接触，还要习惯不同的生活方式，这些都需要花费时间来适应。因此，杨雅淋觉得自己应该分清主次，首要的还是夯实基础，学好专业知识，提升自己的专业技能；其次是积极加入学院或学校的各类学生组织和社团，主动参加各类学科竞赛、社会实践和文体活动，培养自己的沟通能力、组织能力、抗压能力和学习能力。

杨雅淋深知，要想将希望变为现实，就必须得踏出舒适圈，拥抱世界。一直以来，杨雅淋都是害羞腼腆的，但是她知道在生活中遇到困难、在学习中遇到难关时，都需要寻求老师和同学的帮助，难于开口是万万不行的。幸运的是，周围的老师和同学都热情和善良，让她少了许多局促感，大大提升了自信心。杨雅淋怀着对生活的热情和希望，积极参加各种活动，不放弃锻炼自己的机会。大一时她加入街舞社团，在这里有了展示自己兴趣爱好的平台。从不敢在众人面前表现，到参加比赛和各种舞台表演，杨雅淋的性格逐渐开朗，交流能力大大改善。在街舞社，杨雅淋通过舞蹈交到了不少知心的好朋友，也学习了许多新的舞蹈技能。舞蹈排练的过程并非一帆风顺，有时会出现时间紧、难度大、配合不够默契等问题，需要大家一起去解决，这也让她的组织能力、沟通能力、自主学习能力、抗压能力等都得到了很好的锻炼，这些收获对杨雅淋以后的工作生活帮助极大。

在大学四年的学习生活中，每当同学遇到难题寻求杨雅淋的帮助时，她总是耐心地帮助同学们解决问题，一次次的沟通也让她练就了自如的表达能力。四年的时间足以让当初那个内敛的女孩成长为充满希望和热情的人，现在的杨雅淋是一个敢于表现、自信从容的追光者。

抓住机遇，迎风前行

“抓住每一次机会”，杨雅淋带着父母的叮嘱迈入大学的校园，在选举班干部时积极报名，虽然最后落选，但她并没有放弃，而是寻找更多提升自己能力、丰富自己阅历的机会。杨雅淋在大一时加入了院社联社团部，在前一任部长询问她是否留部时，杨雅淋毫不犹豫地说：是！她最终成为学院饮食文化俱乐部的部长，并在大三时留任会长。在担任会长期间，杨雅淋组织大小社团活动几十次，其中遇到过各种各样的困难，但在社员和部长们的帮助下都顺利解决。社团学生干部的经历让她受益良多，准备周全是她积累的经验，随机应变是她学到的能力。

机会是留给有准备的人的。杨雅淋时刻做着准备，为的就是让自己不放过每一个机遇。在大三这年，凭借着良好的学习成绩和学生工作上的优异表现，杨雅淋成为一名光荣的中共预备党员。杨雅淋深知加入中国共产党是一件神圣庄严的事情，她的内心十分激动，也清楚正是自己的努力和长久的准备才使得入党成为可能。在成为发展对象后，杨雅淋时常关注国家时事动态，定期检查自己的言行是否有不妥之处，并向周围同学询问自己的不足以及时改正，争取发挥先锋模范作用。在此期间，班级改选团支书，当辅导员选中杨雅淋的时候，她马上答应了，因为她一方面想要通过当班干部来与同学增进联系，全面了解同学情况，及时提供帮助，做好同学与学院之间的联系桥梁；另一方面可以通过当班干部提升自己的综合能力。在担任团支书期间，杨雅淋尽职尽责，积极帮助同学解决问题，按时完成学院团委安排的各项事务，在班级同学的共同努力和配合下，举办了形式多样的团日活动，丰富了大学生活。

足履实地，精益求精

吾无他长，唯足履实地。杨雅淋认为自己没有什么特别的长处，只是做事情追求精益求精。她一直坚信，细节决定成败，这一点在她的学习方面体现得淋漓尽致。杨雅淋在课堂上认真做笔记，在作业中详细写步骤，她对于手写版的作业不追求字迹十分好看，但追求工工整整的版面，对于电子版作业要求格式整齐划一、排版干净，这无不体现着杨雅淋细致严谨的做事态度。在机械课程设计的时候，在动手画图之前杨雅淋先进行了尺寸的详细计算并等比例绘制草图验证计算的正确性，她在画图过程中对于线条的粗细都保证十分精确，因为她觉得这样做出来的图才是可靠完美的。当然，功夫不负有心人，最后杨雅淋的课程设计是专业中为数不多的优秀作品。

耳闻之不如目见之，目见之不如足践之。在大四学年，杨雅淋跟随毕业设计的导师进行荞麦淀粉性能机理方面的研究。大三的时候因为新冠肺炎疫情的影响，许多专业课程学习都是以网络的形式进行的，杨雅淋没有在专业实验课上进行实际操作，缺乏了解操作仪器设备的机会，因此毕业设计期间，光学习仪器使用和操作规范就花费了不少时间。杨雅淋研究的荞麦淀粉纯度要求高，她需要通过离心洗涤的方式分离出杂质，制备后续研究生阶段所要使用的荞麦淀粉。因为操作不熟练，杨雅淋只能多次重复操作来达到要求。在后期实验中，测量得出的数据有时会出现异常或者没有规律的情况，杨雅淋只能重新制备样品并测定。虽然过程十分波折，但杨雅淋坚持亲自动手操作，这不仅能帮助她发现自己在实验操作时的不足，“对症下药”进行改正，还能提高她的专业技能。

心之所向，素履以往。杨雅淋在食品与生物工程学院的四年感受到了满足和幸福，她用“长风破浪会有时”的决心和勇气挂上了云帆，到达了自己理想的彼岸！

导师寄语

初次见到杨雅淋同学的时候，觉得她是个内敛文静的女生，笑起来特别温暖。经过大学四年的学习生活，她已经成长为一位各方面都很优秀的“学霸”。希望在今后的生活中，她能够继续奋发努力，取得更好的成绩。

食品与生物工程学院副教授　杨其亚

坚持而后热爱

宋欣怡，女，2000 年 3 月生，共青团员，食品与生物工程学院生物技术专业 2018 级本科生。多次获得校学习优秀二等奖学金，获院“三好学生”荣誉称号。高分通过大学英语四、六级考试，全国计算机等级考试（二级）。

不知不觉间，宋欣怡在江苏大学已经度过了整整三年时光。在这个山清水秀、风景优美、学习氛围浓厚的校园里，她从初入大学时的懵懂女孩慢慢成长为一个有理想、有目标、有方法的大学生。在这里，她学习到了许多专业知识，遇到了很多知心朋友，还找到了人生努力的方向。

初识大学，充满挑战

2018 年的夏天，镇江的天空晴朗明亮，万里无云，阳光如瀑布般垂直落在地面，落在她的头顶，热浪轻柔地拍打着宋欣怡初来乍到的那颗迷茫的心，她终于走进大学校园了。陌生的环境，陌生的宿舍，陌生的面孔，让初次离家的她有一丝胆怯。孤身一人在从未涉足过的环境里，对于内向的宋欣怡而言确实是一个不小的挑战。慢热的性格让初入大学的她遇到了很多困难，既有来自生活上的困难，也不乏学习上的困难。然而，时间会一点一点改变人的心境。她和舍友们慢慢熟悉了，大家虽来自天南海北，有着不同的人生经历，操持着不同的地方口音，但幸运的是每个人都有一个有趣的灵魂。她学着与舍友们相互理解，相互迁就对方的生活习惯；学着把宿舍当作自己的家，定期清洁卫生环境，与室友一起把宿舍装饰成温馨的家园。她经常向身边的室友请教各种问题，也多亏了那几个可爱且乐于助人的室友，四个人仿佛同胞姐妹一样，相互照应，彼此陪伴。每天相见的同学们越来越友好，渐渐熟络的学长也愿意无私分享生活经验和感想。渐渐地，宋欣怡适应了大学的生活节奏，这让她那颗忐忑不安的心慢慢平稳安定下来。

作为一个高中阶段理科选择学习物理和生物的江苏考生，她未曾系统和全面地学习过化学知识。化学知识在宋欣怡的头脑中是支离破碎、不成体系的，再加上化学知识点烦琐、联系密切，化学基础不牢固的她学习起来必将困难重重。但是，由于专业课程的安排，宋欣怡要硬着头皮学习无机化学、有机化学、分析化学、生物化学、物理化学等课程。众多化学课程让宋欣怡倍感压力和焦虑，由于她不了解基础化学知识，常常对化学老师所讲的课程内容一知半解，课后她需要花费比别人更多的时间和精力去复习和完成作业。此外，各种化学实验课程也让她应接不暇。

虽然化学的学习过程中困难重重，但是她坚信办法总比困难多。平时，她会主动找班级里化学成绩优异的同学请教关于化学的学习经验，不放过每一个知识点。有时，遇到非常难以理解的知识点，她会主动去办公室向老师请教。就这样，在不断的求教和学习中，她逐渐找到了学习化学的技巧：归纳总结，有效记忆，将看似零散的知识点分门别类，同时注意掌握化学的性质和规律，由现象反推本源，这样才能清晰地发现和掌握每类物质之间的区别与联系，以及它们所决定的各种化学反应的特点和现象。渐渐地，宋欣怡在头脑中构建了一个较为完整的化学体系，弥补了高中阶段化学知识的空缺，顺利完成了各门化学课程的学习。经过不懈努力，各门化学课程考试均分超过 85 分。这段刻苦钻研化学的经历也帮助宋欣怡养成了勤学善思和归纳总结的好习惯。

主动适应，探索道路

转眼到了大二，同学们的学习和生活纷纷入了正轨，似乎每个人都找到了自己努力的方向，大学生活开始变得异常忙碌。在学习之外，有的同学积极参与团学工作，成了学生组织部门负责人；有的同学竞选了班委，热心管理班级事务，服务同学；有的同学乐于参与学校组织的各类赛事活动，锻炼能力的同时也结识了一群志同道合的朋友……而宋欣怡似乎一直守着自己的舒适圈，除了学习，她的生活似乎没有其他目标和动力，她迷茫了：该如何找到自己的方向呢？

经历了内心的反复挣扎，宋欣怡认识到自己的兴趣点在于学习专业知识，生物技术专业有那么多知识，那么多从未涉猎的领域等着自己去探索，因此，她决定不再羡慕他人的精彩生活，只需要做好自己即可。她明白了利用好空余时间学习自己喜欢的知识就是自己最应该做的事。由于专业特点，课程内容常常需要记忆背诵，许多零零散散的知识点需要日常多加巩固才可以逐个击破，以此慢慢构建自己的逻辑框架。宋欣怡慢慢去探索适合自己的学习方式，她把注意力放在了课堂上，对课堂上老师重点强调的内容加以关注，然后在此基础上进行零碎知识的扩充和提升。出于对专业知识的极大兴趣，她在空余时间里常常主动研习书本上的知识点并进行拓展学习，对知识的基本构架和因果关系做进一步的研究，举一反三、融会贯通。为了能够更好地学习专业知识，练就扎实的英语功底必不可少。于是，她坚持每天背诵一定量的单词，并且持续练习听力和口语，最终功夫不负有心人，宋欣怡以优异的成绩通过了英语四、六级考试，还提升了自己专业英语的学习能力。她一直坚持自己的学习方法，久而久之，她不仅保持了专业成绩第二名的好成绩，还熟练掌握了专业基础知识和相关拓展知识，这也为宋欣怡之后的学习生活和科研生活奠定了基石。

持之以恒，绽放光彩

生物技术是一门以实验为基础的自然学科，许多生物现象只有通过实验才能得到解释，想要学好这个专业，就意味着要投入较多的时间和精力到实验中来。与导师沟通后，宋欣怡开始尝试独立做一些简单的微生物实验。起初对于实验抱有很大信心的她在见到了繁杂的实验步骤和不甚熟悉的实验器材后，一下子犯了难，宋欣怡认识到原来实验并不是想象的那样简单，许多实验操作步骤都需要耐心细致地进行规划。例如超净工作台的灭菌、溶液的配制、灭菌锅的灭菌等都需要合理安排才能有效节省时间。自己独立完成时就需要关心每一个实验步骤，环环相扣不能有闪失。一些仪器设备宋欣怡没有接触过，她便虚心向师兄师姐们请教，自己认真琢磨完成相应的实验操作。

就这样，在学习、重复、巩固的循环过程后，经过长时间的积累，她逐渐有了积少成多见成功的喜悦。在导师的指导下，宋欣怡渐渐地对实验的原理、流程和步骤都有了较为全面的认识，也渐渐意识到实验和理论学习的差别，逐步练就了较好的操作能力。在课余时间，她常常去实验室开展实验，学习使用各类仪器，合理安排时间，培养独立思考、总结归纳的能力和吃苦耐劳、踏实严谨的精神，为今后的学习科研打下基础。

三年来，宋欣怡经过不懈地努力，培养了良好的学习习惯，取得了很大的进步。对于未来，她立志在自己的专业领域不断进取，有所建树，争取为学科的发展贡献一份自己的力量！

导师寄语

在三年的学习生活里，我们见证了宋欣怡同学的成长。成功属于不懈追求的人！学习与科研是一条需要不断坚持的道路，希望她在今后的生活和学习中能一往无前，不断进取！

食品与生物工程学院教授　王　云

眼有星辰大海　心有繁花似锦

郭美美，女，中共党员，食品与生物工程学院 2017 级本科生。获国家励志奖学金、校学习优秀二等奖学金和三等奖学金、“互联网+”挑战赛校级铜奖、外研社英语阅读大赛三等奖，获校“优秀共青团干部”“社会实践先进个人”等荣誉称号。

岁月如梭，光阴似箭，转眼郭美美在江苏大学已经学习了四个年头，在这四年中，她勤奋刻苦，积极向上，参与公益活动，投身科研实践，对生活时刻保持积极向上的乐观态度。她坚信：凡心所向，素履以往，生如逆旅，一苇以航！

自强之花盛开于心

在上大学之前，郭美美很早就为自己的大学生涯做了诸多的设想与规划。她希望自己在大学期间可以获得奖学金，以此减轻家庭的负担——父亲辞世多年，母亲年迈多病，哥哥外出多年杳无音讯。郭美美的内心自尊又自卑，不希望别人知道自身处境而同情她，更不希望别人把她当作一个励志榜样而四处宣扬。敏感的她，只希望在陌生的城市、陌生的大学校园里，通过自己的努力去获得成功。

大一的时候，与每一个刚进入大学校园的学子一样，郭美美对周边的事物感到新鲜，为此她报名参加了学校、学院诸多部门与社团的面试，最终加入了学院的青年志愿者协会和学校勤工助学服务中心的外联部。这一年，她参与了许多志愿活动。记忆犹新的是那一年的冬天，她和其他志愿者一起为环卫工人送去冬天的温暖，有暖手套、护手霜及保温杯等。那天活动结束之后，郭美美并未因自己“献爱心”而开心，她感到难过，因为那些环卫工人看起来都上了年纪，却在每一个冬天静寂的早晨，默默用心地守护着这座城市的整洁。为此，她暗自下定决心，在未来的寒冬，她一定要用自己的方式，去温暖更多的人。

这一年，她也参加了许多比赛，如啦啦操比赛、手语操比赛、女子篮球赛等，这些比赛结果虽不尽如人意，但却让她有了很丰富的课余生活。每一个周末，她都参加各种活动，忙碌而又充实。

奋进之花尽情怒放

进入大二之后，郭美美意识到自己的成绩未达到预期，科研经验几乎为零，也未参加大型竞赛，故而开始转战战场，将绝大部分时间放在了学习、科研和竞赛上。她参加了大创和科研立项，是项目的第二主持人和科研立项的第一主持人。暑假，郭美美申请了留校，和同学每天在实验室忙碌，至今她脑海里仍然记得那个夏天的热风，实验室里试剂的味道。但她收获最大的还是参加“互联网+”挑战赛，和小组队员们对每一个方案进行讨论协商，对每一个难点分解攻关。很多时候，队员们意见相左，但经过思想火花的碰撞，最后总能达成一致。这时她逐渐明白，在团队合作里，团队氛围至关重要。只要团队氛围开放积极，分工合作就会取得事半功倍的效果。

团队成员付出大量心血的“互联网+”挑战赛，最终仅获得了校级铜奖。虽然结果令人遗憾，但是大家在参赛过程中齐心协力、合作攻关的收获已是成长道路上一笔宝贵的精神财富。

逐梦之花长盛不衰

大三那年寒假，新冠肺炎疫情袭来，暂时只能居家学习。郭美美回家之时，还未想好自己该如何度过大三，虽然考研这一念头早已有之，只是她之前一直在等待，等待开学进入学校图书馆开启自己的考研之路，但眼下她似乎得尽快做出新的决断。

一边向学长请教考研经验，一边上网查找相关复习资料，她开启了自己的考研旅途。最开始自然是困难重重，最考验她的是每天规律的作息。她长期习惯于熬夜，经常通宵达旦，可目标学校对她充满诱惑，是她 21 岁的人生里第一次迫切想要实现的愿望，故此，她给自己手机设置定时开关机，并且不将其带入卧室，每晚十一点半，一定准时上床。这样艰难地度过最开始的一周后，她习惯了早睡早起，改掉了多年的陋习。她习惯每天早上五点半起床，之后拉开窗帘，凝望窗外依旧漆黑的夜，万籁俱寂里，只有自己窗前的一抹灯光，穿过晕染的浓墨，似乎是成功的前兆。此刻，她内心很安宁，知道自己心之所向。吹着晨风冥想，5 分钟之后，她会拉上窗帘，沉浸于学习之中。

她知道自己家境困窘，母亲杂事繁忙，故此，她只希望母亲不要让她操心他事。母亲对她一向是支持的，她也依旧自觉地做好一日三餐，等待母亲每天干活归来。母亲外出的日子里，郭美美也曾有过动摇，读研的目标那样遥远，但自己实力并不强，如若失败，对得起母亲的付出吗？她问过母亲，如果失败，同意她第二年继续考研吗？母亲很朴实地说：你怎么做我都支持。那一刻，郭美美觉得自己从来不是孤立无援的，母亲以瘦小的身躯，为她筑起了一道坚实可靠的墙。之后的复习备考，她心无旁骛，全力以赴。

除了每天为母亲做好一日三餐外，郭美美足不出户，卸载了手机里所有的娱乐软件，不看朋友圈，不主动联系同学朋友，只有每晚九点半，她会在自家院子里跳绳，这成了她放空自己的娱乐时间。每晚跳绳时间，她脑子里多半只有一个声音在回响：我一定要去浙江大学，不能让明年这个时候的自己后悔。内心那个愿望，像一粒种子，迫切地想要挣脱束缚，肆意生长，又像一束熊熊燃烧的火苗，让她斗志昂扬。除了母亲与几个极亲近的朋友外，她从未将她的“痴心妄想”告诉任何人，浙大对她来说真的有些遥远，甚至朋友都委婉地劝她降低目标，她只是微微一笑。

幸运的是，郭美美终于如愿以偿。考研成功之后，她曾回想那三百多个日夜，也试图去感受成功的喜悦，但最终她发现，最让她开心的不是结果，而是为了这个结果而付出的一切过程。现在，郭美美开始思考自己今后的人生，开始畅想未来的规划，她确信自己终将找到自己的路，确立人生的意义。

导师寄语

四年转瞬即逝，郭美美同学完成了从懵懂到睿智的华丽转身，站在了科研生涯新起点。希望她在今后的学习过程中，牢记“自强厚德　实干求真”的江大精神，为自己和母校获得更大的荣光而不懈奋斗！

食品与生物工程学院副教授　骆　琳

第三章

科研达人篇

江苏大学食品与生物工程学院现有食品科学与工程一级学科博士点，生物与医药、机械、电子信息等专业学位硕士点，具有国家农产品加工技术装备研发分中心等六个省部级科研平台，科研育人氛围浓厚。在农产品食品无损检测技术、食品物理加工技术及装备、食品营养与健康、食品生物安全、食品生物工程及智能装备等领域形成了鲜明的特色，学科实力稳居全国前列。

学院的实验室和工作室里，经常能看到老师为学生们指导课题的身影，他们有时会给学生提出自己最中肯的建议，帮助学生少走弯路；有时也会静下心来聆听学生的想法，一起探讨研究实验方案；有时还会像朋友一样说说心里话，帮助学生解开心中的困惑，带给学生继续前进的学习动力。因为热爱，所以不怕失败。食品楼的每一个实验室里都有同学们辛勤科研的身影，他们曾经为了实验观测通宵达旦，也曾经因为实验数据失败而百折不挠、越挫越勇。

近年来，学院学子获得全国优秀博士学位论文一篇、全国优秀博士学位论文提名一篇，并获得省级优秀博士、优秀硕士和优秀本科毕业设计若干篇。近三年来，学院学子陆续发表高水平学术论文千余篇，获批授权国家发明专利百余项，他们已成为学院科研队伍中不可或缺的生力军。

知识改变命运　勤奋成就未来

李洁，女，1995 年 11 月生，中共党员，食品与生物工程学院 2018 级硕士研究生。获校一等学业奖学金，校“三好学生”“优秀共产党员”“优秀学雷锋志愿者”等荣誉称号。参加“三国三校”国际学术研讨会、日本肠内菌群国际研讨会，共获省级荣誉 5 项。参与国家自然基金项目，发表 SCI 论文 2 篇，获授权专利 3 项。

筚路蓝缕　玉汝于成

1995 年 11 月 8 日，李洁出生在渭南的一个村庄，父母爱她如掌上明珠，希望她能够纯真善良、高尚无私。

小时候，李洁总是爱一声不吭地在院子里独自玩游戏，探索这个世界的种种欢乐。她六岁时，在一所乡间小学开始了求学之旅。在父母的启蒙教导下，李洁坚信知识改变命运，相信自己一定不比别人差。在学习时，她拿出了幼时玩游戏的专注力，遇到不理解的问题时，要么自己刻苦钻研，要么请教老师。

天遂人意，李洁以优秀的成绩进入了本地的初中，但很快她遇到了自己人生中的第一个困难。李洁小学期间没有学习过英语，面对 26 个英文字母，就连正确发音都难以做到，可她却没有望而生畏，止步于此。她将骨子里养成的倔强和不服输化为持久且顽强的意志。上课时，她聚精会神，目不转睛地紧盯着老师，老师每读一个单词，李洁便在底下小声读四五遍。课间，在其他孩子嬉戏打闹时，李洁会冲到办公室向老师请教英语发音问题。不仅是在学校里，放学回家后，她会自己学习音标，并且将老师每天讲的课温习三遍以上，她坚信勤能补拙，渐渐地，她成为班上的英语尖子生。身边每个人都赞叹这个孩子的刻苦，相信她未来必成大器。

就这样她步入了高中生活。时光流转，白驹过隙，李洁始终记着母亲希望她走出农村的殷切期盼。她自己也暗暗下定决心：一定要成为最好的学生，努力考上大学。刚进高中，一些同学固守着对农村学生的刻板印象，认为她老土而且学习成绩肯定不好，但是李洁不忘自己的学习动力，改变读死书的思维模式，讲求读书方法，劳逸结合。就这样，在高中班级里，她也逐渐成为尖子生，同学对她的进步大吃一惊，也看到了这个农村姑娘的坚韧。不少同学开始来向她请教问题，这让李洁明白了，努力学习不止可以改变自己的命运，也可以改变别人对自己的看法。

一以贯之　坚持不懈

高考的结束意味着李洁又将步入新的求学之路，面对并不理想的高考成绩，她不甘止步于此。她要继续刻苦读书，为自己创造更好的将来。但与以前不同的是，此时的读书已经由她的动力变成了她最大的兴趣，她是如此沉迷，近乎痴狂，仿佛读书已经成为她生命中的一部分，是引导着她的生命之光。深夜，室友游玩回来躺在床上时，李洁则从图书馆缓缓而归。在同学的印象里，李洁不是在学习，就是在去学习的路上，她总是沉浸在知识的海洋里，沉浸在书本的奥妙内。

在汲取知识的同时，李洁也清楚地认识到大学是一个锻炼能力最好的场所，所以她主动加入学院和学校的社团，希望能够锤炼自己。在参加社团活动时，她依然保持着勤能补拙、刻苦奋进的品行，努力做好社团的每一项工作，赢得了社团内成员的一致赞叹。当然，前进是永无止境的，她意识到自己在英语口语方面的欠缺，在学校向他人请教，参加英语口语培训，参演英语话剧，积极和外教进行口语对话训练，这些为她日后优秀的口语能力打下了良好的基础。

进入大三后，李洁意识到书本的知识纵然是无穷无尽的，但是大学是一个练习实际操作、不断探索的场所，此时的她认识到了实验的重要性，于是，她开始积极联系专业课老师，希望能够在老师的带领下“更上一层楼”。从图书馆到实验室，不变的是她那颗不断进取、努力学习的初心。

栉风沐雨　薪火相传

知识是无穷无尽的，李洁对知识的探求也是一如既往。为了能够更好地探寻知识，李洁默默地执行着自己的考研计划，拿出高考时的拼搏精神，最终进入了江苏大学食品与生物工程学院，开始了自己硕士研究生的学习之旅。然而研究生生活并不如想象中那么悠然惬意，一个接一个的任务和目标迫在眉睫。面对着截止日期的压力，李洁为了完成实验，不分日夜地奋斗在实验室，从一个实验室穿梭到另一个实验室。一天的实验结束后，她带着空空的肚子，拖着疲惫的身体晃晃悠悠走回宿舍，躺在床上还在回顾和思考实验内容。

千里马常有，而伯乐不常有。在江苏大学，李洁结识了一位深深影响了自己的良师——周兴华副教授。日常的实验过程中，失败是常态。李洁认为善于总结经验、分析出错的原因尤其重要。有时候花了几个月认认真真、一步一步做实验，到头来实验结果完全不符合常理时，内心的挫败与阴霾真的很难驱散。可是李洁没有放弃，反而积极和导师讨论改进方案，周老师总是适时给予李洁指导。在周老师看来，研究纵然需要天分，但是更需要李洁身上这种不服输的倔劲。

在日常科研之余，李洁带领她的科研团队积极参加“盼盼食品杯”“恒顺香醋杯”等一些与食品有关的创新实践大赛，她相信这样的比赛是对自己所学知识的综合考验，当然她也经受住了这样的磨炼。每一次参赛，她都收获很多，这收获不仅仅是赛事组织方所给的荣誉，更多的是对于自己能够在食品行业闯出一片天地的自信。同时，她始终渴望接触新的知识和研究领域，全面拓展自己的知识面。李洁多次参加国内外食品行业的学术会议，每一次的会议报告都让她有种醍醐灌顶的感觉。

硕士研究生的生活已告一段落，新的征途等待她去开启。李洁知道未来的路还很长，需要不断努力奋斗。面对即将到来的博士研究生生活，她会继续保持，继续努力，继续进步，继续突破。

导师寄语

李洁同学思想要求进步，学习目标明确，具有较强独立思考问题并解决问题的能力。她用才智和学识取得今日的成绩，让老师以她为荣，望她继续以明智和果敢接受未来每一天的挑战，描绘出更加多姿多彩的人生！

食品与生物工程学院副教授 周兴华

以梦为马，不负韶华

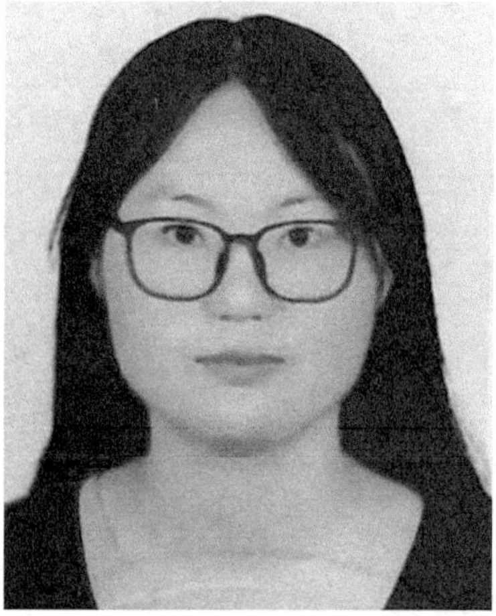

王丽，女，中共党员，食品与生物工程学院 2019 级硕士研究生。获校一等学业奖学金，江苏大学节能减排竞赛三等奖、“丰岛”杯第六届中国传统食品创新大赛三等奖、中联重科杯第六届大学生智能农装国际创新大赛二等奖。发表 SCI 一区论文 2 篇和 SCI 二区论文 2 篇。

追风赶月莫停留，平芜尽处是春山。

——题记

Well begun is half done

初入大学时，王丽就为自己定下目标：要继续读研深造，不断充实完善自己。因此，她进入大学后就开始不断钻研专业知识，决心投身于科研，立志做自己心目中的“优秀研究生”。在日常学习中，王丽经常会给自己制定目标，有目标才会有动力，并且她会将目标分解成一个个小目标，再各个击破。在明确目标之后，她对未来也有了更明确的规划。“不积跬步，无以至千里；不积小流，无以成江海。”只有基础扎实，才能积累更多的知识。因此，在学习上，她勤奋刻苦，态度端正，课上跟随老师的教学思路，课后虚心请教，不懂就问。根据研究方向的需求，她积极主动去学习专业课程，在自己的努力下，也取得了不错的专业成绩。在学有余力的前提下，王丽也会参加一些社团活动及专业竞赛来不断完善自己，拓宽自己的知识面。学习需要循序渐进，要一步一步走出自己的脚印，不断提升自己的能力。大三第二学期，在课程实习期间，渐渐地，王丽察觉大学三年里掌握的知识还不能满足工作上的一些需求，个人的能力还不足以支撑起心中的理想。于是，她想考研，这是继高考之后的又一重大考验，她要为自己再拼一把。高考时，是全班都在奋战，大家互相搀扶，为理想而努力。而备战考研注定是孤军奋战。需要摒弃许多外界嘈杂的声音，需要早早去图书馆学习。其间，有些人跑着跑着，看不到希望，就停下了脚步开始另寻他路；而有些人则能一心向前，坚持到最后。王丽拼尽全力，竭尽所能，尽管这个过程很艰辛，但她还是坚持了下来，最终如愿考上了自己心仪的学校，选择了自己喜欢的专业。遇到困难时，她会一直给自己加油打气，坚信凡事有始必有终，不能半途而废。在连续几个月的复习中，偶尔她也会因为复习进度跟不上、效率低下，或者是生活琐事而感到压抑和烦躁。但是她明白，只有合理地将这些负面情绪发泄出去，及时调整好心态，才能早点把自己带回备考之路。经过一系列的调整后，她做事更加井然有序。她对学习的专业充满了热情和强烈的求知欲。她相信只要肯付出，就一定会取得令自己满意的答卷。有人说“优秀是一种习惯”。在王丽看来，坚持更是一种习惯，好的开始意味着成功了一半。

Learn to walk before you run

步入研究生阶段，科研工作是生活的主色调，查文献、做实验、写论文成为研究生的三条工作战线，以至于很多人都忽略了研究生的课程学习。但其实打好理论基础才是最重要的，这是以后升学、工作和开展科研的基石。如果研一直接泡实验室熬时间，很可能一年下来还是一头雾水，技术倒是熟练了，但心里仍然没有形成体系，缺乏科研方向感。这些不是多读论文就能领悟的，公共基础课和专业课的学习能快速提高读论文的效率。关于如何平衡上课与科研，王丽也有自己的一套方法。英语课时最多，作业量最大，所以她每次会花 40~50 分钟写英语作业，并且每天花 15 分钟听英文新闻。数学课尤为重要，矩阵论和数理统计对工科来说不只是一门考试，更是一门基础课，这对后续开展科研是很重要的。因为食品无损检测需要很多数学理论知识，不认真学连论文都看不懂。在学习期间，王丽会在纸上罗列出自己不懂的地方，然后通过翻阅资料并向身边同学请教来进行完善。总体下来，她一周有将近一半时间都花在上好专业课和做好作业上，剩下的时间就可以“沉浸”在实验室，和导师讨论研究方向，读文献，做实验。在实验中遇到难点，导师会耐心教导，分析存在哪些不足，也会鼓励她继续加油。在导师的指导下，她的自主学习能力得到了很大的提升，取得了较好的成绩。

Success belongs to the persevering

在平时的学习生活中，王丽从不轻言放弃，坚信“坚持就是胜利”，一直保持认真的学习态度。在研一上学期，她跟随导师做一些项目实验，积累了一些实验经验，然后在研一下学期正式开始做大论文的第一章实验。她的实验主要偏向材料方面，一开始很多实验步骤和细节她都不是很明白。记得在第一次进行合成上转换纳米材料实验时，早上 8 点，她就出现在实验室，开始为合成上转换纳米材料做前期准备，到晚上 10 点，才从实验室离开。就这样日复一日，可是努力和坚持没有铸就成功，王丽的实验失败了。但是她并没有气馁，开始查找文献，并和课题组的师兄师姐们讨论失败的原因，再一遍一遍地重复实验。大概经过十几次的失败和总结后，她终于成功合成了材料。有了前期的积累，后面实验的优化和验证做起来就容易很多。在几个月的努力下，她完成了第一个实验。有了实验结果，王丽便开始撰写论文，并在两个月时间内完成了初稿。当她兴高采烈地拿出初稿给导师过目时，得到的反馈却是“怎么完全照搬别人的文献呢”，听到这句话，她心里既忧伤又痛苦，毕竟这份论文初稿也是她看了很多文献才撰写完成的。难过归难过，论文发表出去才是最要紧的，在痛定思痛后，她又潜下心来认真修改论文。经过一个月的沉淀与打磨，最终她的文章发表在了 *Food Chemistry* 上。论文被接受的那一刻，喜悦之情溢于言表，付出终于得到了回报。但是她并没有因为这一次成功而松懈，而是更加刻苦和努力。目前王丽已发表 SCI 论文 4 篇，申请国家发明专利 2 项，申请国际 PCT 专利 1 项，完成科研立项 1 项。在研究生的学习生涯中，她学到了很多，学会自主学习和独立思考，学会与他人合作，学会不轻言放弃。

回顾研究生三年，王丽在各方面都取得了不错的成绩，但是她并没有恃才傲物，而是清楚地知道自身的不足，正视并且愿意改变自己的缺点。面对未来，她将继续保持积极的心态，努力进取，奋力前行，做一名积极向上的有为青年，为科研献力。

导师寄语

王丽同学踏实勤奋，善于钻研，乐于助人，研究生期间主要开展了食品品质的近红外光谱检测、显微高光谱成像检测、纳米荧光检测相关工作，平时协助导师参与各种项目，具有较强的集体意识和团队协作能力。希望王丽同学在今后的工作和生活中用智慧、胆略和毅力，开辟出属于自己的天地。

食品与生物工程学院副教授　欧阳琴

汗水挥洒青春，做最好的自己

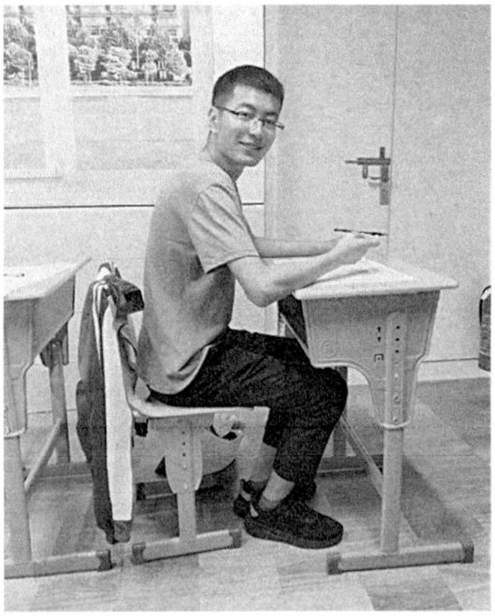

刘超，男，1995 年 5 月生，共青团员，食品与生物工程学院 2018 级硕士研究生。获国家奖学金、校一等学业奖学金，江苏大学“优秀研究生”“优秀毕业生”称号。以第一作者身份发表 SCI 一区论文1 篇，以第二作者（导师第一作者）身份发表 SCI 论文 4 篇，其中一区 2 篇，二区 2 篇。申请发明专利 1 项。

梦想 · 起点

刚进入江苏大学时，刘超有些彷徨，他对自己接下来的目标并没有一个清晰的认知，心中仍有对未来的担忧和对新环境的紧张。在他对科研懵懵懂懂的时候，导师张文找到了他。张老师语重心长地对他说：“研究生和本科生的差别还是比较大的，不管是学习内容，还是学习方法，抑或生活节奏。比如本科生可以拥有长达几个月的寒暑假，而研究生的寒暑假都是在实验室与工作室里度过的，没有一定的付出就没有相应的回报，你要做好角色的转变，理解研究生的学习模式，适应好江苏大学及工作室的生活学习环境，更好、更快地进入状态，开展科研学习与实践。”

在跟导师交流后，刘超不再迷茫，他感觉科研的大门正在他的眼前被缓缓拉开。同时，张老师还引导刘超在新生阶段就要做好三年的学习计划，设立几个现阶段目标和长期目标。于是，他花了几天时间思考，确定了自己的目标。现阶段的目标是课程学习，保证研一阶段的课程学习成绩在 80 分以上，因为只有夯实好基础理论知识才能在后续的科研道路上越走越远，越走越稳。长期目标是在研一结束时发表自己的第一篇小论文，在研究生学习结束时可以发表 3 篇论文。

追梦·探索

确定目标之后，刘超便动力十足，在研一开学后的两个月里阅读了大量的文献。文献来源很广，有导师的博士论文和已发表的文章，有工作室师兄师姐的博士论文及他们推荐的文章。阅读文献当然不能仅局限于自己周边的小世界，但是可以以此为出发点，因为每篇文献都有一定量的参考文献，通过引用就会把一个研究领域里的优秀文献串起来。经过一段时间的文献阅读，刘超对电化学检测这一研究方向有了一个大概的认知，下一步就是要找一个切入点开展自己的科研。当然在论文选题、实验设计的过程中，刘超也遇到过很多困难。那个时候的刘超不知道如何设计一个严谨的实验方案，在这个过程中导师给予他很多帮助，他们一起讨论研究，从选题的意义出发，分析当前的研究现状，从中找出尚未研究的空缺。刘超发现当前的农残检测手段还较为传统，一般以大型仪器检测为主，不适用于现场快速检测。他决定将电化学检测技术运用于农残检测，开发出方便、快捷的检测方法。

研究生一年级，面对大量的课程和烦琐的实验，刘超感觉到了双重的压力。那个时候的他心中也萌发过放弃的念头，但是一想到自己定下的目标，又有了无限的动力。他开始利用课余时间提高自己的英语能力，同时学习一些必要的软件和程序，将自己的大部分精力投入科研探索之中，这样才能事半功倍。他开始学习 EndNote、Mendeley 等文献管理软件，为后面自己阅读和写文章打基础。

他认真学习专业知识，上课时认真听讲、做好笔记，积极思考并回答老师提出的问题。在课余时间他积极投入科研，并且参与了三项国家重点研发课题，在完成项目的过程中，他广泛查阅资料和文献，敢于探索和敢于拼搏的精神在整个项目的研发过程中起到了很大的作用。同时，这些项目的历练也使刘超的能力得到了质的提升。首先是中英文的文字表达能力，这都是在一次次修改论文、申报书、结题报告中慢慢提升的。其次逻辑思维也在发现问题、分析问题、解决问题的过程中得到了很好的锻炼。进入研二后，在没有了课程压力的情况下，刘超把自己的全部精力都投入科研。他每天坚持阅读文献并整理文献的笔记，按照文献内容有根据地设计实验方案，寻找实验创新点。在这个过程中，刘超充分发扬不懂就问的精神，积极向师兄师姐请教。在师兄师姐的帮助下，他收获了很多科研知识和经验，完成了自己的实验方案。

坚守·幸福

研究生三年中，刘超经常参与学校组织的学术活动，在科研和学习方面都取得了丰硕的成果，并获得了江苏大学优秀毕业生和校级优秀研究生等荣誉。虽然取得了较突出的成绩，刘超并没有改变自己的初衷，仍在为科研努力奋斗。研究生生活是苦累且充实的，但成长也是很迅速的，这其中有专业能力的提升，更有内心的成长。研究生生活给刘超带来的最大收获可能就是内心变得更强大了，面对失败能够更加坦然，不轻易放弃并且越挫越勇。今后不管遇到什么风浪，他都会勇敢直面，不断地提升自己，充实自己，力争在激烈的社会竞争中积极进取，去迎接更大的挑战。

“我们每个人有自己想要的生活，都想自己能过得轻松，过得快乐，可是我们中的绝大多数人，都是那个在雨中没有伞的孩子，必须努力奔跑！只有你拼命往前跑，才不至于被梦想甩下太远。”这是刘超的人生信条。天行健，君子以自强不息。相信今后的人生道路上，他会成为他理想中的那个人，努力奔跑到达山顶，绽放出自己的光芒。

导师寄语

三年的时光就这样匆匆而过，一路走来，挥洒的是汗水，收获的是知识，留下的是脚印和完美的回忆。似水流年，有些记忆会慢慢淡去，但在我心中，刘超同学永远是最优秀的。毕业之际，我祝福并期待你将来学有所成，创造伟业，为母校争光，在你即将扬帆远航的时候，请记住我最后的叮咛：带着严谨与勤奋求学，带着正直与善良做人，带着温暖和爱心生活！

食品与生物工程学院副教授　张　文

快乐科研，砥砺前行

甘子玉，女，1997年11月生，中共党员，食品与生物工程学院2019级硕士研究生。获校学习优秀一等奖学金，校“优秀共青团干部”“江苏大学食品与生物工程学院优秀研究生”称号。以第一作者身份发表SCI一区论文3篇，以第三完成人身份获江苏省“互联网+”大学生创新创业大赛三等奖。

真正的强者，善于从顺境中找到阴影，从逆境中找到光亮，时时校准自己前进的目标。

——题记

快乐科研，争取做一名出色的科研工作者，一直是甘子玉追求的。她努力追寻着自己的目标，将科研贯穿于整个大学生活。

科研，从心而为

高考是一个改变命运的时机，殊不知，考研亦是。从高中的紧张生活一下转变到大学的放松姿态，甘子玉顿时忘乎所以，浑浑噩噩过了两年，看着以前的高中同学都有了自己的目标，周围同学也找到了自己的兴趣所在，她幡然醒悟，现在的人生并不是自己想要的，她发觉读书才是最适合她的道路，读研或许是一个不错的选择，也许以后能为国家及科研贡献一份力量。醒悟后的她开始认真学习，每天坐在教室最前面，积极与老师互动，考前认真复习。大四的时候，甘子玉成功拿到了本校的保研名额，成为本校邹小波老师课题组的一名“准研究生”。但是，成为“准研究生”并不意味着放松，相反，这才是奋斗的开始。许多同学从一开始就没有想好为什么读研，凭感觉随波逐流，仅仅为了那一纸文凭。事实上，这并不是一个好的想法。研究生与本科生不一样，研究生生涯需要有明确的科研目标，需要有吃苦耐劳的精神，特别是有较好的心理素质，因为每一次失败，都是突破自我和挑战自我的机会。在考研前需要认真反问自己：为什么读研，读研对自己有帮助吗，能在读研中找寻到快乐吗?

科研，迎难而上

确定好读研的明确目标，剩下的就是努力奋斗，大四下学期，甘子玉便进入实验室学习，在师兄师姐的帮助下学习了仪器的使用，在师姐的指导下完成了毕业论文实验。半年的实验室学习，让她对科研有了初步的了解，也让她对科研产生了浓厚的兴趣，立志要发表一篇优秀的论文。本科毕业后她没有浪费暑假时间，而是抓紧时间做科研，留在课题组学习，通过查阅文献自主拟定了一个研究方向。由于提早进入实验室学习，研一刚开始，她便着手独立进行自己的实验，同时研一的学业她也没有落下。研一刚过几个月，带领她做实验的师姐成功申请了国家公派出国一年交流。师姐告诉她，研究生不能懒惰，要认真做科研，争取研二把实验都做完后申请出国。由于师姐出国深造，实验上很多难点都需要自己解决，因此甘子玉意识到独立科研的重要性，不能把希望寄托在别人身上。她越干越勇，不断鼓励自己，别人能办到的事自己也可以。于是她开始借助网络和图书馆，一点一点去克服科研中遇到的难题。

由于实验方向偏向于化学和材料方面，课题组的同学都不是很了解，从最开始的实验画图到数据处理分析，再到实验原理验证，都需要靠她自己完成。实验过程很艰辛，因此只要实验中取得了一点结果她都会开心很久。研一下学期甘子玉便完成了第一个实验，开始撰写第一篇论文。万事开头难，她无数次想要放弃又无数次鼓励自己，不管多么艰难，总要写出初稿，有了初稿才会有第二稿和最后投稿的版本。还记得刚写完论文初稿时，甘子玉兴高采烈地给导师和师姐过目，却被他们狠狠地批评了。他们指出了文章中的许多问题，小到文章中的标点符号错误，大到思维逻辑混乱。她难过、委屈、自卑，但她没有气馁。她知道老师和师姐的批评是为了帮助她提升水平，应该理性对待，不要抱怨。在师姐的耐心指导下，甘子玉花了两个月时间完成了论文的修改并开始投稿。每当稿件被拒时，她又陷入了自我怀疑状态：“难道自己做的东西很差劲吗？努力了一年都白费了？我是不是不适合做科研？”师姐安慰道：“论文被拒是很正常的事，这个期刊不行就换个期刊，要相信自己！我们都是这么过来的呀。”

在更换投稿期刊之后，甘子玉的论文被顺利送审了，但是一个月后收到的审稿意见却让她十分为难。师姐说：“这些问题得自己看文献解决，一些审稿人的问题很刁钻但也必须得百分百重视，并且认真回答，因为你离成功发表文章就差最后一步。”拿到审稿意见的那一周，甘子玉基本上没睡好觉，闭眼都是审稿意见。在高强度、高压力的状态下过了三周，她终于完成了对审稿意见的答复。功夫不负有心人，返回审稿意见一周后她就收到了接受论文的消息，终于成功发表了一篇影响因子为 7.1 的一区论文。论文被接收的那一刻，她的喜悦之情溢于言表，她突然觉得发表论文好像也并不是那么难，自己不都挺过来了吗？付出终有回报。

科研，永无止境

从研二开始，甘子玉便开启了早上 8 点半去实验室，晚上 9 点半回寝室，宿舍、实验室、食堂“三点一线”的生活。她经常告诫自己，一定要充分利用在工作室里的时间。她给自己制订了详细的每日计划，事无巨细，也正因此，她在研二上学期便完成了第二个实验，发表了第二篇 SCI 论文，研二下学期完成并发表了第三篇 SCI 论文。

成绩的取得离不开高度的自律和坚持。别人在工作室休息的时候，甘子玉在低头做实验或者在写论文，基本上不会在工作时间玩电脑和手机，她明确知道自己想要的是什么。剩下的一年时间里，甘子玉同样给自己制定了目标，准备发表一篇超一区论文和参加雅思考试，她说：“我们从同一个起点出发，只有你不停地努力，不浪费时间，才能超越他人。但也要知道，世界上永远都有比自己更优秀的人，永远都不要停止努力，完成一个目标还有下一个目标，要永无止境地向前进。”

三年科研生涯很快结束了，这三年甘子玉成长了很多，收获了很多，懂得感恩，懂得进取，她以一丝不苟的态度去专注科研，勤于思考、善于独立。未来的她将继续拼搏，不断进步，用奋斗书写人生，为食品安全事业做出更大的贡献。

导师寄语

甘子玉同学在科研方面做事严谨、十分刻苦，在班级工作中，身为班长做事负责。前路漫漫，希望她再接再厉，争取发表更多高水平论文，同时也希望甘子玉同学能锐意进取，继续为食品无损检测领域做出贡献！

食品与生物工程学院教授　邹小波

学无止境，勇攀高峰

杨永存，男，共青团员，食品与生物工程学院2018级硕士研究生。获研究生国家奖学金、校一等学业奖学金、江苏大学第十二届节能减排大赛三等奖，校“优秀研究生标兵”称号，发表SCI论文4篇。

梦想，可以天花乱坠，而理想，是我们一步一个脚印踩出来的坎坷道路。

——题记

坚定目标，投身科研

刚考上研究生时，杨永存刚刚完成了大学定下的目标，心中有些彷徨，对自己接下来的目标并没有一个清晰的认知。之后他怀着迷茫的心情来到江苏大学，心中仍有对未来的担忧和对新环境的紧张。面对科研，正当他不知所措的时候，导师欧阳琴找到了他。他是欧阳老师的第一个研究生，这也是导师和他的第一次谈话。在导师的开导下，他醍醐灌顶，感觉自己的科研大门正在缓缓打开。他确定了自己研究生的目标：用三年时间去探索，为科研而奋斗，解决目前食品领域亟待解决的现实问题。

有了目标之后，杨永存便有了动力，在研一开学前的两个月，他就来到了学校。在导师的帮助下他对自己的研究方向有了一个大概的认知，有了方向之后就开始大量收集文献，并且对它们进行分类整理。在这段时间里，通过阅读文献，杨永存对自己研究的课题有了一个更加清晰的认知。当然，在阅读文献的过程中他也遇到过很多困难，那个时候的他不知道怎么去读懂文献，怎么去找一篇文章的重点，怎么弄清楚文章脉络。在这个过程中导师对他的帮助特别大，欧阳琴老师耐心帮他解决了这些困惑，让他度过了阅读文献最难的一个时期。

人生在勤，不索何获

研一开学之后，面对大量的课程和烦琐的实验，杨永存感觉到了双重的压力。当时的他心中也萌发过放弃的念头，可是当他想到之前给自己设置的清晰目标时，又有了无限的动力。他给研一的生活做了一个规划，首先，在研一阶段要将基础课程全部学完，并且顺利通过考试。之后利用课余时间学习如何检索和阅读文献，提高专业知识水平，并且学习一些必要的软件和程序，之后再将大部分精力投入科研探索之中，这样才能事半功倍。在给自己订下计划之后，杨永存便开始了刻苦的学习。在研一一年的学习中，他始终坚持一句格言："不放弃努力本是我的任务，在现有的基础上争取再争取更是我的职责。"

课余时间他积极投入科研，并且参与了两项国家重点研发项目。在完成项目的过程中，他广泛地查阅资料和文献，凭借自己敢于探索、敢于拼搏的精神，在整个项目的研发过程中起到了很大的作用。

然而，现实总是充满障碍和困难。就在他做好各种准备，要开始实验的时候，却被困在了制备纳米材料这一实验环节中。他认真学习专业知识，刻苦努力，上课时认真听讲做好笔记，主动思考并回答老师提出的问题，很快就具备了一定的理论知识。在经过多次的反复实验后，他发现纳米材料的形状总是偏离预期的设想。其实这个问题也一直困扰着工作室其他的同学，大家也都尝试过解决这个问题，但是均没有明显效果。又因为形状对实验本身的影响在可以接受的范围，大家索性也就不再追究这个问题。但是，杨永存没有忽视这个问题，因为他发现一个好的纳米材料形状可以提升整个实验的质量，甚至影响论文的水平。因此，他投入大量时间和精力，想要好好研究一下这个问题，并且总结他们所尝试的各种方法及实验结果。他不断查阅各种文献，探索每个实验步骤的原理及影响，这一探索就是一个多月。最终，在不懈坚持下，他成功做出了理想的结果，这也让同课题组的其他同学不再被这一问题困扰。人生在勤，不索何获。经过不断的科学实验，最终杨永存发表了四篇SCI论文并且申请了一项发明专利。在学校的评优评奖中，他也获得了学习优秀一等奖学金及国家奖学金等。

坚守初心，敢于创新

在校期间，杨永存经常参与学校组织的学术活动，并且获得了江苏大学第十二届节能减排大赛三等奖和校级优秀研究生等荣誉。在专业课程的学习上，他学习目的明确，刻苦钻研，根据自身研究方向的要求，有针对性地选修相关核心课程，为自己的科研工作打下扎实基础。课余时间他会阅读大量关于自身研究方向的国内外文献。在平常的实验中，他会不断学习与积累科研实验能力。

在三年的研究生学习期间，他不断努力拼搏，在科研和学习方面都取得了不错的成绩。在导师的指导下，他积极参与各项教学科研活动，参与科研项目四项，使自己的理论知识与实践水平得到了进一步提升。

“我从不相信什么懒洋洋的自由，我追求的自由是通过我的勤奋和努力去攀登更高更多的高峰，去寻找更加璀璨的未来，那样的自由才是我追求的有价值的自由；我相信勤能补拙，我不相信没有努力的成功；我相信严于律己，努力拼搏，我不相信懒散也能获得辉煌的成就。”杨永存用他的信念和努力诠释了什么是天道酬勤、勤能补拙。

导师寄语

在杨永存同学三年研究生生涯中，我见证了他一步步成长，相信这些经历和积累都将成为他人生道路上的宝贵财富。希望杨永存同学以后在工作和学习中继续保持一丝不苟的态度，争取取得更好的成绩。

食品与生物工程学院教授　欧阳琴

怀求索之心　筑科研之路

胡洋，女，1997 年 10 月生，中共党员，食品与生物工程学院 2019 级硕士研究生。获校一等学业奖学金、校“优秀研究生”荣誉称号。作为第二作者（导师第一作者）发表 SCI 论文 2 篇，公开国家发明专利 1 项，申请江苏省研究生实践创新计划 1 项。

上大学前的胡洋并不是老师和同学们眼中的“优秀学生”，她从未获得过诸如“三好学生”这样的荣誉称号，但她一直都认为，人生就像是一场长跑，学习更是终身的事，不用太在乎眼前的成就，只要不放弃，坚持下去就会有收获。当得知自己获得江苏大学一等学业奖学金时，胡洋同学更加坚信只要付出就会有回报，她知道这份荣誉包含着过去一年自己在实验台上挥洒的汗水，也包含着对自己在科研路上无悔付出的肯定。当然荣誉已是过去式，胡洋会继续怀着求索之心，全身心地投入科研实验之中，在科研道路上朝着自己的人生目标一步步前进。

小荷·初露头角

进入大学校园后，胡洋仿佛来到了新的世界，大学生活多姿多彩，同学们都多才多艺，这里尊重个性，大家都能够在更大的舞台上崭露头角。她从小练习书法，一手笔走龙蛇的好字让她充满自信。她鼓起勇气参加了学生会和社团联合会的面试，并顺利通过，还在部门里认识了更多的同学，性格也从沉默变得开朗。凭借在部门中不错的表现，一年后，胡洋成功留任，兼任副部长和协会会长。

本科时期的胡洋不仅策划组织了丰富多彩的学生活动，还能平衡学业与工作的关系，每个学年都获得奖学金。胡洋还深入接触与食品专业相关的创新实践类比赛，她和同学一起参加了第二届“恒顺香醋”杯全国校园新品创意大赛，获得了优秀奖，同时加入学业导师的课题组，参与大学生科创项目并成功结题。胡洋不仅在学习和学生工作等方面努力上进，还积极向党组织靠拢，成了一名中共党员，在此过程中，她更加意识到自己的责任和担当，确立了科研报国的志向，下定决心为中华民族的伟大复兴和国家的繁荣富强做出贡献。

求索·遇到良师

当胡洋刚刚踏上科研求索的道路时，她曾充满迷茫与无助，特别是在研究生的第一年，胡洋只是被动地接受一些专业知识。在与课题组的师兄师姐沟通过后，她根据课题组研究方向的要求，有针对性地选择了一些核心课程进行研读，为自己今后的课题实验打下基础。她还选择了文献检索、知识产权等一些对未来论文和专利撰写有益的课程，这些课程开阔了她的视野，让她对课题组研究方向的应用背景及整个学科的结构有了宏观的认识。

在胡洋有条不紊地进行课程学习的同时，导师张磊副教授也让她慢慢地接触文献综述的写作。其间导师为她提供了许多专业方面的研究资料，胡洋在认真研读相关的文献资料后一扫之前的迷茫和不自信，坚定了自己在求索道路上的前进方向。在与张老师的沟通过程中，张老师不仅监督胡洋的科研进展，也会和胡洋交流自己过往的成功经验和最近的科研想法，这让胡洋受益匪浅。在张老师的帮助下，胡洋在第一个学年就成功申请了一项专利，并且凭借较为理想的学习成绩，获得了江苏大学一等学业奖学金和校“优秀研究生”的荣誉称号，还在江苏大学中外研究生学术论坛上进行了墙报展示。

导师给予胡洋的帮助不仅体现在专业知识的学习上，还体现在日常生活的关怀中。有时候胡洋会因为忙于实验而顾不上吃午饭，张老师会贴心地给她买来午饭或者带来牛奶饼干，这让胡洋因实验产生的疲惫沮丧感瞬间消散，做起实验来也更加精神。每逢开组会，张老师也会带来零食和水果，缓解大家的紧张焦虑，从而放心大胆地交流最近的想法，良好的组会氛围让大家能够畅所欲言。平等互助的组内关系和互相督促的良性循环使胡洋在科研的道路上越来越自信，每当科研遇到问题时，她的第一反应不是沮丧消极，而是积极地去思考解决方案，因为她坚信没有解决不了的问题。张老师对于每件事认真的态度也深深地影响了胡洋，让她知道试验方案的每一个设计都有其存在的意义，并在科研中要更注意细节的把握。在这样一位良师益友的帮助下，胡洋逐渐发现了科研的魅力，并开始独立承担起自己的科研课题。

逐鹿 · 奋斗不止

刚开始做一个全新的课题时，胡洋还是个刚入门的“菜鸟”，她对自己的研究方向不够了解，尽管阅读了大量的英文文献，但她只知道照搬模仿别人已有的科研道路，写出的实验方案始终不让人满意。张老师的一番话让她知道了是自己的认知局限了思维，科研的本质是发现问题，然后想办法去解决问题。为了帮助胡洋理解科研的本质，张老师讲了个故事：现在地上有块大石头需要被搬到筐里，有人说可以多找几个人一起把石块抬进筐里，也有人说找一个大力士直接把石块放入筐里，这些都是大多数人能想到的方法，但前一种方法耗费人力，后一种方法的局限性在于搬得动大石块的大力士没有那么容易找到。而根据初中物理所学滑轮组可知，定滑轮可以改变力的方向，动滑轮可以节省力气，因此通过制作一套滑轮组便可以让一个人提起大石头将其放入筐内，既节省人力又省去了找大力士的烦恼，方便高效。在刚才的讨论过程中，搬石头的问题变成了滑轮组的设计问题。其实，科学问题就是用背后的原理解决问题，不是单纯地找一些实验来证明现象，而是需要围绕研究的关键来设计方案并解决。在张老师的这番解释后，胡洋才知道自己之前一直在研究课题的门外徘徊，而且最初的思路有本质错误，于是她很快纠正了自己的思想误区，开始设计自己的实验方案，课题也得以顺利进行。

在埋头做实验的同时，胡洋也深知开拓学术视野的重要性。在导师的支持下，胡洋前往江南大学参加了第六届食品干燥国际学术研讨会暨第七届航天营养与食品工程研讨会，研讨会上她见到了食品行业许多优秀的科研专家和院士，还有各个高校自信又专业的同龄人，这让她鞭策着自己一定要在科研报国的道路上奋斗不止。通过自身不断的努力，以及与师长同门间的探讨交流，胡洋在两年内发表了 2 篇 SCI 论文，授权 1 项发明专利，并成功申请江苏省研究生实践创新计划项目 1 项。

在读硕士研究生的这两年，胡洋一直怀着求索之心，查阅文献资料、综合分析的基本素质不断提高，书面表达的能力稳步提升，独立思考和研究能力有了很大进步，从学业到科研实验再到个人素质，都得到了充分的培养和锻炼，相信这些经历和积累都将成为她科研之路上的宝贵财富，也对她未来的发展大有裨益。

导师寄语

胡洋同学在自己的实验课题上，总能表现出浓厚的兴趣，不但积极主动去尝试，还善于总结归纳，敢于转变思维，独立解决实验过程中所遇到的难题。她学习能力非常强，文章写作能力也十分突出。同时，她积极与国内外的研究机构进行学术交流，拥有开阔的学术视野。希望胡洋在接下来一年的学习中，保持之前的工作状态和科研热情，取得更多的科研成果！

食品与生物工程学院副教授　张　磊

平凡女孩逐梦科研

李君奎，女，1995年4月生，中共党员，食品与生物工程学院2018级硕士研究生，曾担任食品硕1802班班长。获校一等学业奖学金、杰文奖学金，获校“优秀共青团干部”、校“优秀共青团员”等荣誉称号，发表SCI论文2篇，受理专利2项，发表国际学术会议论文1篇，主持江苏省研究生创新实践项目1项。

走出大山

2014年9月，李君奎扎着高马尾，拖着帆布袋，带着人生中第一部智能手机，来到离家千里的地方开始了大学生活。初来乍到，一个人，陌生的城市，陌生的角落，陌生的夕阳映射着这个乡下女孩儿的孤独。土气的穿着，蹩脚的普通话让她显得格格不入。因为自卑和胆怯，她也曾在夜晚独自落泪。夜深人静的时候，李君奎幻想着如果选择了离家近的城市，如果选择了提前批的录取，那么现在别人的欢声笑语是否也会有她一份。

作家安东尼说过，无论经历了怎样的泣不成声，一觉醒来，这个城市依旧车水马龙。是的，天不渡人人自渡。是大山里天生的韧劲和不服输的精神唤醒了李君奎，是想走出大山不辜负美好青春时光的信念让她觉醒。既来之，则安之，即使做不到最优秀的，至少也可以努力做一个合格的学生。正是这种信念让她摒弃过去，勇敢向前。高中时期的李君奎，成绩在班级里名列前茅，而在人才济济的大学她是如此普通，她知道自己需要摒弃过去所谓的“三好学生”的优越感，还要摒弃来自乡村的自卑感，尽快地融入大学生活。于是，李君奎开始在这陌生的地方留下自己的脚印，开始迈开追逐青春的脚步。

李君奎始终坚信，生命终是一场不可逆反的旅行，沿途的花朵需要自己浇灌才能绽放。她每天第一个到教室，永远坐在第一排，认真学习课程知识，连续三年都获得了学业奖学金；她靠着一副“大嗓门”赢得同学和老师的信任，担任了班级团支书一职，后来还竞选成为院学生会副主席、江苏大学菁英学院学生工作部部长，果断而又成熟的工作风格得到了周围人的一致好评。为了纠正带有“川普”的口音，李君奎经常在晨间朗读VOA的新闻广播稿，还积极参加演讲比赛，无锡珍爱健康演讲比赛江苏大学校区一等奖便是最好的证明。经过四年的洗礼和沉淀，李君奎不再是当初进校时那个自卑腼腆的姑娘，现在的她落落大方，谦虚温和，遇事沉着冷静，敢于表达自己观点。在李君奎考上本校的研究生后，她知道这是大学时光给她最好的馈赠，她也终于实现了自己走出大山的愿望。

投身科研

大学的时光练就了李君奎的坚毅与不服输，因为在她的意识里从来就没有她比别人差的思想。在研究生生活里，由于对未来缺乏规划，李君奎在看似匆忙的日子里却是无比的迷茫，只好设定一个个小目标来完成，如获得学业奖学金。在有了这样一个小目标后，李君奎努力提升在研究生阶段的学业成绩，积极参加各种比赛和活动，顺利地在第一学年获得了一等学业奖学金，并申请到了一项江苏省研究生创新实践项目。

李君奎始终相信自己想要的要靠自己争取，即便过程中充满了艰辛，但最后收获的果实却是甜蜜的。研究生生涯不总是一帆风顺的，面对一个全新的课题，李君奎显得有些无所适从。当她在开题答辩期间面对老师的提问而无法回答时，她开始怀疑自己是否能够独当一面，自己是否适合做科研。屋漏偏逢连夜雨，在李君奎一无所成的日子里，疫情不期而至，此时的她，刚刚完成开题，创新实践项目纹丝未动，毕业小论文还未见雏形。李君奎痛定思痛，只能在黑暗中寻找出路，她开始在家里按照学校的作息时间研读文献，同时撰写大论文的绪论及实践项目的综述文章，并学习数据处理软件。在几个月的独自探索后，回到学校的李君奎正式进入研三的角色，她一边修改综述，一边确定实验方案，每天晚上在工作室待到十二点，因为疫情无法进出校园的苦闷，熬论文的苦闷，实验不顺利的苦闷，让她在某些时刻流下不争气的眼泪。但李君奎也知道没有人能替代她完成这些工作，她咬咬牙又重新进入学习状态。在此过程中，导师的及时指导和同门师弟师妹们的帮助，如一场及时雨支撑李君奎度过了科研瓶颈期，使她在秋季学期末如期完成了大论文的初稿。

坚定科研

江大春天的景色十分美丽，然而李君奎却无暇欣赏，她开始到处参加招聘会，参加电话视频面试。起初，她想再等一年，争取考“双一流”高校的博士，或是报考公务员或事业单位，但是李君奎一想到父母含辛茹苦养她 25 年，无论如何，必须先找到一份工作养活自己。凭借着本科的家教经验及多年学生干部的经历，李君奎收到了南京新东方高中物理教师的 offer，这是一份年薪不菲的工作。正当李君奎准备放弃自己的所学专业投入教育行业时，本校考博结果出来了，她考上了江大的博士。在经过一番认真考量后，李君奎最终决定放弃新东方的教职，继续她的学业，攻读博士学位。历尽千帆，李君奎还是那个善良又淡然的大山姑娘，仍如以往青涩可爱，但也因为经过磨炼能够独当一面。

李君奎，一个从大山里出来的姑娘，一个平凡得不能再平凡的姑娘。她的学业生涯不算顺畅，好在每一次她都全力以赴，而且生活中爱她、支持她的亲人和朋友永远在她身后，让她得以眼里有光，光里有爱，得以良善之心对待一木一草，得以淡然之志看清起起落落。前路也许坎坷，但她依旧如她，如生养她的大山般坚毅，如成荫的大树般良善。

导师寄语

三年的时间里，我见证了李君奎同学学习能力、逻辑思维能力及语言表达能力的提高，同时她亦具备较强的独立思考能力、动手能力、团队合作能力和集体荣誉感。希望她在以后的学习和工作中发扬年轻人的精气神，一如既往奋斗向前！

食品与生物工程学院教授　孙宗保

坚定信念，为梦高歌

魏晓鸥，1997 年 7 月生，食品与生物工程学院食品科学与工程专业 2019 级硕士研究生。获校一等学业奖学金，获校“三好学生”及江苏省“三好学生”等荣誉称号。以第一作者身份发表 SCI 一区论文 1 篇。荣获 2020 年第十届“星光杯”三等奖、第六届江苏省“互联网+”三等奖，食品与生物工程学院 2020 年“互联网+”比赛一等奖。主持江苏大学第十九批科研立项 1 项并成功结题。

研究生期间的学习与科研，是获取知识与交流情感的渠道，是魏晓鸥成长中不可缺少的一项重要内容。她通过阅读、观察、思考、研究、实践等途径获得知识，坚定信念，研究生生活也因此充实而精彩。

坚定信念，目标清晰

魏晓鸥同学为江大本科保研学生，并选择了硕博连读。对学习一直保持热情的她，深知自己的兴趣与目标就是继续从事学术研究，因此她不断朝着自己的目标努力。本科期间她保研的目标达成后，在大四就提前联系导师，如愿进入邹小波老师带领的食品无损检测课题组，跟随博士师姐做实验，开始了真正的科研生活。研一的课程还是很多的，硕博连读的课程包括部分硕士课程与一些博士课程。对于本科刚毕业的她来说，博士课程包含更加深入的专业知识，难度大了很多。但她没有退缩，难度更大的课程反而更加激发了她的学习热情，她课上认真做笔记，课下也会温习老师分享的课件，保质保量完成作业，最终以班级绩点排名第一的成绩拿到一等学业奖学金。

魏晓鸥一边学习课程知识，一边利用课余时间做实验。从本科的书本知识到做科学研究是一个跨度很大的转变，她发现做实验与学习理论知识相比要难得多，不仅要自己摸索方法，还要自己解决问题、寻找答案，在这个艰难的过程中她不免怀疑自己的目标、动摇原有的信念。虽然科研很苦，但是坚持很酷，她通过请教师兄师姐，自己查阅大量文献后一步步解决了问题，坚持不懈地在摸索中前进，逐渐找到了科研的乐趣和信心，也更加坚定了继续做科研的信念。魏晓鸥回首过往的科研生活，发觉其实最难的就是入门阶段。研究生首先要形成自主学习的习惯、自主思考的思维。特别是研一刚入门阶段，她跟师兄师姐们学习如何查阅、速读或精读文献，如何归纳整理阅读文献的笔记，如何查询、购买试剂，形成良好的习惯，这些都为今后的科研打下牢固的基础。

心之所向，以勤为径

经过一段时间的摸索后，魏晓鸥很快投入学术研究中，在师兄师姐的耐心指导下，开始潜心学习、夯实基础。由于刚入门，她对科研毫无概念，也不知道从何着手，于是一边协助师姐做实验，从中学习实验的基本操作方法，一边坚持每天阅读相关文献，了解食品无损检测技术的前沿进展。在阅读大量的英文文献之后，魏晓鸥逐渐掌握学术论文的写作思路、专用术语等重要信息，但同时她发现光靠阅读文献是不够的。如何在别人的实验基础上有所创新及如何实现想法，是一个困扰众多研究生的问题。于是她不仅阅读英文文献，还阅读硕博论文、去图书馆查找相关书籍，主动与师兄师姐、老师探讨，开阔自己的视野，逐渐拟定了实验思路。

科研是漫长而极其磨炼意志的，这一过程中总是会遇到或大或小的疑惑与难题。有时实验得到的结果与预期大相径庭，魏晓鸥不禁对自己的能力产生怀疑，甚至连在哪一步出错也分析不出来，只能在纠结与困惑中调整实验方案继续尝试。在很长一段时间里，实验室都有她忙碌的身影，尝试，失败，又尝试，实验记录密密麻麻写了一整本。经过不断地尝试和总结经验，最终她的实验得到了令人满意的结果。

在增补实验的同时魏晓鸥开始撰写小论文。第一篇英文论文的撰写总是令人印象深刻，她始终记得那篇论文修修补补在文件夹里存了十几个修改版本，然而发给老师改完之后还是被大段标红。经过一两个月的打磨后文章终于投出去了，但等待她的又是漫漫修稿路。她也曾因为思考审稿人提出的问题而难以入眠，也曾因为补做实验而错过午饭时间，但一切付出最终得到了满意的回报，最终这篇文章在 SCI 一区杂志上发表。

成功发表论文后，魏晓鸥又开始了下一个实验的探索——细胞实验，将无损检测方法与细胞实验结合运用到食品方面。由于所在的课题组未曾涉及细胞培养，魏晓鸥只能四处求教细胞实验的基本操作方法。涉足这一对于她而言完全空白的领域，她不得不战胜自己内心的胆怯与无助。一边将细胞实验的一整套工具配齐，一边设计文章思路、开展实验。由于毫无基础且不再有本课题组的师兄师姐帮助，魏晓鸥一面承受着实验进度十分缓慢的压力，一面感受到孤立无援的无助，在开始细胞实验的前大半年里都过得有些艰难。但魏晓鸥坚持下来了，能力有了质的提升，也变得更加独立。她意识到科研之路本就孤独，要熬得了夜、扛得了饿，也要耐得了寂寞，只有潜心探索、孜孜以求才能掌握真正的知识，获得丰硕的成果。

高标规划，精益求精

魏晓鸥给自己的定位不仅是一个兢兢业业的科研工作者，而且在其他方面也对自己有着较高要求，争取多方面发展。她在研一刚入学便竞选了班委，当选班级生活委员，积极协助其他班委和辅导员的工作。为了拓宽视野、广结好友，她加入了校权益部，参与组织学校举办的“3·15”活动，了解了消费者权益知识，认识了一群优秀的伙伴。魏晓鸥逐渐掌握协调工作与科研的方法，做到了在认真工作的同时又不耽误科研进度。在升入研二之后，她又积极竞选了党支部宣传委员，负责会议记录，协助党支部书记处理事务，积极向党组织靠拢的同时也提高了思想觉悟，全面提升自己的综合能力。她深知，科研不是生活的全部，适量的学生工作还可以调节紧张的科研生活。

研究生生活是苦累且充实的，在逆境中的成长也是很迅速的，其中有专业知识的提升更有内心的成长。研究生生活给魏晓鸥带来的最大的收获就是内心变得更强大了，能够坦然面对失败，不轻易放弃且越挫越勇。这份收获是弥足珍贵的，因为在未来的人生中不可预见的困难还有很多，并不是每个问题都能被解决，只有拥有一颗强大的内心才能做到遇事尽力去做、坦然面对结果，毕竟最重要的是认真努力且快乐地生活。

千里之行，始于足下，而人生最清晰的脚印，往往印在最泥泞的路上。科研的道路上离不开热爱与勤奋，未来的魏晓鸥将会继续在科研的道路上奋进，勤勤恳恳，踏踏实实做好科研，胜不骄，败不馁，不给自己的人生留遗憾。

导师寄语

魏晓鸥同学是踏实努力，热爱学习，接受新知识很快，做事严谨、认真负责。她不但主动去尝试，还善于总结归纳，敢于转变思维，基础知识和专业知识掌握得较好。希望魏晓鸥同学在之后的道路上能够继续发扬优点，一步一个脚印，不断成长，取得更好的学术成果。

食品与生物工程学院教授　邹小波

无奋斗　不青春

满娅星，女，中共党员，食品与生物工程学院食品科学与工程专业2019级硕士研究生。获校一等学业奖学金、院“优秀研究生”荣誉称号，发表SCI一区论文1篇。

没有比人更高的山，没有比脚更远的路。

——题记

在满娅星看来，青春是学习的季节，更是奋斗的岁月。在这段岁月中，每个人都不能停止前进的步伐，应该静下心来多读书，回头想想自己走过的路，为自己的人生做好合理规划，做一个脚踏实地、敢于创新、永葆热情的年轻人。

好习惯促成好开端

当满娅星迈入江苏大学校园正式成为一名研究生的那一刻，她就给自己立下了研究生阶段的目标：打好理论基础，做好文献积累。当有了一定的理论积累后再努力做实验，争取在自己的研究方向上有所突破，做一名自己心目中的“优秀研究生”。

满娅星认为良好的科研习惯是成功的前提。将科研做到位，让专业精神成为习惯，可以提高做事的效率。“有时候，好的‘强迫症’也是一种成功的因素，所以研究生要学会把自己的好习惯培养成‘强迫症’，这些好习惯能让做科研的我们受益终身”。满娅星认为，对于研究生来讲，虽然说科研不是生活的全部，但是能够做好科研，可以让自己这三年的生活过得非常有成就感！她坚信一分耕耘一分收获，时刻提醒自己端正学习态度。在研一的专业课学习中，满娅星坚持不请假，不早退，认真对待每一堂课，不放过每一个学习和研讨的机会。她认为只有学好理论知识，夯实工学基础，才能找到自己的兴趣点，找到真正适合自己的研究方向。渐渐地，坚持养成的一些好习惯确实让满娅星的学习轻松不少。在研一期末考试中，满娅星取得了优异的成绩，荣获校一等学业奖学金和院“优秀研究生”称号。

满娅星认为学问未必全在书本上，学好书本上的知识是远远不够的。所以，她在课余时间养成了主动阅读文献的好习惯。阅读文献，不仅让她了解研究领域内的最新科研进展，更让她对研究领域产生了浓厚的兴趣。满娅星说：“我觉得做一件事情，一定要先有兴趣。但是光有兴趣还不够，‘兴趣+信念’缺一不可。”勤奋努力、刻苦钻研，以及保持主动学习的兴趣和热情，为满娅星以后的科研打开了一个良好的开端。

好心态带来好结果

满娅星认为，一个人如果能保持积极的心态，乐观地接受挑战，乐观地面对人生，那么他就成功了一半。科研从来没有捷径，做实验失败是件很平常的事情，有时候做了两三个月还是没有成果，满娅星会想，“如果我现在放弃了，那么我前几个月的努力就白费了，我不甘心。已经尝试了很多次，也许明天再试一下就成功了呢，梦想总是要有的嘛”。有时候，满娅星取得了一个成功的结果，其背后往往是无数失败的试验。在实验的瓶颈期，特别想要放弃的时候，她会给自己放一两天假，调整心情。每次重新开始时，她都乐观地说这次会成功，因此她坚持了下来。当设备出现问题时，她努力克服不良情绪，向老师积极请教可能存在的原因。实验中当电泳结果不尽如人意时，她积极与老师探讨试验的修改方案，最终成功地制备出了乳铁蛋白微胶囊。在逐个攻克难关的过程中，她也明白了越是困难的事情，就越是有价值。

科研是一个漫长而又艰难的过程，如何理清思路，提高学习效率，最基础的工作就是有条不紊地整理文献。文献看起来枯燥乏味，见效慢，但满娅星总结为“一定要坚定信心，坚持不懈，平心静气，先制定小目标，然后耐心地实现每一个小目标，就会发现离大目标已经越来越近了”。根据研究内容和自己的理论薄弱点，满娅星阅读了大量贫血、缺铁性贫血、补铁剂、铁强化食品与补铁功能因子等方向的文献，同时做好归纳整理，提高阅读与写作能力，撰写了综述 *Iron supplementation and iron-fortified foods*：*a review*。这篇综述最终在国际著名期刊 *Critical Reviews in Food Science and Nutrition* 杂志上发表。回顾这段经历，满娅星说：“科研之路，道阻且长，一定要坚持住，坚信胜利终将来临。”这篇文章的成功发表也让她对后续的科研有了更加全面的把控。

赴全力确保不遗憾

一直以来，满娅星加入党组织的决心都未曾动摇过。研一刚入学，她就积极地向党组织递交了入党申请。平日里，她通过各种途径主动学习习近平新时代中国特色社会主义思想，坚持用先进的理论武装和提升自己的思想水平。她积极参加校院党校的各项理论学习，进一步学习党的各项方针政策，积极主动向党组织靠拢。行动上，她时刻督促自己、反省自己，严格遵守国家各项法律法规和学校的各项规章制度，主动承担困难复杂的事务和工作，坚持树立起一个自立、自强的典范。在实验室卫生安排等工作中，她总是积极主动，从不逃避、早退，主动承担起清理实验室、检查实验室的工作。她还热衷于志愿服务活动，利用暑期积极参加家乡居委会清洁路面与墙面的活动，倡议大家爱护环境。满娅星踏实肯干的工作作风，积极的工作态度和强烈的责任感，赢得了老师同学的一致好评。在品行上，满娅星待人诚恳，主动关心同学。她认为虽然有时候做科研略显枯燥，但科研的道路上并非一个人的旅行，相互陪伴、相互鼓励是大家前进的不竭动力和快乐源泉。每当身边的同学科研压力大时，满娅星都会主动帮忙疏导，关心他们，带动身边的同学共同营造一种昂扬向上的精神面貌。满娅星还坚持从各方面严格要求自己，积极和其他系部的同学交流学习，取人之长补己之短，对自己的缺点加以改进。经过不断考察，满娅星被党组织接纳，成了一名光荣的中共党员。身份的转变，让满娅星继续鼓起了勇气、提起了精神，给自己找榜样，向身边优秀的党员同志学习。

开心地科研，快乐地毕业，相信是所有人读研的初衷，满娅星做到了。满娅星认为，大学阶段应该勇敢地往前冲，没有人天生就知道自己应该做什么、适合做什么。但是，全力以赴的青春不遗憾。“我们需要一点点去尝试，去接触不同的领域。大学有很多的自由时间，别沉浸在安逸区，去研学，去交流，才能看到新的世界。我们正处在最好的年纪，哪怕从不渴求轰轰烈烈的成功，也要深知心之所向。请记住：生活明朗、万物可爱、人间值得、未来可期。”

导师寄语

在两年的科研生活中，满娅星的辛苦付出获得了丰厚的回报。科研之路是一条需要坚持不懈的道路，成功的秘诀在于对目标不懈追求。希望满娅星同学在今后的学习中以自信、开朗、毅力驶向理想的彼岸。仰望星空，胸怀梦想；戒骄戒躁，扎根科研；栉风沐雨，共铸辉煌！

食品与生物工程学院副教授　王　博

梦系食品，科研不止

陆峰，男，中共党员，食品与生物工程学院食品科学与工程专业 2019 级博士研究生。获校一等学业奖学金，校“优秀共青团员”、校“三好学生”等荣誉称号。以第一作者发表 SCI 论文 2 篇，申请发明专利 1 项，与他人合作发表 SCI 期刊 9 篇。主持江苏省大学生创新创业训练计划 1 项，参与江苏省重点研发计划 1 项。

时间如白驹过隙，转眼间，这已经是陆峰在镇江待的第八个年头了。在这个美得让人吃醋的城市，在如诗如画的江大校园里，他度过了人生中美好的八年。后街的小店关了又开，梅园里的梅花开了又谢，静湖畔的草木黄了又绿，身边的同学也早已换了样，周而复始，唯一不变的是他对知识的渴求，对科研的向往，以及对学术这片沃土的热爱。

陆峰出生于普通农村家庭，从小到大，家里人都教育他要努力学习，志存高远。所以自懂事起，陆峰就养成了吃苦耐劳、艰苦朴素的品质。2013 年 7 月，高考成绩公布后，他带着对食品的浓厚兴趣，将江苏大学食品质量与安全专业填在了志愿表的第一栏，在收到录取通知书的那一刻，他觉得所有的付出都是值得的。

起航源于热爱

怀揣着对大学生活的向往，陆峰第一次坐着大巴车从家乡南通来到了镇江。依稀记得，当车驶上润扬大桥的时候，第一次看到长江，第一次看到远山，他的心情非常激动，对身边的一切都倍感新鲜。大学生活不能依靠老师的督促，更多的是靠自觉。大学四年，他将从小养成的刻苦、认真和自律展现得淋漓尽致。四年里，他上课从不迟到或早退，课上认真听讲，按时完成作业，课后总能在自习室、图书馆里见到他的身影。他相信，大学生活不应该被荒废，而应该利用这宝贵的四年时间不断地充实自我，慢慢成长。就这样，大学期间，陆峰平均学分绩点达到了 4.12，不仅多次获得江苏大学学习优秀奖学金，同时也数次获评校“三好学生”、校“优秀共青团员”、社会实践活动“先进个人”等荣誉称号。

陆峰深知，本科阶段学到的专业基础知识是远远不够的，他深深地热爱着食品学科，他必须继续努力才能真正成为一名食品人！在大一刚入校时陆峰就萌发了读研的想法，也正是由于他优秀的学习成绩，在大二下半学期他获得了江苏大学推荐免试硕士预备生的资格。理论与实践，必须相辅相成，因而在预备生培养阶段，他跟随任晓锋老师先后申请了大学生科研立项、江苏省大学生创新创业训练计划项目，提前进入实验室，动手做实验，申请发明专利。经过一年的预备生培养，他在大三成功被免试推荐到本校读研深造，并获得了江苏大学“优秀毕业生”的荣誉称号。

进步只因探索

2017 年 9 月，陆峰拿着硕士录取通知书，满怀信心地再次回到了江苏大学，开始新的学习与生活。进入研究生阶段后，他感觉学习不再像本科那样轻松，而是需要更强的动手能力、写作能力和探索能力。他师从马海乐教授，刚开始，他对课题组的研究内容还没有充分了解，导师也还没定课题，为了提高自己的专业水平和解决实际问题的能力，他提前进入实验室，跟随课题组杨雪师姐、李云亮师兄开展蛋白酶解的相关课题研究。在保证正常课程学习的同时，他了解相应学科前沿动态，阅读、学习和研究相关中外文献，积累了不少试验经验。一年后，他有了课题，确定自己的研究方向为微生物发酵。这对于他来说是一个全新的领域，他开始查阅大量中英文文献，与导师时不时地探讨实验的可行性，再通过试验进行验证。尽管在这期间，他在课题的探索上花费了大量的时间，但他坚信只有通过前期看文献、设计实验方案才能为后续的实验做好准备，这一切都是值得的。正是他心中那份对食品的坚守，努力追求成为一名食品人的梦想，加上学校硕士二年级有申请免试读博的机会，陆峰毅然选择继续攻读博士学位。选择读博对他来说是一件意料之中的事儿，毕竟这让他离实现自己的梦想更近了一步。不出意料，他顺利通过了推免面试并获得读博的名额。

前行不忘坚守

如果说硕士的两年是陆峰不断积累、沉淀自己的两年，那博士的四年，对他来说，则是破茧而出、崭露头角的四年。博士开学后，作为一名江大的“老人”，陆峰对整个校园已经没有了当初大一刚入校时的新鲜感，从他的眼神里透露出来的更多的是一种坚守、坚持、坚定，以及对科研的执着。博士课题延续了硕士的研究内容，他需要继续往深层次研究，在确定研究方向后，他又跟导师交流了很久。看到身边的同学已经陆陆续续出成果了，陆峰也开始着手准备他的第一篇英文文章了，他整理好硕士期间的研究数据，计划着大干一番。万事开头难，由于他第一次写英文文章，出现了许多问题，文章的结构逻辑混乱、专业术语使用不当……结合着词典，一句话一句话地琢磨，他花了几个月的时间完成了初稿。紧接着，他请教师兄师姐帮忙修改文章，请教导师把握文章整体结构，最后再请教师兄师姐投稿的注意事项，带着忐忑的心情，他将自己的第一篇英文文章投给一家食品领域顶级期刊。一个月后，文章返回，审稿专家的修改意见也很在理，大修后再次提交，又过一个月，邮件通知文章被接收了，但是还需要做一些细微的修改。当初抱着尝试的心态投了一本顶级期刊，没想到真的会被接收，陆峰内心十分激动。在第一篇英文文章写作的过程中，他学到了很多写作技巧，一方面他的英语写作水平得到了很大的提高，另一方面他也熟悉了整个投稿的流程，这为他以后发表更多高水平文章奠定了基础。

陆峰一直没忘记自己的本职工作是学术科研，因而他积极参加学校和学院组织举办的各种学术讲座，广泛涉猎自己研究领域的最新成果，了解和掌握学术前沿。他也积极参加各项学术活动，通过科研和学术活动不断地丰富自己的专业知识。陆峰在江苏大学第九届“星光杯”大学生课外学术科技作品竞赛中荣获二等奖，在第十届节能减排社会实践与科技竞赛中荣获三等奖，在“恒顺香醋杯”“水磨坊杯”食品创新大赛中均多次获奖。他将这些取得的成果归功于所有指导和帮助过他的老师和同学们。他说：“科研的目的就是探索我们未知的领域，了解我们不知道但是想知道的东西，在食品领域，除了要确保我们吃得安全，吃得健康，还要保证我们吃得营养，吃得美味。在这方面，需要科研人员进行大量的研究，在现有的理论依据和研究成果上高屋建瓴，力求更上一层楼，确保食品安全与营养。我们作为食品人，应以食品为荣。”

陆峰把青春时代中最好的光阴都留在了江大，他也曾有过迟疑、徘徊、迷茫和低落，但是他最终坚持下来了。时间在向前走着，陆峰不断地书写着自己的故事，留下深刻的足迹。江苏大学是曾经的荣誉，也是未来的起点，他将用自己的坚毅与热情继续前行，争做一名合格的食品人，创造属于自己的奇迹。

导师寄语

在攻读博士学位期间，陆峰同学始终将学术研究放在首位，在科研方面取得了优异的成果，综合素质也得到了极大的提高。期望陆峰同学始终保持一颗谦虚、谨慎之心，保持实干求真、脚踏实地做学术的态度，用自己的实际行动书写更加辉煌的人生。

食品与生物工程学院教授　马海乐

努力与幸运相遇

陆靓瑜，女，1997 年 7 月生，中共党员，食品与生物工程学院 2019 级硕士研究生。获校一等学业奖学金，第九届中外研究生学术论坛优秀论文奖，江苏大学第十二届节能减排社会实践与科技竞赛三等奖。研究生期间发表 SCI 论文 1 篇。

当你足够努力，幸运总会与你不期而遇。

——题记

勤能补拙是良训

来到新的城市、踏入新的校园、遇见新的伙伴、开始新的学习方式，全新的生活带来的除了期待之外，更多的是迷茫、困惑。在开学之初学生部门招新时，陆靓瑜加入了院科协，此后在这里，她经历了人生中很多的第一次，收获了很多神奇的体验。虽然院科协满满的日程安排使陆靓瑜很疲惫，但她的内心充实，并迅速地融入了新集体，适应了新的校园生活。随着时间推移，看着身边的同学都有明确的目标：有的勤奋学习为保研奋斗；有的为转专业而努力；有的为就业规划参加各种比赛和申请实习，而陆靓瑜早出晚归忙于学生组织的工作，却没有明确的未来目标。幸运的是，科协的部长们发现了她的焦虑和困惑，他们积极地开导、帮助陆靓瑜寻找方向，也就是那时陆靓瑜第一次有了考研的想法。在学兄学姐们的帮助下，陆靓瑜协调好专业学习与学生组织工作的关系，并确立了“提升绩点，准备考研”的目标。

对于陆靓瑜来说，要兼顾专业学习和学生组织活动是一个新的挑战。“功崇惟志，业广惟勤”，陆靓瑜只能提高效率，合理地规划和分配时间。为了提升自己的薄弱科目，她积极做好预习，只为在学习新课时掌握得更扎实、更熟练，这样一方面能提高成绩，另一方面还能建立学科自信。为了实现学习目标，陆靓瑜仿佛又回到了高考冲刺学习的时光，在那些披星戴月的日子里，返回宿舍的途中仰望星空是她一天中最自在的放松环节。然而她并不孤单，勤奋和努力也终将获得回报，陆靓瑜的绩点排名班级第二，并且在大一学年就拿到了校学习优秀二等奖学金。

实践总结出真知

大学是学生迈向社会的一个过渡，大学生需要接触社会，实践就是很好的形式。大学里，陆靓瑜经历了很多实践，如课堂实践、寒暑假社会实践、实习等。陆靓瑜最开始接触实践活动是在暑假，从选定题目到设计问卷再到做调查问卷，整个过程让她受益匪浅。那是陆靓瑜第一次做调查问卷，很多困难都没有预先设想到，受到了很大的打击，但收获的是成长，她意识到一个人不能总是从自己的角度出发，要学会换位思考，理解别人。最终，陆靓瑜所带领的团队获得了校大学生暑期“三下乡”社会实践优秀团队的荣誉称号。

陆靓瑜利用寒假和课余时间参加了食品专业的认知实习活动。在实习过程中，她接触到了食品工程在现实中的应用，也了解到了食品机械的相关结构原理和食物生产过程中的发酵机理。陆靓瑜觉得能够将自己所学的知识学以致用，是极其有意义的一件事。这是她第一次近距离接触食品工程领域，在专业认知实习老师的指导下，陆靓瑜组织策划了实习汇报，并取得了圆满成功。

在科学技术协会任职期间，陆靓瑜接触了如“盼盼食品杯”“大学生科创”“挑战杯”和“互联网+”等创新实践类的比赛。大三时，她也和本学院及其他学院的同学组建团队申报了大学生创新创业计划项目。为了申报课题，陆靓瑜和她的团队组织了多次讨论，最后成功申报。这个项目对陆靓瑜来说具有里程碑式的意义，它让陆靓瑜第一次觉得自己在学术创新方面是有能力的，也让她第一次深刻体会到了团队协作是一件很美妙的事情。在这个过程中大家各自发表观点，相互交流，当讨论有结果的时候，满足感和成就感便涌上心头。这些实践经历帮助陆靓瑜在大学期间多次获得校长奖学金和校“三好学生”的荣誉称号，正是在这些基础上，陆靓瑜即便在保研失败后，也可以奋起直追，最终考上了江大的研究生。

静待花开终有时

陆靓瑜的研究生生活从一开始就是忙碌的，不仅仅是忙碌的课业，还经常需要用课余时间去实验室跟着师兄师姐做实验，另外她自己的研究课题也需要查阅文献并和导师讨论。虽然忙碌的生活使人疲惫，但她也学习到了很多。陆靓瑜开始学会自己独立设计并完成实验，学会利用软件来处理数据。

突如其来的新冠疫情阻碍了陆靓瑜的实验进度，一直到五月份，她才正式开始自己的小论文实验。在起初的实验过程中，陆靓瑜遇到了很多困难，有时仪器约不上，有时做出来的数据不理想，但她不放弃，询问师兄师姐和导师，查阅更多的文献，改进实验方案并多次进行实验，终于实验结束了。但很快陆靓瑜又走上了另一条难路——论文的撰写，从一开始对数据分析的迷茫到后来的得心应手，中间走过的弯路只有她自己知道。陆靓瑜在 2020 年年末的时候投出了自己的第一篇论文，她很快便收到了审稿意见，并在 3 月就在线发表。她在感慨自己幸运的同时也不禁对自己平日里的付出感到欣慰，当然这小论文的发表并不意味着生活的暂停，很快陆靓瑜又开始了开题和第二篇小论文的准备。

陆靓瑜在做实验的同时也积极参加各类比赛，她获得了第九届中外研究生学术论坛优秀论文奖并在论坛中进行汇报，这锻炼了她公开表达的能力和口语水平。陆靓瑜在研一学年真正做到了科研学习“两手抓”，在研二开学初的评奖评优中，她以班级第一的成绩获得了一等学业奖学金。奖学金的获得也使陆靓瑜受到很大的鼓舞，她开始更努力地做实验，其间她参加了第十二届节能减排社会实践与科技竞赛，几个月的文本修改和设备调试后，努力终于换来了回报，她所在的团队获得了三等奖。

有人说，“成功就是百分之九十九的努力加上百分之一的运气，没有那百分之一的运气，你的努力也就是努力而已”。但陆靓瑜认为，运气固然十分重要，但倘若一个人平时不努力，就算机会来了也没有能力抓住它，这份运气也就没什么用了。陆靓瑜的研究生故事还在继续，未来的道路仍然漫长。

导师寄语

陆靓瑜同学在学习过程中勤奋刻苦，科研方面认真严谨。她能够乐观面对困难，勇于扛起肩上责任；工作踏实肯干，不断追求卓越；有较强的创新思维能力，富有团队意识及团队协作精神。希望她在之后的道路上也能一直保持创新意识，用自己的实际行动践行爱国、创新、求实、奉献的科学精神。

食品与生物工程学院教授　崔海英

坚定的科研之路

洪晨，女，1993年10月生，中共党员，食品与生物工程学院食品科学与工程专业2018级博士研究生。多次获得校一等学业奖学和“三好学生”“优秀共产党员”等荣誉称号，发表中文核心期刊论文1篇。

司汤达曾说过：“一个人只要强烈地坚持不懈地追求，他就能达到目的。”洪晨的科研之路就是这样，一旦开始，永无止境，绝不回头。

科研领域之初探

2011年9月，洪晨刚刚步入江苏大学，在第一节专业导论课上，姜松老师对同学们所说的一句话让洪晨始终记忆犹新：“决定你十年以后生活的，不是你十年之后做什么，而是你现在做什么。只有明确了现在在做什么，才能知道自己是谁，自己要什么，自己要走的路在哪里。”那节课过后，洪晨就一直在思考，但由于初入大学的懵懂，她并没有立即获得答案。

直到大二那年，洪晨渐渐找到了答案，那就是要做科研。那年，抱着试一试的态度，洪晨联系了她的学业导师曲文娟老师，报名参加了江苏省大学生科研与实践创新项目，那是她初次接触科研，并得到了老师的支持及肯定。曲老师指导她进入实验室，在师兄师姐的带领下她顺利地进行着大学生创新创业项目的研究。当大多数同学还仅限于在课堂上获取知识的时候，洪晨已经在物理加工实验室做起了实验。在那里，她进入了一个全新的科研世界，实验室里摆放着各种各样的仪器和实验装置，好像一个神奇的世界等着洪晨去探索。实验室里师兄师姐们会激烈地讨论某个课题，也让她第一次体会到了科研的魅力。在那段时间里，她感到前所未有的新鲜和充实。如此懵懂而清新的经历，是洪晨在多年之后的科研经历中仍然难以忘记的，实验室的那段日子，也是她的科研启蒙，为她之后的科研之路埋下了种子。

大四那年，学校的保研政策更是为她的科研之路打开了大门。洪晨以专业课第一名的成绩获得了本校的保研资格，当时有三个实力强大的研究方向可供选择，最终她选择了自己感兴趣的物理加工方向。她认为："有目标的努力才是努力，有兴趣的刻苦才是刻苦。"孔子说："知之者不如好之者，好之者不如乐之者。"兴趣有利于保持对科研的积极性，毕竟科研之路也有艰苦、枯燥和劳累的时候。保研之后，她没有放松对自己的要求。没有课的时候，她就往实验室跑，观摩学习，参加组会，每一段经历都给她的成长带来了帮助，对她而言都是宝贵的财富。她说："主动出击，才能收获更多!"不负所望，大四那年，她就能独立完成项目研究，顺利完成了毕业论文。

海外求学之艰辛

出国留学是很多学子的梦想，出国意味着可能有更好的学习环境和更多的学习资源，同时对自己也是一种历练。然而出国之路却并不都是平坦大道，其中的艰辛只有经历过的人才有发言权。洪晨的海外求学之旅也经历了风风雨雨。

研二那年，她获得了海外学习的资格。在导师的帮助下，她最终选择去美国加利福尼亚大学戴维斯分校，跟随潘忠礼教授在那里学习交流。刚到国外时，一切都很陌生，独自远在异国他乡，一切都要靠自己。慢慢地，当基本能够适应当地的生活后，她走进了实验室。美国实验室严谨的科学态度和团队合作的科研精神对洪晨影响很大。她深切感悟到一个优秀的团队，不仅需要有极高的效率去完成实验，同时还需要团队中的每一个人都要发挥作用。那时她的研究课题需要用到很多实验设备，由于缺少实验设备，洪晨的很多实验都无法完成。那段时间，课题组的团队成员热心地帮助她去借实验设备，帮助她一起解决遇到的各种困难。洪晨常常感叹道，在国外的那段时间如果没有团队成员的帮助，真的寸步难行，也不能顺利完成实验。

在国外的科研生活，更艰难的是每周一次的科研汇报。每一次的课题汇报，她都要做很多的准备，尤其是需要掌握相关的英语专业词汇，防止出现因听不懂专业词汇而无法回答的尴尬情况。尽管每次洪晨都会提前准备，但偶尔还会出现这种问题。因为课题组也有来自其他国家的成员，洪晨要克服他们语速很快又有口音的问题，及时做好回复和交流。

坚守热爱之转变

从本科生到博士生，洪晨在这个熟悉的校园度过了十载春秋。回忆起近十年的学习生活，强大的好奇心是洪晨在科研路上的巨大推动力，它是最珍贵的品质。在洪晨的科研之路中，满心都是好奇，总是有各种各样的想法蹦出来，然后迫不及待地就要去尝试、去验证，她觉得这个过程是最有趣的。她总会孜孜不倦地阅读文献，在文献中寻找各种各样的实验方法，一次又一次进行试验，一次又一次地记录着实验数据。这过程有成功也有失败，但让她最快乐的是对未知事物求知若渴的急切心情，是那种从一个很小的现象去发现科学规律的成就感。不墨守成规，敢于尝试，不断拓展——这是好奇心给她的最大帮助。

科研之路必须循序渐进，无法急于求成。洪晨博士阶段的科研实验并非一帆风顺，光是原料的选择，就花了一年的时间。有时候，实验结果会推翻很多种方案，可能一个实验需要用到 100 个方案，但是如果没有之前的 99 个方案的尝试，就无法成功。洪晨相信，只要有坚定的信念和坚持的勇气，那些击不垮自己的事情都将让自己更强大。洪晨能在科研之路中坚持下来，离不开“马家军”的帮忙。导师马海乐严谨的治学理念、渊博的学术学识、仁厚的为人作风，在科研生活中深深影响着她。在导师的指导下，她一步一个脚印，一点一点地攀登学术高峰。初入实验室的那段时间，洪晨受到了组内师兄师姐的热情帮助，特别是师兄师姐们在实验上的指导。因此，洪晨在努力做好自己科研工作的同时，也会积极帮助实验室的师弟师妹，她希望将这份感动、这份温暖传递下去。与导师和团队成员相处的时光里，她还明白了要尊重他人，不要直接否定别人的想法，因为每一个想法都值得被尊重。在这样一个温馨的大家庭中学习，大大减少了心理上的压力，让她能健康快乐地成长。

岁月不居，时节如流。转眼间，洪晨已经从一个懵懂好奇的学生成长为一名从容坚定的科研人员。她感恩遇到的所有师长、朋友、学者，她感恩自己面对人生的每一次选择都能冷静从容，她感恩这一路的磨炼让她变得更加强大。在未来，洪晨将带着她的科研梦，一步一个脚印地成长，一步一步走向奉献科研的未来，继续谱写属于她的画卷……

导师寄语

洪晨同学在本、硕、博的学习与科研之路上，坚持不懈，希望洪晨同学在今后的工作和生活中继续保持并发扬优良作风，做到科研报国，成为一个有理想、有抱负，为国家和人民服务的人！

江苏大学食品与生物工程学院教授　马海乐

人生在勤，不索何获

刘宇轩，男，1997 年 3 月生，中共党员，食品与生物工程学院 2019 级硕士研究生，现任食品硕 1902 班班长。获校一等学业奖学金和“优秀共产党员”“优秀共青团干部”等荣誉称号，获第九届中外研究生学术论坛中优秀论文奖。

《后汉书·张衡列传》有云：“人生在勤，不索何获。”这是说人类之所以生存下来就在于勤奋，不勤奋努力地去求索、去追求，人生怎么会有所收获？勤以修身，劳可安邦，这正是中华民族传承至今的原因之一。所以，刘宇轩常常这样激励自己：“我一定要勤奋地寻找，就算无尽的星辰，令我的探寻希望渺茫，就算我必须单枪匹马。”这是他坚定追梦的精神食粮，是他勤奋学习的动力，是他努力拼搏的方向。

勤奋求实，厚积薄发

“大学最重要的就是学业”，听着这样的教诲，刘宇轩步入了大学校园，他一直将这句话铭记于心，付之于行。大一开始，刘宇轩就对知识充满了敬畏与向往，他不会无故错过任何一节课，在老师和同学眼中，上课时的他不是在抬头听讲，就是在低头做笔记。从大一入校起，成为一名研究生的想法便在刘宇轩的心中萌芽，本科在江南大学食品专业就读的他，希望能在研究生时考到“双一流”高校继续深造。在大学期间，刘宇轩认真学习专业基础知识，并跟随老师的视野不断探索以提升自己的专业素养，他积极承担科研任务，本科期间先后参与校企科研项目 2 项、大创项目 1 项，将理论知识与专业实践相联系，这不仅保障了刘宇轩在本科期间的优秀成绩，也为他的考研复习打下了坚实基础。

既然选择了考研这条路，那就只有努力地奋战，勇敢地向前。备考期间，刘宇轩每天从早到晚都在自习室或图书馆，他没有给自己太多休息的时间，他相信天道酬勤，只有付出才会有回报。考研路上障碍重重，有制定目标时别人的嘲讽打击、有复习中的挫败感、有身体的疲惫和内心的孤独……回忆起当时的种种障碍，刘宇轩说："不断靠近目标院校一直是我心里的一道光，它引领着我摆脱重重困难，不断前行。想到当初自己坐在窄小的教室中汗如雨下的样子；想到踏进校门时对自己许下的诺言；想到父母寄予的厚望，我明白所谓考研其实就是一种毅力的竞争，我相信凭借着勤奋求实的学习态度和永不放弃的决心，我一定能不断进步，厚积而薄发，实现自己的人生价值。"但是，命运跟他开了一个玩笑，他以几分之差错过了心仪的学校，但是他没有气馁，出于对食品学科的热爱和坚持，他放弃了本校其他专业的录取机会，选择江苏大学继续攻读食品方向的硕士，实现了成为研究生的梦想。

在奔向梦想的路上，没有人是一帆风顺的，每个人都曾经历过痛苦与煎熬。从大一入学到考研成功，刘宇轩一直以认真严谨的态度对待学习，他每天都在坚持，从未停止努力，他盼望所有的梦想照进现实，从不后悔曾经付出过的所有努力，而他的学习成果也不知不觉为他铺就了走近梦想的路。

苦心钻研，习得灼见

进入江苏大学食品与生物工程学院后，刘宇轩师从任晓锋教授，在物理加工方向潜心研究。研一时，刘宇轩对食品物理加工还不了解，他通过查阅文献、参加研讨及与导师交流等方式，慢慢地对食品物理加工有了初步的认识，并且对超声波加工产生了浓厚的兴趣。刘宇轩研一期间还有很多课程的学习，但他主动向导师申请利用课余时间帮助师兄师姐做实验，为今后更快入门做好准备。冬天，超声房的室内温度要比室外的温度低很多，但刘宇轩依旧每天都去超声房做实验，一做就是一天。在这段时间内，他遇到问题就向师兄师姐请教，了解超声波的工作原理和影响因素，对不懂的地方及时进行标注，方便在研讨时和老师交流。

随着对研究方向的了解不断深入，刘宇轩在任老师的指导下也有了自己的课题。对于自己的新课题，刘宇轩抓紧时间阅读相关文献，努力设计可执行的研究方案，但文献中大量的方法，让他一时间不能全部“消化”。研讨会上，刘宇轩听着师兄师姐面面俱到的汇报，而自己只有天马行空的想法，他变得紧张犹豫，但是刘宇轩知道只有苦心钻研，才能习得灼见的道理。在导师的一番鼓励和建议下，刘宇轩开始一个个复现之前让他感到很困惑的实验方案，复现结果表明文献中的众多实验方案各有所长，通过总结前人实验的优劣，他设计出了自己的研究方案，并细化为可行的实验步骤，开始一次次的尝试。一次失败，两次失败……终于在经过了无数次的尝试后，刘宇轩的实验获得了初步的成功，他踏出了科研的第一步。

为了推敲实验结果产生的原因，弄清实验结果背后的机理，刘宇轩不断改进实验方案，多次调整实验步骤，确保自己实验的可重复性。在日复一日的验证下，刘宇轩终于得到了一个完善的实验方案，而取得了阶段性成功的他，并没有沾沾自喜，还是继续查阅文献，丰富自己的实验。在研究过程中，每当有新的想法，刘宇轩都会记录下来，查找具体方法，听取导师意见，改进自己的实验方案。有时为了验证一些可能性，刘宇轩会做实验到凌晨，即便最终效果不理想，他也觉得有所收获。刘宇轩认为科研的意义，绝不仅仅只是实验的成功，而是学会从不同角度思考问题，有勇气推翻前人的结论并创造新的理论。同时，刘宇轩认为在科研过程中没有人是一蹴而就的，只有脚踏实地、苦心钻研，才能在科研道路上一直走下去。

责任在先，当仁不让

在生活中，刘宇轩的身份不仅仅是一名学生，他还是食品硕 1902 班的班长，也是食品硕 2019 级党支部的一名党员。作为班长，刘宇轩工作作风优良、待人处事诚恳、遇事冷静稳健，能合理地统筹安排班级生活中的事务。疫情期间，他每天早上 8 点统计班级 113 位同学的打卡情况，及时更新同学们的信息，并上报辅导员。作为辅导员老师和学生之间交流的纽带，刘宇轩会将班级同学在生活和科研中遇到的问题整理汇总，解决力所能及的问题，对无法解决的问题及时上报给辅导员，让同学们可以踏踏实实地投入科研。

作为一名党员，刘宇轩不断地努力学习党史知识，提升理论水平。他还积极参加志愿活动，以实际行动践行党员标准。疫情期间，刘宇轩作为志愿者在家乡协助抗疫。返校后的假期，他主动承担学院留校学生的统计工作，协助老师对假期留校同学进行管理。在工作室中，刘宇轩为了让师弟师妹尽快上手实验操作，一丝不苟地进行现场指导，积极分享自己的经验，并帮助师弟师妹完善实验方案。“奋斗不只是响亮的口号，而是要在做好每一件小事、完成每一项任务、履行每一项职责中见精神。”刘宇轩用习近平总书记的话勉励自己，事无大小，做好身边的每一件事，百分之百地发挥党员的先锋模范作用。

刘宇轩常常提醒自己：“人生在勤，不索何获?”他相信不论学习还是工作，都要面向实际，深入实践，勤奋探索，才能出真知。刘宇轩的科研之路才刚刚起步，未来的路还很漫长，他正阔步向前。

导师寄语

刘宇轩同学性格开朗、思维敏捷、态度端正，学习时敢于尝试、善于总结，掌握了扎实的理论基础和专业知识，具备独立思考和分析并解决问题的能力，具有很强的责任心。希望刘宇轩同学在接下来的科研工作和学习生活中，继续发扬科学精神，取得更多科研成果。

食品与生物工程学院教授　任晓锋

用心充实，未来明朗

赵倩华，女，1998 年 10 月生，中共预备党员，食品与生物工程学院食品科学与工程专业 2019 级硕士研究生。获校一等学业奖学金。

“追梦的路上，你只管去克服一个个难关，只管努力地一步一个脚印地往前走。”

这是赵倩华的座右铭，她常以此自勉。读研、读博、出国深造，这是她的三个目标。如今她正在向着自己的目标，稳扎稳打，奋力前行，努力经营当下，直至未来明朗。

读研，厚积薄发

经历了忙碌的大一社团生活后，大二夏天的一次课堂上，赵倩华望着讲台上侃侃而谈的专业课老师，觉得百无聊赖，她急得摇头，不想自己的大学就这么平庸地度过。

高考报志愿时的学校和专业都是自己选择的，食品科学与工程，与其他的工科专业一样离不开做实验，于是赵倩华联系导师，申请参加项目。后来，她被安排在曹老师的一个课题项目中，研究预处理方式对蓝莓冷冻品质的影响。在没有课程的时间里，赵倩华就和同小组的同学一起去实验室。刚开始有很多不懂的地方，但是通过查阅文献，她发现平时看似空洞无趣的知识也会被应用在实验中，体会到了学以致用的快乐，在实验中小有收获。

在后期努力学习的过程中，赵倩华的绩点排名提高到专业前十，她也感受到自己解决科学问题的成就感，想继续读研充实自己。大四上学期赵倩华的专业有 3 个保研名额，由于同届中有很多优秀的同学，她深感把握机会的重要性，于是赵倩华积极准备材料参加了面试，最终顺利通过了学院和学校的考核，获得了保研名额。选择读研学校时，学院的教学主任白老师向她推荐了江苏大学，江苏大学食品专业学科排名全国前十，位于赵倩华梦寐以求的南方城市——镇江。于是她填报、申请，并顺利通过了江苏大学的面试，同时她又联系到了张红印教授，主动发邮件向老师表明读研的兴趣和决心，得到了张老师的认可和支持。

本科的最后阶段，赵倩华确定好研究课题后，开始查询资料，独立设计毕业论文实验，遇到问题同实验室的师兄师姐请教，这一年，她几乎泡在了实验室，同时也带动了实验室其他小伙伴的学习热情，提前完成了毕业论文，毕业时答辩成绩被学院评为优秀，目前论文已发表在《中国食品学报》上。此外，赵倩华还积极参加学校组织的活动，毕业时，她获得了辽宁省“优秀毕业生”的荣誉称号。接过荣誉证书时，赵倩华又想到了大二时那个课堂上的畅想，不知如今的成果是否能让那时不甘平庸的自己感到满意，但她能感到蓬勃的未来正被紧攥在自己手上，未知的明天正在那座南方城市等着她到来。

读博，上下求索

入学前的假期，张老师询问赵倩华是否申请五年制硕博连读，她没有想到还可以有这样的机会，张老师在学院里颇有声望，研究成果多，著述丰硕，如果可以在张老师的课题组继续深造，对自己之后的发展会有很大的帮助。同父母商量后，父母也很支持她读博。最终，赵倩华决定把握住这个机会。

不同于大学时课程老师的管理，研究生有很多事情需要自己安排，在第二周课题组的组会上，张老师给赵倩华安排了课题，在新环境中，如何快速进入学习状态完成实验是个难题。

硕博连读的课程都安排在了第一年，既包含硕士课程也包含博士课程，赵倩华周一至周五的大部分时间里，排满了课程，有时候赵倩华刚上完课就急忙跑回实验室做实验。为了完成老师布置的课程任务，她有时要在一周内做 3 个 PPT。同是硕博连读的时雨师姐告诉她不能落下课程，在完成老师安排的实验任务前提下，只有在课上认真听讲，高效学习，才能节省大量课后时间。

为了完成实验安排，班上的同学还在研究生楼准备课程复习资料时，赵倩华已经开始和师姐准备实验材料了；课题组的小伙伴在热议吃什么时，她已经在总结当天的试验数据和结果了；空闲的周末大家相约去游西津渡、爬北固山的时候，她在实验室感叹终于有完整的一天可以测量酶活了。虽然手上事情相对较多，但在做事时赵倩华都会提前规划，分轻重缓急。在评奖评优时，她拿到了校一等学业奖学金，也顺利完成了试验，撰写了 SCI 论文。选择很重要，但是坚持同样重要。面对各种各样的选择时，要跟随自己的内心，选择自己想成就的方向，然后义无反顾，披荆斩棘。

出国，未来可期

课题组的大师姐凯利留校任教后，对她产生了不小的影响，她觉得凯利师姐是她学习的榜样。她在正式入校前的假期和凯利师姐相处过一段时间，师姐待人待物温和有风度，在权威期刊发表 4 篇 SCI，雅思成绩 6.5，出国留学一年，英语口语水平也相当不错。师姐每天早上六点起床，在学院后面的勤人谷和同届的伙伴练习口语，并参加了学校的雅思培训班，在完成实验任务后，将主要的精力放在英语学习上。凭着高质量的论文和成果，师姐在毕业后如愿留在课题组任教。

赵倩华明白，自己看到的大部分人的成功，背后都有不为人知的汗水和努力。只要肯付出，成功就离你不远。赵倩华也参加了雅思课程，虽然在学习的过程中遇到很多困难，但是她没有放弃，通过一段时间的学习，英语综合水平得到很大的提升，也开始喜欢和课题组的外国人交流。赵倩华觉得要珍惜现在的学习机会，多看文献，多发表文章。张老师常说，读书可以为自己的生活创造财富，当你为自己积累了资本，变得足够优秀时，你未来的生活就多了很多选择。

科研和生活的路上难免有困难，但赵倩华不曾后悔自己的选择，学校和课题组提供了如此宝贵的平台和机会，她坚信努力付出，对事对物充满希望，认真踏实地走下去，就能在发现和解决科学问题的道路中闯出一片天地。

导师寄语

工欲善其事，必先利其器。在这两年的科研生活中，我在赵倩华同学身上看到了年轻人的热血和刻苦努力。路还很长，科研之路是一条需要坚持不懈的道路，希望你今后永远保持一颗积极向上的心，寻找属于自己的科研乐园！

食品与生物工程学院教授　张红印

前行必有曙光

陆慧佳，女，1998年12月生，共青团员，食品与生物工程学院2017级本科生。获校学习优秀二等奖学金和校“三好学生”、暑期社会实践“先进个人”等荣誉称号。主持省级大创并结题，参与科研立项并结题。

信那些该信的东西，因为它能改变你。

——题记

走，就有希望

白岩松先生的书里有一句话——“走，就有希望”。总远远惦记着梦想，会被现实和梦想之间的差距打败；不如暂时忘记梦想，脚踏实地，做好眼前的每一件小事，生活迟早会回馈你一份厚礼。陆慧佳真正领悟这句话是在大二下学期的时候。

在此之前，她总是被保研、学生组织、科研拖着走，无法让自己活在当下。年级成绩总是第三，卡在保研边缘，所以犹豫要不要参加出国项目；因为参加的是院系组织，好像没有参加校级组织来得充实有收获；大二才开始接触科研，比起那些大一就有清晰目标的同学差了一大截……

真正让她内心不再焦躁的，是大创指导丁老师的一番话：“不要好高骛远，做科研最需要的就是脚踏实地，不能急于求成。首先，本科阶段的实验不应该妨碍到你的学习，必须先安排好课程学习，再将课余时间投入科研，主次要分清；然后，做实验需要扎实的理改基础，这也就要求大家的专业课程需要学好。如果你整天只盯着自己的缺点，而不是去行动，那么梦想将成为空想，只有真正清楚自己现在不足的地方，想方法去弥补才有用。”

做，才懂对错

当陆慧佳理清了自己的想法，便开始朝着自己的目标一点点前进。首先，她要做的事情就是夯实基础，学好专业知识。陆慧佳学习极其刻苦认真，课堂表现突出，课后也经常虚心向老师请教，面对学习中遇到的问题能够积极思考，在很多方面能提出自己独到的见解。在相关专业课程的学习上，能够系统认真地研读核心课程，并取得了优异的成绩，大一到大三她的专业必修课和专业选修课成绩均在全年级排名第一。

在课余时间，陆慧佳开始学习如何有效地检索文献，学习处理数据需要用到的软件。她主动跟着师兄师姐开始做实验，参与的项目是“镇江肴肉”地方指标测定，她完成了脂肪、亚硝酸等指标的测定。很快，陆慧佳发现即使师兄师姐提供了实验方法，想要得到好的数据也不是一件容易的事，这个时候就需要认真细致地完成每个细节。一开始，出现了一些实验误操作，比如，忘记给样品做标记或是在干燥箱烘干小瓶子时忘记开盖，这些细节虽然微小但非常关键，实验操作的准确性会影响最终的实验结果。在这个过程中她开始严格要求自己规范操作步骤，也为她之后的实验生涯奠定了基础。

大四时，陆慧佳参加了“3+1+1”项目，因为在新加坡国立大学苏州研究院上学的缘故，她最终的毕业论文是按照国外的毕业要求写成的，这也就意味着最后的考核会更加严格。大四开学没多久，她就选择了微生物方向的课题，开始着手写开题报告，和在江大做实验不同的是，在苏州得自己学着查资料，规划实验。而不是像以往那样有研究生师兄师姐带着做实验。再加上疫情的原因，也只能与导师线上交流，没有办法接受线下指导，这也给她的毕业设计又增加了一定的难度。但是这样的挑战也激发了陆慧佳的斗志，很快她就完成了开题报告。在新加坡国立大学苏州研究院，她开始了自己科研之路的新阶段。

通过查阅大量的国内外文献综述，陆慧佳对自己的研究方向有了初步的了解。在对自己的课题拥有了一定的知识储备后，她开始进行细致的实验规划，并开展了系统性的实验。在做实验的过程中，陆慧佳一直保持着空前的热情和认真严谨的实验态度。因为微生物培养菌种的时间特殊性，无论是早上五点多，还是夜晚十一二点，都能在实验室看见陆慧佳的身影。

实验一开始，陆慧佳就遇到了很多棘手的问题，如在做破碎菌体沉淀时就遇到难题，因为查阅到的几种常见菌种用溶菌酶溶解菌体时，溶液都会出现黏稠的状态，而自己的样品一直都没有变黏稠，导致她没有继续进行超声破碎就觉得在这一步遇到了问题，即使在进行了重复性实验后，结果依然如此。苏研院一位老师鼓励她："做不出来才是科研的常态，没有一帆风顺的实验。"陆慧佳沉下心来，虚心请教，翻阅书籍，网上调研，在导师的指导下，她尝试将溶菌酶溶解过的和未溶解过的样品在同一条件下离心，结果发现上清液颜色不一样，说明溶菌酶是有效果的。她事后在反思这一段实验时，觉得自己非常可笑，仅仅因为做出的效果和网上查阅的其他菌种效果不一样，她就放弃了进行下一步操作来验证，殊不知每一种菌种都可能有不同的反应。"实验效果不同不要紧，不能在验证之前就觉得失败了。"这一次的实验给她上了一堂生动的课：实践是检验真理的唯一标准。实验需要多学，多看，多思考，多实践，更需要多验证。

实验总是一环扣一环，一个问题解决了还会有下一个问题等待着你。从实验前期的规划到实验中期每一步方案的完善，都需要自己查阅文献独立进行，在她带着问题向导师汇报时，导师给她提出了关键性问题："在你提供的数据里能知道上清液和裂解液中有效成分的浓度是多少吗？实验组增加浓度的方式对吗？"这一次与导师的对话让她发现自己思考问题之肤浅。导师对科研认真严谨的态度深深触动了她，让她意识到学术研究是一项十分严肃的事情，严谨治学、求真务实的科学精神绝不可缺，否则学术成果就如豆腐渣工程，是经不起推敲的。

写，才知推敲

在写毕业论文时，陆慧佳谨记在开题报告中导师指出的问题，文章要按照逻辑顺序条分缕析地讲述，把提到的关键信息讲清楚。可真正写作时，才发现英文写作和她之前写的大创结题报告书这种中文写作完全不同，于是她就重新去读课题相关方向的文章去整理文章的框架和思路。可即使这样，交上去的毕业论文返回来时，还是有许多被导师修改的痕迹，哪怕是一个标点符号使用不当，或者是在词语和标点符号之间的空格，也都被导师标记了出来。同时像一些不严谨的表达，不恰当的解释等问题也被老师指了出来。她认识到了导师对于学术研究的一丝不苟和严谨的态度，也明白了科研道路的不易。通过对论文反复修改润色及出色的答辩，她的毕业设计最终拿到了 A，获得了满分 5 分的好成绩。

四年的本科生涯一晃而过。在无数个夜里感到迷茫的时候；在每一次夜里做完实验发现实验数据不理想，拖着疲惫的身躯回宿舍的时候；在夜里反反复复修改论文的时候……陆慧佳也曾彷徨犹豫过，但是，夜晚难免黑凉，前行必有曙光！

导师寄语

陆慧佳同学今天所有成绩的取得，都在于她清晰地知道自己应该做什么、为何做、如何做。希望陆慧佳在以后的学习中，锲而不舍，戒骄戒躁，在科研之路上取得更大的成果。

食品与生物工程学院副教授　丁青芝

赶好韶华的驿车

吴燕伶，女，2000 年 9 月生，中共党员，食品与生物工程学院食品科学与工程专业 2018 级本科生。获国家励志奖学金、校学习优秀二等奖学金，获校“三好学生”、暑期社会实践“先进个人”等荣誉称号。获江苏大学征文比赛一等奖、“三只松鼠”创新比赛入围奖。主持科研立项 1 项，参与大创项目 1 项，参与发表 SCI 论文 1 篇。

韶华的驿车急如星火

吴燕伶来自四川南充的一个小县城——营山县。南充地处巴蜀，被嘉陵江水横穿，是开国元勋朱德元帅的故乡。从小到大，艰苦的环境磨炼出她不屈的意志，让她在学习上更加刻苦、努力。儿时，吴燕伶听爷爷讲过过去困难年代的艰苦，也时常听在外务工的父亲说起海滨城市的繁华，于是她想越过丘陵，体验海滨城市的魅力。生活中，她见过周围的人因为贫穷与忙碌，吃着变质的饭菜，面对这些，她却无能为力。因此，在高考填报志愿时，吴燕伶选择来到较为发达的江苏，并且选择了食品相关专业，希望可以通过自己的努力，解决父老乡亲的饮食问题，在成就更好的自己的同时也能为社会贡献力量。

“不管怎么做，都不要愧对自己的青春。”吴燕伶带着录取通知书踏上开往远方的火车，满怀欣喜地憧憬着未来的大学生活。初秋午后，挺拔葱郁的梧桐树、错落有致的教学楼、典藏云集的图书馆……一切都如此美好。但是吴燕伶无心留恋身边的美景，一心只想获取知识，为自己的未来夯实基础。因为她知道，韶华如白驹过隙，分秒都必须珍惜。

刚入大学这段时间，她积极规划自己的大学生活，认真学习各项课程，贪婪而努力地汲取知识，并在期末取得优秀的成绩。不过吴燕伶认为仅仅学好知识是不够的，于是她参加了辩论队和就业指导协会，一方面希望通过训练，让自己能侃侃而谈、处变不惊，也能在遇到问题时多维度、深层次地思考；另一方面通过招聘会了解行业当前用人需求，了解社会真正所需要的能力，以便有针对性地提升自己。高效利用课堂时间、积极与老师交流、相信“滴水穿石”是她的真实写照。

“醴泉无源，芝草无根，人贵自勉；流水不腐，户枢不蠹，民生在勤”也是吴燕伶所坚信的，她愿做先飞的笨鸟，以达到所期望的目标。她曾和自己的导师多次聊到职业规划，表示无论以后想做什么，都要在本科阶段努力学习，牢固基础。因此，吴燕伶经常去图书馆借阅专业相关的专著，希望进一步了解学科发展情况，多半看得似懂非懂，似乎难以发挥其用处，但她相信这一点一滴的积累会无形之中助力她以后的道路。

颠簸的驿车给人挑战

经过一年的积累沉淀，吴燕伶积极联系导师，希望能够参与课题学习。但自己也为研究方向而迷茫，不知道该如何抉择。她利用一学期时间，尝试了蛋白多肽和分子生物两个方向，发现各有诱人之处，难以取舍。天有不测风云——由于疫情，她无法返校，以至于很多计划都被迫打乱。但她深知，社会需要的不仅仅是能够考高分的学生，更需要的是能够学以致用的人，是能够耐得住寂寞的人，是能够在有限时间里创造更多价值的人。

吴燕伶充分利用在家的那段时间提升自己，因为除了课程之外她拥有大量的空余时间。一番思索后，她决定参加食品创新比赛与南洋理工大学的海外学习线上交流项目。吴燕伶一边遨游在食品的相关文献中，一边怀着忐忑的心情参与南洋理工大学的课程——不习惯全英文授课，使用蹩脚的英语回答没太听懂的问题，一切都显得十分艰难。但只要坚持，结果都不会太差，课前预习、课上抓重点，上课便逐渐由煎熬变为了享受——享受与其他同学思维的碰撞，享受对食品前沿知识的积累。

在吴燕伶的学习道路上，老师是她的引路人，不管是她刚进大学迷茫的时候，还是她不知如何面对未来的时候，老师都会给她建议。在她具备了一定的专业素养后，老师建议她开始接触实验项目。疫情期间，吴燕伶在老师的指导下积极申报科研立项项目，但申请书的撰写就给了她当头棒喝，没有专业知识的积累，文献查找能力不高……但她依旧坚持啃着不太明白的文献，看着不太懂的专业名词，在老师耐心指导下，一遍又一遍地修改，成功地迈出了第一步。

但困难远比想象得多，实操和理论简直有天壤之别——加试剂手抖、漏液、仪器使用恐惧、试剂保存不当……都是她没有预料到的，导致实验重复了一遍又一遍，却依旧难以得出结果，她时常也会疑惑为何相同的操作却有着截然相反的结果。每次期待实验结果的心情好似等待高考分数，或是皆大欢喜，或是从头做起。当然，除了实验数据和分析以外，撰写文章则更具挑战性：看着文献中的各种碱基对、酶系、图片、表格，脑子里总是一团乱麻。在这一过程中，挑灯夜战是常有的事情，但往往在弄懂一篇文献、构思一个框架时会很有成就感。人总是在矛盾中成长，只是不要停滞不前。

奔驰的驿车一往无前

2021 年，吴燕伶的大学生涯进入一个关键阶段——她希望通过考研获得更高更广的平台。“基础不牢，地动山摇”是她在复习考研的过程中始终告诫自己的话语，“不骄不躁、有条不紊”是她的制胜法宝。在这个过程中，吴燕伶发现自己做事越来越细致，能沉下心来完成每一件事，她相信这是考研经历给予她的馈赠。“长风破浪会有时，直挂云帆济沧海”，她喜欢通过自己的努力获得自己想要的东西。直到现在，吴燕伶还走在考研的路上，路途会很艰辛，结果也未知，但吴燕伶不会慌乱，事在人为，她会尽力而为。

在江苏大学的时光转瞬即逝，从刚到大学的青涩懵懂，到现在的成熟自信，这一切的改变都是在大学的经历所沉淀下来的瑰宝。“博学、求是、明德”六字校训深入她的内心，已经成为她人生的座右铭。她相信，自己能自由翱翔在食品领域的天空；她相信，用汗水灌溉的种子最终会结出可口的果实。

导师寄语

吴燕伶同学在理论学习过程中刻苦努力，也取得了不错的成绩。在未来的学习科研道路中，愿你求知若渴不舍热爱，仰望星空脚踏实地，勇敢追逐人生梦想。

食品科学与工程学院副教授　张　迪

莫畏前方行路难

窦媛，女，1997年11月生，食品与生物工程学院食品科学与工程专业2019级硕士研究生。获得校一等学业奖学金。

当获知自己取得江苏大学研究生入学资格时，窦媛内心充满了感恩和坚定，因为她深知这次进一步学习机会的来之不易，其中不仅包含着考研期间自己所挥洒的汗水，更多的是结果带给自己的信心和肯定。从那一刻起，她深知既然自己通过不懈努力，终于进入了江苏大学这所科研实力雄厚的学校，那么就一定要珍惜未来的生活。无论是在学习、科研，还是丰富多彩的生活里，都必须全心投入，在充实和提高各方面能力的同时，创造出属于自己的成绩，这样才能使她的硕士生涯不留遗憾。

目标为舵　坚定远行

沉下心来、脚踏实地、努力拼搏，正是如此清晰坚定的目标，为窦媛今后的科研生活提供了源源不断的动力。在刚进入研究生的学习阶段时，周围许多同学还在延续本科阶段的学习状态和生活习惯，有的对项目规划不知所措，有的为未来的科研之路忧心忡忡。此时，窦媛却早已根据自己的学习能力制订了学习计划和科研安排。

首先，基础专业知识是科研路上的基石，只有拥有坚实的基础，科研之路才会更好走。为此，窦媛阅读了大量与专业知识相关的文献和书籍，积极与课题组的师生讨论学习，在充实理论知识的同时，提升对自己科研领域的认知。其次，在日常课程学习中，她认真听讲并积极与老师同学讨论，开拓自己的思维并巩固专业知识，同时也展现出较强的团队合作能力。如此积极主动的学习态度使得她拥有了坚实的专业知识和理论基础。

研究生是一个不同于本科生的全新阶段，当第一次接触课题——D-阿拉伯糖醇生产的研究时，窦媛还处于茫然和不知所措的状态。但内心的目标让她逐渐坚定起来，为了彻底了解这一研究领域，她阅读大量的相关文献和最前沿的研究报道，从而逐渐明确项目的内容和研究的方向。

窦媛特别感谢齐向辉老师，齐老师是她学术生涯的引路人，对她的影响很大。通过读研期间接触的第一篇相关领域的参考文献，窦媛认识到合成生物学竟然这么神奇，用绿色安全的生物合成法代替昂贵高污染的化学合成法，竟可以在生物研究和工业生产上发挥如此重要的作用。那一学期，窦媛慢慢地深入课题中去，研读了近百篇文献，为即将开展的课题做了知识储备。在提升专业知识与理论素养的同时，窦媛将部分精力投入实验环节，一有空余时间就进入实验室向师兄师姐学习实验知识，把从书本上学到的理论知识结合到实验课题中。正是由于这份勤奋与努力，窦媛在研究生早期便拥有了较好的实验积累，同时也进一步提升了对科研的兴趣和热爱。

上进为代　永不停歇

疫情期间江苏大学发布了提前返校政策，窦媛立即申请提前返校以便全身心地投入实验中去。了解实验的有关内容后，窦媛制订了初步的实验计划。但她发现实验远远没有想象中的那么简单，所得到的实验数据也与文献上的报道不符。初尝失败的窦媛并没有感到焦虑，也没有选择放弃。她首先多次重复了实验，排除实验误差和偶然性的影响。同时，她试着转变固有的思维方式，以另一种途径重新设计实验，发现可以利用不同底物、通过不同路径来进行发酵实验。可是实验结果还是不尽如人意，后来窦媛开始尝试利用分子生物学工具，以全新的思路重新设计实验。

然而食品出身的窦媛对生物学背景不够熟悉，刚开始接触实验的她在实验室中只能描头画角，跟着师兄做一些最简单的实验。后来在阅读了大量专业书籍和文献后，她从最基础的知识开始学习，遇到不懂的问题就积极请教师兄师姐。窦媛觉得对新领域的学习应该更加认真刻苦，从而锻炼自学和解决问题的能力。窦媛在学习和科研中所表现出的积极向上和不断进取的态度，使得她的科研和学习能力逐渐提升，实验也开始有些眉目。同时窦媛对自己的要求也不断提高，尤其是在对待科研和实验的相关事宜上，她始终秉持严谨好学的态度，主动学习，仔细探究。在她看来，科研的魅力就在于不断尝试和创新。没有不适合的科研，只有缺乏进取和变通的心态。

创新为帆　乘风破浪

回忆起实验的这段经历，窦媛一直都怀揣着感恩之心。没有人会愿意不断品尝失败的苦果，在最开始面对连续的失败时，她也备受打击，难过哭泣，甚至怀疑自己。但经历过一次次失败后，窦媛变得坦然和冷静，无论面对怎样的结果，都能很快平复下来，从不同角度去分析，从中汲取教训，马上设计新的实验。正是这些不尽如人意的实验结果，让她学会在逆境中分析和解决问题。正如齐向辉老师曾经教诲她所说，“在科研中不能被自己一成不变的思想所束缚，任何实验结果，都要试着转变思维去挖掘它的潜在价值和创新点”。现在，在科研过程中冷静处理、转变思维在窦媛身上已经成为一种常态，她相信自己在科研的道路上会越走越远，越来越好。

任何一件事的成功都需要经历漫长的过程，灿烂辉煌的荣耀背后也蕴藏着艰辛的汗水。窦媛深知想要取得优异的成绩也不是一蹴而就的。由于前期实验的不顺利影响了她的实验进程，当身边的同学相继发表 SCI 论文时，她还在紧张地进行着实验，每天在实验室工作超过十个小时，甚至利用每周末休息的时候来实验室总结一下本周实验的结果，并构思下周实验的安排。只有在科研上投入巨大的时间和精力，才有成功的可能。窦媛知道自己晚了一些，所以她要跑着向前，全力以赴地坚持，她相信不久就会追上实验进度，就会得到实验成功的结果。

正如居里夫人所说，伟大的科学者在实验室里的生活，是对物体和对周围一切的执着地斗争。正是秉承这样坚定的态度，窦媛一直严谨地对待科研，发奋图强，不断进取，注重对自己科研思维和创新能力的挖掘，逐渐实现自身的全面发展。虽然未来的科研之路还很长，但是具备强大抗压能力、充满自信的她，已经做好了迎接挑战的准备。她要做的是以她微薄的力量为真理服务，在科研的道路上勇往直前。

导师寄语

窦媛同学对待自己的实验课题总能表现出认真好学的态度，能够熟练运用所学的专业知识解决实验过程中遇到的难题，分析问题和解决问题的能力较强。希望窦媛在接下来的学习中，能够保持之前的工作状态和科研热情，取得更多的科研成果。

食品与生物工程学院教授　齐向辉

期望已许，追问未矣

周昌倩，女，1996 年 1 月生，食品与生物工程学院 2020 级博士研究生。获校学习优秀一等奖学金和校“三好学生”“优秀毕业生”、2016 年暑期社会实践“先进个人”等称号。获 2019 年江苏省研究生数学建模大赛二等奖，江苏大学第十一届节能减排竞赛二等奖。

周昌倩一直都不认为自己是聪明和优秀的，这不是自卑，也不是自我否定。莫道君行早，更有早行人。从本科、硕士到博士期间，她始终觉得发生在她身上最幸运的事情，就是遇到了许许多多身上闪耀着勤奋、刻苦、自律、自信、勇敢光芒的家人、老师和朋友们。正是这些在不同道路、不同方向发光发亮的优秀的人，一直指引和激励着她，让她可以一直坚持自己心中的路，不念来时艰难，不惧前路漫漫。

与君初相识，犹如故人归

江苏大学食品质量与安全专业是七年前的周昌倩坚定地填在高考志愿里的。

那天，刚下课的她，吃饭时偶然瞥见电视中播放着很多实验员在实验室忙碌的场景，画面里有一位中国农业大学的老教授，他身穿白大褂，向记者介绍着抽检食品的合格率。如今，是什么节目、抽检的什么食品，她早已记不清了，能回忆起来的是老教授在节目里一直反复强调的一句话：“食品关乎生命，安全重于泰山。”如今想起，这句话在心中沉淀得越久，分量也越发沉重。

跋涉千里，周昌倩终于踏入了江苏大学，也第一次知晓了日夜期盼的烟雨中，还有镇江这个城市，虽然不比省会的繁华，但是别有了一份江南的婉约和静谧。

初入大学的周昌倩，认识了很多来自天南地北的同学，她们身上有着自信从容的积极态度，也有着勤奋自律的可贵品质。周昌倩见过夜晚十点教室明亮的灯光，也听过清晨五点的琅琅读书声；她羡慕过出国留学的高分大神，也目送了保研至一流名校的同学的背影……大学四年，身边优秀的同学一直默默地影响着周昌倩，也督促着她进步，让她明白光鲜的背后是汗水，是日复一日的练习，是一步一步朝向目标的坚持。在本科学习期间，周昌倩热爱钻研食品基础学科知识，积极参与食品专业相关的实习活动及课外创新拓展训练计划，以此深入学习和了解学科发展现状，延伸科学创新思维能力，为以后从事食品科研奠定扎实的基础，此外，她还分别主持了江苏大学大学生实践创新训练项目和大学生科研立项各 1 项。

在夯实食品学科知识的基础上，周昌倩还担任了食品与生物工程学院团委学生副书记和班级团支书，在课外多次参与社会实践活动及志愿者公益活动，2016 年她获评暑期“三下乡”社会实践活动“先进个人”。除了参与社会实践活动之外，周昌倩还积极参与丰富的课外综合素质拓展活动，发挥自我特长，从而促进自身综合素质的全面提升。

此地再相遇，惊喜一如故

走上研究生之路，是惊喜，也是挑战。

大二时，学校首次实施五年制预备生培养制。周昌倩认为这是能继续在食品方向深入研究的宝贵机遇，因此，她毫不犹豫地抓住了。2018 年 9 月，周昌倩又一次以新生的身份踏入江苏大学食品与生物工程学院。看到熟悉的环境和熟悉的老师、同学，她坚信一年前选择留在食品与生物工程学院继续科研之路是正确的决定。时至今日，周昌倩仍然感谢学院给她的机会，让她在接下来的研究生生涯中，接触到更多更有意义的挑战；在一次次突破这些挑战的同时，周昌倩也认识到越来越多优秀的榜样，学习到越来越深入的专业知识，实验技能也越来越熟练。

刚进入硕士生活的第一年，周昌倩难免会有些不适应，但在导师和课题组的各位师兄师姐的耐心帮助下，她打好了一名硕士生所需具备的各项专业基础和实验操作基础。在学好专业基础课的同时，周昌倩还注重在学术研究过程中不断拓宽自己的知识面，掌握研究最新科研动态与发展方向的方法，对研究过程中遇到的问题，能够通过查找图书资源及向老师和同学请教来解决；参加了江苏省大学生数学建模竞赛和江苏大学节能减排大赛，在团队的努力下均获得二等奖，并申请两项专利，这也让周昌倩进一步坚定了“认真付出终有回报”的信念。

进入硕士生活的第二年，周昌倩在具备专业理论和实验基础的前提下，开始了第一篇学术论文的准备与研究。无论是前期的论文选题工作，还是到后来的实验阶段和实验结果分析阶段，导师都为她提供了非常重要的帮助，不仅让她学会了如何合理构思论文框架，还逐步掌握了写作思路与方法，并准确分析实验的结果。周昌倩积极地进行着科研实验，过着宿舍、食堂、实验室“三点一线”的生活。最终，成功发表 2 篇 SCI 论文的她明白了完成每一项研究的价值，它们虽微弱、渺小，但是也撑起了黑暗中的一方光亮。

学道当猛烈，始终守初心

惊喜之余，是努力，再努力；是坚持，再坚持。

到了博士一年级，正处新起点和迷雾中心的周昌倩，心中知晓前方还有很多的未知和挑战在等待，但是她不惧怕，她仍然坚信迷雾的尽头终现光亮。

三年的研究生时光虽然不长，但经过不断的积累和沉淀后，周昌倩明白了科研之路漫漫，更需要自己内心的坚持和努力，而一个人的成长重在自身能力的强化，她希望自己能在感兴趣的研究方向继续前行。

在这三年的研究生生活期间，思想上，周昌倩依然坚定自己心中的政治理想与信念，不断向党组织靠拢。虽然她现在还不是党员，但是仍以党员的标准来要求自己，向身边优秀的党员学习，不断提高自己的思想觉悟与思想认识，疫情下更能够感受到党和国家带给人民的无限温暖。学习上，周昌倩逐步尝试在他人的基础上开拓创新，不断发展和丰富所学知识，逐渐由原来的按部就班学习转变到有目标地思考与科研创新。科研是科学的研究，做实验要戒骄戒躁，不可盲目猜想与假设，要有根有据，经得住他人的质疑与推论，要用实践来证明理论。生活上，周昌倩经常主动帮助身边同学完成相关的实验项目，辅导学弟学妹们熟悉实验流程和基础实验操作，致力于为课题组营造团结友爱、积极向上的良好氛围。

遥思风雪夜，莫忘是初心。这段时间的学习和生活对周昌倩来说意义非凡，她的思维方式、个人素养都有了质的改变，这是充实且有意义的一段经历。周昌倩相信这些经历和积累都将成为她人生道路上的宝贵财富。“Work hard，play hard”是周昌倩的座右铭。她希望在接下来的生活和学习中能坚持这句话所传递的精神，努力钻研自己热爱的学科方向，坚持自己所热爱的兴趣和工作，成为独立并且自信勇敢的人。

导师寄语

周昌倩同学学习态度积极，能主动承担自己的科研任务，有较强的研究探索能力，在研究过程中表现出较强的综合能力，同时为人谦和热情，具有很强的团队合作意识和动手能力，对本专业的学习始终怀有极大的热忱。希望她继续加油，追逐梦想！

食品与生物工程学院教授 林 琳

不忘初衷，不负白衣

石宝倩，女，中共预备党员，食品与生物工程学院 2020 级硕士研究生。获校一等学业奖学金和校“优秀研究生”荣誉称号。

劳其筋骨，饿其体肤，寻求生命中无数个挑战，征途是星辰破晓。

——题记

Go for it

在考研期间，石宝倩就在心中告诉自己，一定要让未来三年的求学路走得充实，只要能实现心中的一个个小目标，所有的坚持都是值得的。进入江苏大学以后，石宝倩便下定决心，要认真学习专业知识，投入科研工作中并做出成绩，不断向自己的小目标靠拢。初入校园，她对于研究生的科研生活并不是很了解，机缘巧合之下，在研究生院主办的“学术经验分享交流会”上，来自几个学院的获得国家奖学金的师兄师姐的分享给她留下了深刻的印象，PPT 上自我介绍里“4 篇 SCI 一区第一作者”和罗列的大大小小的科研赛事刻印在了她的脑海中，除了内心的羡慕更有被激起的斗志。自那天起，石宝倩的目标日益明晰：踏踏实实搞科研，争取在自己的研究领域有所突破。

要成为一名合格的科研人，光有热情是不够的，还要有一个清晰的研究方向和研究课题，于是石宝倩主动联系导师，请教如何能够快速地投入科研生活。导师分享了自己的科研历程并结合当下课题组的研究课题给出了一些建议，告诉她不要急于求成，要先通过检索文献了解该领域的研究内容再确定具体的研究方向，多对比多研究，并且要学习一些科研所需要的软件，为日后搞好科研打下坚实的基础，以便提高科研效率。

Just do it

在与导师和师兄师姐交流以后，石宝倩不再盲目地为自己设立不切实际的目标，而是摒弃浮躁的心态，沉下心来在学好专业课程的同时抓紧时间阅读文献。根据日后研究方向需要，石宝倩认真学习了核心课程并选修了相关课程，勤奋刻苦，取得了专业第二的学业成绩。课余时间，她充分利用学校的图书馆资源，认真查阅优秀硕博论文、行业顶级期刊论文，对于好的研究思路她会及时记下来。此外，她经常参加学校举办的多领域、跨学科知识讲座，进一步拓宽知识面，研究思路不断开阔，自身综合素质不断提升。

研一期间的几次组会后，导师给每个学生分配了科研任务，每一个研究生要制订一个小论文的实验方案。在与导师和师姐探讨的过程中石宝倩发现动物源食品中抗生素残留的检测仍然没有快速高效、灵敏度较高且能实现现场检测的方法，于是决定通过进一步的实验尽可能地优化方案以解决这一问题。在查阅文献后，石宝倩开始着手纳米材料的合成，在尝试MOF 材料、金属粒子、量子点等之后，她比较顺利地完成了定性实验，但荧光信号并没有达到预期的效果，对标准样品检测的灵敏度也有待提高。经过一段时间的尝试，石宝倩终于通过对该材料进行基团修饰解决了第一个小问题，也算是完成了万里长征的第一步。随后对标准品的检测、设计微型设备、撰写论文，每一步她都谨慎对待。

科研就是发现问题、分析问题并解决问题的过程。关关难过关关过，这个实验从最初的构思到最终的完成，让石宝倩第一次感受到了科研的魅力与不易，她对科学家们勇于探索未知、锐意进取、十几年如一日地坚持、甘于奉献的精神更加敬畏。她在初次体验的过程中收获了很多，对未来的科研也更有信心。

Our journey begins

虽说给自己设立的小目标还没有实现，科研路上的绊脚石也会随着研究的深入不断显露出来，但石宝倩深知科研之路不是一帆风顺的，每一个步骤都需要精雕细琢。人们常言，对待科研要怀有敬畏之心。石宝倩始终相信，方法总比困难多，当一个个挑战接踵而至时，她会迎难而上，将一个个不起眼的想法，变成一个个灵活有效的办法。石宝倩对未来充满信心，因为“人生除了放弃，没有失败”，只要不放弃，努力克服一个个难关，哪怕成功来得如同蜗牛一样缓慢，但它一定会来。

张嘉佳的小说《老情书》里面有一位老太太在教训自己的儿子时，说过这样一段话：老和尚说终归要见山是山，但你们经历见山不是山了吗?不趁着年轻拔腿就走，去刀山火海，不入世就自以为出世，以为自己涅槃来的？我的平平淡淡是苦出来的，你们的平平淡淡是懒惰，是害怕，是贪图安逸，是一条不敢见世面的土狗。初读这些文字，有些晦涩拗口，但仔细思考后，石宝倩感到字字戳心，更加坚定了她不甘平庸的决心。

以问题为导向，提升解决问题的能力，梳理做事的逻辑，在科研过程中显得尤为珍贵。石宝倩始终能够正视且尽力弥补自身的不足，立志不断提升自己，用知识武装头脑，不断地给自己充电，用实践提升自己的核心竞争力，力争日后在激烈的社会竞争中能够积极进取、迎难而上。

导师寄语

科研之路需要坚韧不拔的勇气、敢为人先的创新、兢兢业业的坚持和不断上进的热情。希望石宝倩同学在今后的工作和生活中能永远保持一颗赤子之心，踏实勤勉，成为新时代服务祖国的有为青年！

食品与生物工程学院教授　石吉勇

因为热爱，所以坚持

皇圆圆，女，中共党员，食品与生物工程学院生物与医药专业2020级硕士研究生。获校一等学业奖学金和校“优秀研究生”“优秀共产党员”荣誉称号。

凡事都要脚踏实地去做，不驰于空想，不骛于虚声，而唯以求真的态度作踏实的工夫。以此态度求学，则真理可明，以此态度做事，则功业可就。

——题记

心怀热爱，博学以笃志

如果把生命比作一棵树，那么这一生我们都在一点一点地汲取营养，把根深深扎进土壤，慢慢地从一棵小树苗长成参天大树。皇圆圆不管是在学习中还是生活中，都始终保持着乐观积极的心态、踏实诚恳的姿态。

热爱，是一种领悟，一种坦荡。从2016年选择了食品科学方向进行学习，皇圆圆便在此领域潜心耕耘，虚心学习。对待每一门学科，每一次课堂，每一次作业，每一次实验，每一次比赛，她都怀着十足的热情和认真严谨的态度去学习、去完成。在与团队合作的创新创业大赛项目中，皇圆圆全身心投入，到图书馆一本一本地查阅资料，思路理了又理，方案改了又改，一遍遍地和队友讨论内容、确认方向，凭着一腔热情，完成了一项项任务，熬过了一个个夜晚。最终她在“互联网+”“挑战杯”“食品科技节”等大赛中分别荣获一等奖、二等奖。岁月悠悠，衰微只及肌肤；抛却热忱，衰颓必至灵魂。皇圆圆始终保持热爱，笑对学习与生活中的每一个难题。

考研过程十分艰难，皇圆圆凭着踏实诚恳的态度，在一道道高数题中进行头脑风暴，在一篇篇英语阅读中上下求索，在一个个政治问答题中细细思考。她在一个个背单词的清晨里历练，在一个个解题的夜晚沉淀。她一步一个脚印，经历时间检验，终于以总分 340 分的优异成绩踏入了江苏大学生物与医药专业的大门。又是新的起点，又有新的目标，但不变的，是永远踏实做事、诚恳做人的态度，这是皇圆圆生活的准则，也是她博学以笃志的法宝!

踏实做事，行稳而不辍

2020 年金秋九月，桂花飘香，皇圆圆来到江苏大学，成了一名研究生。犹记得新生开学典礼上，优秀的学生代表在主席台上发言，一位研究生学姐不仅是江苏大学研究生学生会主席，还获得过多项荣誉，学姐优秀的履历让她有了榜样，当时她就暗暗发誓，一定要刻苦努力，成为像学姐一样优秀的人。

“山不让尘，川不辞盈。”此刻的你努力付出，将来的你才有可能收获丰收的喜悦。在研究生第一学年中，老师经常布置 PPT 汇报的作业，皇圆圆会与同组同学认真讨论，合理分工，积极担任演讲的工作，这不仅锻炼了她沟通交流的能力，也培养了临危不惧、随机应变的能力，她也越来越喜欢在讲台上为老师和同学带来好的想法和建议。课余时间，皇圆圆会利用学校的文献库来查阅文献，获取与自己课题相关的资料，研究自己的实验方法等。坚持从一点一滴的小事做起，踏实学好每一门课，付出足够多的努力，才能收获自己想要的成绩。春夏秋冬，年复一年，皇圆圆都在不断地勉励自己，要踏实做事，低调做人。从基础学习到深入钻研，积累跬步以奔向千里。

精益求精，行远必自迩

严谨、认真是每一位科研工作者最基本的素养，同样，皇圆圆也在向着这个方向努力。研一第一学期开始，陈秀敏教授就帮助她制定了研究方向，并提出了每两个星期开一次组会的要求。在明确了研究方向后，皇圆圆不再迷茫，向着自己的研究目标努力。首先，她向同课题组的师兄师姐们学习了如何快速地查阅文献，找对方向后，开始努力研究自己的课题；然后，她在查阅大量文献的基础上，制订了尽可能完善的实验方案。

“人生的每一步路都是要用脚来丈量的。”只有脚踏实地，才能缩短理想与现实的距离。虽然有了实验方案，但实验的过程中会遇到各种问题，只有去实践，才能知道到底哪一种实验方法适合这一指标的测定。她深知，在科学研究中，要实事求是，认真严谨。

在测定结合多酚的实验中，皇圆圆先是查阅大量文献，找到一种可行的方法，再与同门交流，确定实验的各个细节，完成试剂准备工作，再开始进行实验。但实验过程中出现了很多问题，如调节 pH 值时不好掌握度、旋蒸时最后一点液体蒸不干、旋蒸瓶中提取液蒸干后难以用水溶解等。但皇圆圆并没有气馁，而是更加有干劲，思考可能导致这些问题的原因，逐一排查，重新进行试验，最终找到了解决办法，成功将结合多酚从滤渣中提取出来并测定了提取液中的结合多酚含量。

现实世界只垂青踏实做事的人。人的一生是漫长的，人生这条路，就像登山，遥看目标似乎高不可攀，只要你往前走，即便是一小步，也有新的高度。

导师寄语

爱因斯坦说过，勤奋是世界上一切成就的催生婆。在铺满荆棘的科研之路上，只有找到自己的兴趣所在，并为之坚持不懈，才能够到达胜利的彼岸。希望皇圆圆同学在今后的工作和生活中积极进取，朝着自己的目标努力奋斗。

食品与生物工程学院教授　陈秀敏

与科研结下不解之缘

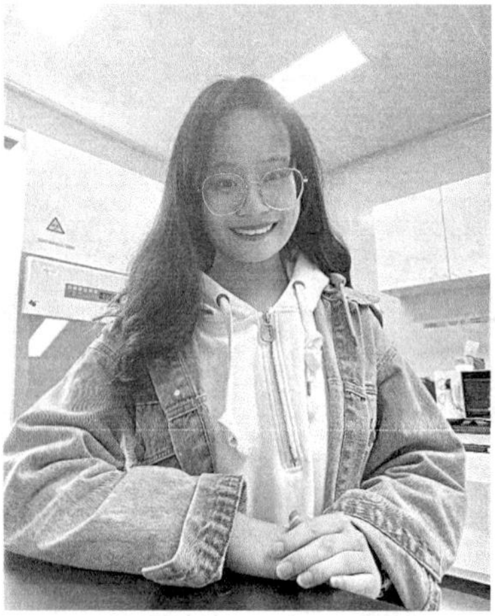

王梦姣，女，1998 年 9 月生，中共预备党员食品与生物工程学院生物与医药专业 2020 级硕士研究生。获校一等学业奖学金，校“优秀共青团员”“优秀研究生干部”等荣誉称号，获四川省成都市诗词创作朗诵大赛二等奖。

如月之恒，如日之升。如南山之寿，不骞不崩。如松柏之茂，无不尔或承

——题记

自小深草里，而今出蓬蒿

王梦姣刚进入大学的时候，与亲人遥远的距离让她彷徨不安。甚至大一期间，因高考意难平的她消极过一段时间。但是，大学生活百花齐放，高中养成的学习习惯不允许她消极懈怠。

刚进学校的时候，师兄对王梦姣说：“如果你用高中百分之五十的拼劲来拼你的大学生涯，那就已经足够让你变得优秀了。”她当时的第一想法是“要百分百努力”。在新学期的课程学习当中，面对完全陌生的大学学习模式和专业课，王梦姣下定决心努力储备专业基础知识，与图书馆结下了不解之缘。课余时间她和队友一起踢足球，画喜欢的国画，带着自己创作的诗词去和其他同学切磋交流。大学生活充实而又美好，王梦姣逐渐找回自

信，褪去稚气，逐渐成熟，并在食品专业中真正找到了自我，并确定自己的未来规划。

寻路入白云，浩气展虹霓

本科对食品的研究较为宽泛，而王梦姣对科研的渴求是在大三的时候。她的父亲因急性心肌梗死被送进了重症监护室，是由2型糖尿病引起的并发症。因王梦姣在外地求学，所以一直到父亲出院，家里才告诉她这件事。她当时十分庆幸自己是食品专业的学生，可以用自己的专业知识来帮父亲调养身体。自那以后，王梦姣不断学习食品营养学和糖尿病代谢的相关知识，每天叮嘱父亲的饮食。她的父亲说，他现在的血糖水平几乎和正常人一样了，虽然可能一辈子都离不开药物，但是十分感谢女儿。

王梦姣觉得现在所学的知识还远远不够，于是决定考研。从大三的夏天到大四的夏天，坚持备考了一整年。其间王梦姣有过紧张、焦虑、甚至害怕，有的时候真的想放弃，但她还是咬牙坚持了下去，最终被江苏大学食品与生物工程学院录取。百般坎坷，终见光明。王梦姣在开学之初，便毫不犹豫向导师提出自己的想法，她想研究具有降糖作用的物质，并得到了导师的大力支持与指导。王梦姣立志在这条路上走下去，为父亲，为需要的人，贡献一份属于自己的力量，这是她读研的初心，也是她的责任与使命。

暴风劲雨时，云开见月明

有人说，仅仅是内心坚定，要达到目标是远远不够的。王梦姣相信人的潜力是无穷的。她的第一篇英文综述写作过程十分坎坷，导师的一番话，“一篇好的文章，每一个字都不是随意说出来的，均需要有理有据有逻辑”，深深扎根在她的心中。她相信，每天进步一点点，所有的努力都是值得的。

事实证明，广泛阅读文献是一种好的知识积累方法，在所看的众多文献当中，王梦姣找到了自己想研究的物质——萝卜硫素，并满怀热情地设计实验方案，开展相应的实验。早7点至晚11点，文章、实验和班级管理这三重任务让她忙碌起来，每天“两点一线”的高效率生活让她身边的人由衷地敬佩。

然而，实验并非一帆风顺的，甚至会出现几个月都没有成果的情况。刚开始的时候，王梦姣一直无法提取出想要的组分，相关的文献几乎研究遍了，但还是找不到原因在哪里。有时候想要放弃，可是她那股不服输的劲，支撑着她继续查阅文献，继续寻求导师和师兄师姐的帮助。在迷茫中前行，在前行中修正，在修正中完善。最终，王梦姣找到了突破口，根据现有的酶解提取条件，将每个因素的作用都发挥到最大，更换原料、水解酶，更换反应环境，并且将物料比做到最小。经过一次又一次的提取与测定，她在液相上看到了自己想要的峰值，那真是漂亮的峰形。

心栖梦归处，不负韶华年

新的学校、新的环境、新的阶段，王梦姣都会全力以赴，不留遗憾。升入研二的她更是多了一份底气和勇气，面对未知不再茫然无措。她认真对待每一个培养环节，以专业综合测评第一名的优异成绩获得研究生一等学业奖学金，荣获校“优秀研究生干部”称号，此外，王梦姣利用暑假时间，参加了瓦赫宁根大学的留学交流项目，与来自各国院校的同学一起学习食品前沿技术。科研生涯给了她想要的知识，让她得以成为自己想成为的人。

不问过去，不惧未来，只要有天空，雏鹰就会有翱翔的机会。人生道路上没有到不了的黎明，没有走不过的黑暗，她会一直走下去，坚定如日升月恒、如南山常在、如松柏常青。

导师寄语

求学之路漫长而艰辛，但王梦姣同学勇敢地选择了读研，与实验室的瓶瓶罐罐握手，与各种分析设备和检测仪器共舞。希望王梦姣同学能把握现在，开创未来，在自己喜欢的事业中奉献青春！

食品与生物工程学院副研究员　何远清

扬起自信的风帆

古湘月，女，2000 年 5 月生，中共党员，食品与生物工程学院食品科学与工程专业 2018 级本科生。获校学习优秀二等奖学金和校“三好学生”“优秀共青团员”等荣誉称号。主持校企合作大创项目 1 项、科研立项 1 项。

古湘月在刚进大学时很不自信，她没有什么才艺，成绩也不突出，不知道自己喜欢什么，也想不明白以后要从事什么职业。一切都是未知的，所以她迫不及待地想要尽快去适应大学生活。

大学的目标应该怎么制定？古湘月想从书本中寻找答案。“大学者，研究高深学问者也。……苟能爱惜光阴，孜孜求学，则其造诣，容有底止。”她在心里告诉自己，大学是增长知识，锻炼本领的地方，希望大学四年学有所获，学有所成。最终古湘月确立了大学生活的方向：好好学习，在掌握知识的同时参加课外活动和科研活动来充实和锻炼自己。大学四年，古湘月自始至终都在为了这一目标而努力。

坚持自我，沉淀芳华

明确目标后，就要一步一步去实现。首先，古湘月要做的事是努力夯实基础，学好专业课程。因此，在学习上，她勤奋刻苦，学习态度端正，独立思考，课后与同学们交流学习。课余，只要一有时间她就去图书馆，开拓思维，积累知识。其次，古湘月寻找每一个上台讲话的机会，借此锻练表达能力。记得古湘月大学第一次作报告是在思修课上，当时古湘月还不能熟练运用PPT操作，地方口音也很重，正式报告那天还因仪器故障不能播放PPT，最后因紧张、超时被老师开玩笑地送下讲台，但也总算是迈出了第一步。

后来古湘月参加菁英学院的竞选，三轮筛选，她紧张又激动地准备着，一遍又一遍练习着自我介绍，常常向学长学姐请教经验。最终，她成功入选。在那里，古湘月认识了来自各个学院的人，他们是一群热情、充满好奇、有进取心的人。来到菁英学院的第一个挑战就是开口练，也即上台演讲，主题不限，但必须原创，每个人每学期必须参加两次及以上开口练，一次中文、一次英文，第二次必须脱稿。古湘月不敢上台，看到其他人纷纷填报名表，她只想尽可能地把自己缩在一个角落。筛选主题、写稿、背诵、练习，她提前一周准备，上台时还是讲不出来，她既气愤又懊恼。

也是在菁英学院，古湘月参加了“文才与口才”课程，开始接受演讲的训练，她明白了演讲首先要自己相信自己所说的话，然后合理运用声音、表情和手势将所表达的内容传递给听众，这些都可以通过反复练习达到较好的效果。不要害怕说错字词，也不用太在意某些发音错误，连贯流畅更重要。在这里，老师和同学们都给予了古湘月很大的帮助。通过学习技巧，她不再把上台讲话当作一件难事，后来在作课堂报告时，她的讲述赢得了听众热烈的掌声。

挑战自我，追求卓越

大二时，经过一学年的知识积累与实验锻炼，古湘月准备参加科研项目。在和导师商议后，确定了“蜂蜡中高级醇的超声辅助超临界流体萃取”的主题。组队完成后，首先要做的就是写项目申请书，古湘月上网学习了查找文献、撰写申请的经验，这些都是短时间内能完成的，难的是去认识一个未知的领域，光理解概念性知识就花费了她一个星期的时间。最令人意想不到的是在申请书已经成形时，因为种种原因她和团队不得不放弃这个主题。来不及惋惜，古湘月和团队成员已经开始寻找新的主题，最终在老师的帮助下，确定了“微藻螯合物的制备和理化性质研究”这一主题。这一次有了前期的经验，一切都比较顺利，只是要和时间赛跑。在这十天里，除了上课、吃饭之外，她都坐在电脑前，将初稿提交给老师后，她终于美美地睡了一觉。

因为疫情，暑假古湘月不能去学校做实验，所以她和团队开始准备与项目相关的综述类文献撰写。一开始她们就给自己定了“规矩”，更多参考英文文献，只总结近五年的研究成果。这与申请书撰写相比难度更大了，文献综述需要更详细、更全面地总结，而且阅读英文文献对她来说也是一个难题。古湘月从师姐那里获取经验，下载了一些阅读英文文献的软件，先自己逐句理解，然后翻译，遇到不懂的地方，再查找其他资料理解。在自己大概清楚了文献综述的内容结构后，她再和团队成员商议，分配了任务。最终提交的初稿被老师密密麻麻写满了批注，她也觉得其实可以做得更好。

等到再开学已经是大三了，古湘月和团队成员迫不及待地想进实验室。一开始，古湘月跟着师兄师姐学习，掌握了一些实验技巧后就正式开始做实验。做实验时才发现，申请书上写的操作步骤并不完整，有一种试剂并未定量，她寻求了老师帮助，老师给她讲解了实验原理，最后才把用量确定下来。虽然跟着师兄师姐学习了很久，但自己操作起来还是不够连贯，有时上一步的试剂已经配置完了，但下一步操作的仪器还没有预热。有时按照文献的方法，一直做不出来想要的结果，最后也只能去寻找另外的方法。

由于一直都在做一些重复的操作，时间一长，古湘月开始觉得无聊。实验中超声的声音很大，又因为要人为调控 pH，很多时候一天要在实验室待 10 多个小时，人也很疲惫。古湘月开始怀疑能不能在一年内完成这个项目，但又感到无能为力。她只好找老师说出了自己的担忧，老师开导她结题并不是要将实验全部完成，有阶段性的成果就可以发表论文。做科研要孜孜不倦，不能因为一点儿困难就放弃。在这个过程中，她和团队成员也有过摩擦，也有过委屈、埋怨、愤怒，想要放弃的念头，最终都在答辩结束的那一刻烟消云散，一切都值得。

肯定自我，逐梦前行

生活不只有科研。在过去三年，古湘月经常参与学校组织的各类活动，获得了江苏大学高等数学竞赛二等奖、江苏大学运动会女子 4×100 米项目三等奖等荣誉。此外，古湘月也重视学术交流对个人专业能力的影响。她利用暑期时间，参加了由南洋理工大学举办的关于“食品安全与未来粮食系统”的课程学习。在和教授、同学们进行了一次次课堂交流后，古湘月了解到了很多之前未曾接触到的领域，受益匪浅。经过三年的不断努力进取，她开始慢慢学会接纳自己的不足，一步一步建立起自信。

面对未来，古湘月立志不断地提升自己，不断奋力前行，找到热爱的事业，为祖国的未来贡献出自己的青春力量！

导师寄语

古湘月同学在大学四年不断地吸收养分，向阳生长。科研之路是一条需要耐心、创新和勇气的道路，既然选择了方向，希望古湘月同学能用阳光乐观的心态去面对挫折，矢志奋斗，只顾风雨兼程！

食品科学与生物工程学院副教授　张　迪

第四章

竞赛标兵篇

作为学校科研实力强劲、特色优势明显的工科学院，食品与生物工程学院一直坚持以科研竞赛为抓手，深入挖掘“院—校—行业—省—国”的创新创业五级赛制，激发学生的创新灵感和科研兴趣。

学院为广大师生的竞赛活动提供了必要科研场地和充足经费支持，组建了“学业导师+研究生导师+专业教师+班主任”的多维创新创业指导团队，手把手指导学生参加竞赛活动、打磨参赛作品。同时，学院还广泛发动校友力量，协调创新创业资源，搭建赛事共享平台，先后与“恒顺醋业”“今世缘”“五香居”“养乐多”等多家知名企业共建校企联合实践基地，加强科技成果转化，鼓励广大学子将科研学习与国民经济一线的实际问题紧密相连，形成了学生全员参与各类创新创业比赛的良好态势。

近年来，食生学子中相继涌现出吴继忠、李家珩、李淼楠等一大批竞赛标兵。学院学生团队连续三届摘得“挑战杯”全国大学生课外学术科技作品竞赛全国一等奖。2019—2020 学年，学院新增 1 个学生团队获第十二届“挑战杯”中国大学生创业计划竞赛全国决赛银奖，1 个学生团队获第四届全国“互联网+”快递大学生创新创业大赛全国总决赛铜奖，成绩卓著，在全校二十多个二级学院中起到了良好的示范效应。

心之所向　踏浪逐光

吴继忠，男，中共党员，食品与生物工程学院2019级硕士研究生。获校一等学业奖学金，校“优秀共青团员”称号。以第一完成人身份获得2020年“挑战杯”江苏省大学生创业计划竞赛金奖，获2020年“挑战杯”中国大学生创业计划竞赛银奖、中联重科杯第六届大学生智能农装国际创新大赛二等奖。

创新是一个民族的灵魂，是一个国家兴旺发达的不竭动力。恩格斯说过：“人类的历史，便是部创造史。”创新需要勇气，需要思索，需要想象力，更需要付出艰辛。吴继忠的研究生三年就一直在为创新而努力。

明确目标，追寻内心所求

研究生阶段的成长，是痛苦的也是快乐的，是寂寞的也是有趣的。想必每一位研究生都经历过实验失败的痛苦、懊恼、自我质疑与否定，但是不要放弃、不要悲观，正确的科研成果正是在一次次的失败和探索中得到的，当经过日日夜夜的摸索得出实验结果后，自会获得巨大的满足和快乐。学习、实验、论文写作的过程是寂寞的，需要静下心来细细琢磨，当学习到知识、收获了技能后，自会感到其中乐趣。在此成长过程中，如何忍受实验的寂寞、失败的痛苦？这就需要明确自己读研的目标，追寻内心所求。

吴继忠早早就确定了自己的读研目标：解决食品安全中的实际问题。因为理论问题应来源于实际问题，并且要解决实际问题。他立志要做一个像陈全胜教授一样的优秀科研工作者，探索食品安全的未知世界，用科技造福社会。吴继忠认为，科研的原动力来源于兴趣。科研的路注定是孤独和漫长的，这些可能会慢慢消磨掉最初的热情，而兴趣可以支撑着你继续往前走。因为感兴趣而坚持往前，因为坚持而越来越感兴趣，两者相互融合，相互促进。

积极上进，做安静学习之人

对吴继忠来说，学习是最该做的一件事，他要努力做好这一件事。研究生阶段，只要一有时间，吴继忠就会静下心来阅读大量的论文、期刊和专著，他最惬意的事就是和作者对话、去斟酌揣摩文中的每一句、去感受学术大家的所思所想。吴继忠对待学习一丝不苟，每堂课都积极坐在教室最前排，每天晚上都会去图书馆复盘当日所学内容，每周都会做总结和计划。他坚信一分耕耘一分收获，时刻提醒自己端正学习态度，保持积极向上的心态，保持谦虚谨慎的作风，保持永不服输的精神，始终坚持多动脑、多请教、多交流、多合作的原则。在自身的不断努力下，在导师与师兄师姐的帮助与指导下，他正在变得越来越好。

吴继忠说，学习是为了自己，而非为了父母和老师，必须对得起自己的良心。学习的最终目标也并不是为了一段简单的汇报或是发表一篇核心文章，而是为了自己内心的满足和充实。既然选择了在学校继续读研深造，就要安于自己的决定，珍惜工作前最后的安静、舒适和自由的环境，专注做好学习这一件事，潜心于静，修心于行，用心于学！

参加竞赛，用努力奔赴理想

每个阶段都有应该要做好的事。在研一上学期末，吴继忠找到了自己的阶段小目标，他报名参加了2020年“挑战杯”创业计划竞赛，跟随团队前行，他们的团队结合夏秋茶资源浪费的现状与我国乃至世界发酵茶及速溶茶产品需求量上升的背景，研发了利用低值夏秋茶生产高品质茶产品的茶叶智能发酵在线监控设备，并形成创业项目：智酿茗茶——开启夏秋茶智能发酵新征程。吴继忠于2019年11月提交创业计划书参加校赛的评选，与其他16支队伍一起入围备选项目并开始参加培训。经过创新创业学院老师们两个月的用心指导，团队成功晋级14强。训练营结束后，团队根据竞赛要求进一步完善项目，先后赴常州金坛茶园、江苏鑫品茶业公司、南京融点食品科技公司开展实地调研。在所有成员的共同努力下，团队项目“智酿茗茶——开启茶叶智能发酵新征程”进入省赛。

2020年9月，团队登上了第十一届“挑战杯”江苏省大学生创业计划竞赛省决赛的舞台，经过项目答辩等环节，团队这一项目最终在339个参赛项目中脱颖而出夺得金奖，成功入围国赛。接下来几个月，团队继续在多名校内外专家的指导下完善项目、演练答辩。团队成员一次次用心地思考、一次次激烈地讨论，一次次耐心地完善，都清晰地留在他的脑海中。经过一年多的备赛，他们累计答辩训练300余次，完善修改演讲稿上百次。功夫不负有心人，时光不负追梦人，最终团队获得了第十二届“挑战杯”中国大学生创业计划竞赛银奖。

这次参赛经历仅仅是吴继忠参加创新创业大赛的开始，后来他还参加了很多其他比赛，相继获得了中联重科杯第六届大学生智能农装国际创新大赛二等奖、第五届江苏省科协青年会员创新创业竞赛三等奖、2020年江苏大学节能减排特等奖、第六届江苏大学大学生智能农装创新大赛一等奖、第十届星光杯大学生课外学术科技竞赛三等奖等奖项。这一项项沉甸甸的荣誉，正是他坚定目标，勇往直前、持之以恒、追求创新的结果。

研究生学习的最终目标便是能够在自己研究范围内，将未知领域向前推进一小步，在此过程中，创新必不可少，甚至可以说是研究活动的重中之重。在研究中尝试前人未尝试的事物，也意味着可能会面对很多次失败和更多的挑战，但吴继忠并不畏惧，他立志加倍努力，坚持不懈，及时发现问题、思考问题和解决问题，最终闯荡出属于自己的一番天地。

“非学无以广才，非志无以成学。”吴继忠明白，现在的成绩只是对他一直以来努力坚持的认可，只有将这一时的成功放在自我激励的位置上，才能取得更长久的成功。在以后的人生道路上，他将会延续创新，坚持探索与学习，努力前行，做一个敦本务实的开拓者。在“博学、求是、明德”校训的指导下，为祖国的食品安全事业奉献自己的青春力量。

导师寄语

吴继忠同学踏实、勤奋，在两年的学习生活中取得了优异的成绩。前路漫漫，希望吴继忠同学能继续锐意进取，务实创新，为食品安全领域做出贡献！

食品与生物工程学院教授　陈全胜

厚植爱农情怀　勇担时代使命

李家珩，男，1996 年 7 月生，中共党员，食品与生物工程学院 2018 级硕士研究生。曾担任院文体部部长，院研究生会副主席。获得江苏大学校长奖学金 1 次、国家奖学金 1 次、校一等学业奖学金 2 次、校“优秀研究生标兵”1 次、校“优秀研究生”2 次。发表 SCI 论文 3 篇，授权专利 1 项，受理专利 8 项，参加中日韩创新工程大赛、“互联网+”和数学建模等省级竞赛并获奖 10 余项。

李家珩生于农村，长于农村。在他幼时的记忆里，收麦子要用镰刀割，尖锐的麦芒会在手臂划出一道道血痕；收玉米要手工掰，毛毛的玉米叶会在脸庞划出一条条红印；喷农药要农民背着药桶，沉重的肩带会将肩膀勒出两条“沟壑”……他目睹着一年四季田间地头的劳作与艰辛，所以他期许着有一天能出乡关、长见识、练就本领，为这片盛满深情、伴他成长的乡村大地献上自己的青春力量。

“有用”与“无用”

李家珩怀揣着为食品农业服务的初心，为强农兴农而不懈奋斗的决心，报考了江苏大学食品与生物工程学院的研究生，最终有幸加入了邹小波老师的课题组。在刚刚步入江苏大学校园时，李家珩心里有一些兴奋和憧憬，但面对未知的研究生生活，面对陌生的实验和科研任务，更多的还是紧张和不自信，担心自己适应不了，担心科研上的问题无法克服。但同时他也清楚地知道这一切都只有时间才能给出答案，所以他对自己说：不要迷惘，坚定地去做眼前的每一件事。慢慢地，从学习到生活，李家珩经历了很多事情，收获了很多，也渐渐适应了研究生的节奏，其中令他印象最深刻的还是对研究方向的摸索过程，从选择到了解，再到一步步进行深入的探索研究。导师的课题组传统上从事的是食品农产品无损检测方面的研究，但随着科学技术的日新月异，越来越多新的研究方向被纳入课题组内。李家珩在组内的研究方向是一类基础较弱的新方向，需要进行很多的摸索和预实验。这对李家珩来说着实是不小的挑战，而且没有可供参考的已有成果，也缺乏可以交流讨论的同门。最初的一段时间内，焦虑不时地困扰着李家珩，所幸他没有放弃，而是去发现和寻找一切可能对研究有帮助的线索，到其他学院去学习，发邮件去请教行业内其他专家老师。虽然现在看来，真正有用的结果可能很少，但当初这种努力的劲头是他最宝贵的收获。

研一开始时，李家珩只关注自己的研究课题和论文，忽视了涉及协调管理团队等方面的公共事务。渐渐地在导师的言传身教下，他认识到从设备调试到实验室管理，这些看似与科研工作没有直接联系的“无用功”同样隐藏着大智慧。李家珩的导师邹小波教授曾说：多做“无用功”又何妨。科研对每个人都是漫长的磨炼，有许多的努力和付出也许看似“无用”，实则却是引导我们最终迈向成功的重要一步。在邹老师的引导与激励下，李家珩所在的课题组成功开发了中式自动化中央厨房，让抗疫一线人员吃上了热乎饭，真正实现了把论文写在祖国大地上。“路漫漫其修远兮，吾将上下而求索。”很多个不眠的日夜里，李家珩都是靠这句话给自己信念。坚持是需要信念的，而信念来源于梦想，来源于责任和担当，给自己努力的机会，再坚持下，也许就会叩开终点的大门。

“潜力”与“奇迹”

从农村走出的李家珩，英语和演讲能力相对较弱，想要提升这些能力对他来说是巨大的挑战。研一伊始，导师要求李家珩根据目前的研究方向写一篇英文的综述文章。刚开始的时候，李家珩连读懂英文文献都很困难，但他秉持着对学习认真负责、精益求精的态度，逐字逐句将重点内容抄录下来。在初次的写作中，严格的投稿要求、精确的文字描述让李家珩很不适应，后来他反复阅读投稿期刊的综述文章，模仿着将论文写完。然而文章写完并不是结束，还要进行修改，在修改过程中，李家珩不断地督促着自己往前走，字斟句酌地推敲细节，寻找文章中存在的语法问题，连标点符号和参考文献也不遗漏，将稿子改了十几遍。经过一段时间的努力，李家珩的文章质量显著提高，顺利地向意向期刊投稿并拿到了录用通知。后来撰写 SCI 文章和申请国际发明专利时，李家珩也总是认真推敲，不放过每一句话。

为了锻炼自己的英语口语和演讲能力，李家珩积极参加各类展示比赛；抓住每一次组会汇报的机会；经常主动和实验室里的留学生交流沟通；学习英文原声演讲视频，对着镜子一遍遍地练习，排演好每个动作，每句讲词。其实，研究生阶段的学习和科研任务比较重，一般很难抽出时间参与活动，在繁重的科研实验和比赛有冲突的时候，李家珩也产生过想要放弃的念头，在导师一番推心置腹的劝说下，他重新对时间进行规划管理，收拾好心情，顶住压力，迎难而上。正是不断的努力让李家珩自信地站上了中日韩创新工程大赛的决赛现场，与不同国家的选手同台竞技，用流利的英文完成了汇报。这份执着也让李家珩斩获了各类竞赛的奖项。这些经历让他明白要相信自己，勇于挑战，坚信潜力是无穷的，奇迹是创造的。

由于突出的个人综合素质，李家珩获得了国家奖学金和校长奖学金，收获了江苏大学“优秀研究生标兵”、江苏大学“优秀研究生”等荣誉称号，并在江苏大学 2020 年学生表彰大会暨“爱国 · 励志 · 求真 · 力行”大学生先进事迹报告会上作为“校长奖学金”获得者代表发表了主题演讲，面向全校师生进行成长经历分享。“只有去尝试，才能知道自己有多大潜力，还好当初没有放弃。”李家珩庆幸当初能够坚持下来，从而遇见更好的自己。

“有字之书”与“无字之书”

习近平总书记在中国科学技术大学考察时语重心长地说，年轻人要心无旁骛，静下心来刻苦学习，既要读“有字之书”，又要读“无字之书”，努力练好人生与事业的基本功。牢记总书记的嘱托，李家珩将学习和思考相结合，做到知行合一，学以致用，在“有字之书”与“无字之书”中书写校园青春。

在研究生会任职期间，李家珩曾多次遇到研会工作与科研学习相冲突的情况，但是他会努力在学习、工作、生活三者之间寻求平衡，根据事情的轻重缓急合理安排时间。他通过主办职业规划大赛、研会迎新主题活动、主持班团风采大赛、组织“我与国旗共同框”等主题教育活动，调动学院同学的积极性，增强班级同学的凝聚力，在科研闲暇之余丰富大家的课余生活。

眨眼三年已过，他不知走过多少的路，经历多少的事情，才走到了这里。幸得导师邹小波教授的谆谆教诲，也感谢当时没有放弃的自己，即使是再笨拙的努力都弥足珍贵。回顾李家珩的研究生岁月，他秉承“自强厚德、实干求真”的江大精神，践行学农、为农的初心理想，在江大“工中有农，以工支农”办学特色的沃土上，全心奔赴，拾级而上，不断续写“知农、爱农、为农”的生动实践故事。他勇担时代使命，不负时代重托，但行好事，莫问前程。

导师寄语

李家珩同学在硕士研究生学习期间，能认真学习，刻苦钻研。通过长时间的理论学习和科研试验，他具备了一定独立的科研能力。希望李家珩在以后的人生道路上勤学、奋进，继续磨炼自我，练就本领，做对国家和社会有用的人。

食品与生物工程学院教授　邹小波

集点滴之露，成百川之流

李淼楠，女，中共预备党员，食品与生物工程学院食品科学与工程专业2019级本科生。获校学习优秀一等奖学金、全国大学生英语竞赛三等奖，获校“三好学生”、校“优秀共青团员”、校“社会实践先进个人”、校菁英学院“菁英之星”等荣誉称号，主持省级大学生创新创业项目1项。

凝水为露，初立志

李淼楠出生在山东省烟台市的一个书香家庭，家中长辈对于儒家文化和道家文化颇有研究。于是，《弟子规》《道德经》等著作便成了她的启蒙读本。幼时，在一个充斥着蝉鸣的仲夏夜晚，她的姥爷怀抱着她，围绕着《道德经》中的“知人者智，自知者明。胜人者有力，自胜者强。知足者富，强行者有志”，给她讲述了一则故事，正是这则故事，让年幼的她明白了“自知”“自胜”的重要性，同时也让她踏上了找寻志向的路途。

李淼楠开始用懵懂的眼睛观察探索这个丰富多彩的世界，用幼小的心灵去找寻自己的梦想所在。渐渐地，她发现，电视里最吸引她的节目，不是动画片，而是关于美食的广告和纪录片；旅行中最大的乐趣，既不是各种吸引着小朋友蜂拥而至的游乐设施，也不是鬼斧神工的自然景观，而是各地独特的小吃……与此同时，李淼楠也发现各种食品健康问题层出不穷，三聚氰胺奶粉事件、瘦肉精事件等食品安全问题正在毒害着中国老百姓的身体健康。自那时起，从事与食品科学相关工作的梦想，已经渐渐凝成最初的一滴露珠，滋养着她的心灵。

初确志向，定方法

自小学起，李淼楠便保持着名列前茅的成绩，在之后的学习生活中，她更是着重培养积累理化知识，为将来食品专业的学习奠定坚实的基础。终于，在千军万马过独木桥的高考中，她发挥稳定，如愿考入了江苏大学食品与生物工程学院，深入学习食品科学相关知识。

进入大学后，李淼楠渐渐地对食品行业有了更为清晰的认知：做食品，仅仅制作出风味是远远不够的，还需要保证合理的营养配比，符合国家食品安全标准，迎合大众需求，有一定的创新性和前瞻性……而这些，都需要扎实的知识储备和熟练的技术操作能力。于是，她给自己制定了一个目标：要用大学四年的时间，让自己成为一名合格的食品科研人。

为了达成这个目标，自大一入学起，李淼楠便在多个方面严格要求自己。在学习方面，她始终保持着严谨认真、勤奋刻苦的治学态度，学业成绩也一直处于专业前列。问及学习方法，李淼楠坦言，自己的学习方法其实十分简单，概括来说就是两点：课堂记录与课后总结。她说，在课堂上，最重要的是专心听讲，将重心放在老师的讲课内容上，始终秉持“听为主、记为辅”的原则。很多人认为做笔记就应该做到“记全、记多”，但李淼楠却认为，记笔记最重要的，是“记准、记精”。正如她所说，“其实，课堂记录只在必要处进行简单的记录和标画，记录重点和难点即可，而不需要一整节课埋头苦记，很多人花费了大量的时间在记笔记上，笔记也做得十分精美，但是对课堂的重点内容却把握甚微，课后复习、回忆时会发现学到的东西十分有限”。在课后，李淼楠则将重点放在总结和归纳上，她并不提倡将大量的时间花费在整理笔记或是做练习题上，而是倾向于找寻知识点之间的联系，达到融会贯通、举一反三的学习效果。李淼楠喜欢将整本书的内容相互联系，挖掘知识点之间的相通或不同之处，然后进行比对，达到增强记忆的效果，而不是通过大量地做题来掌握相关的知识点。

而被问及如何找到最适合自己的学习方法，李淼楠说：“我觉得学习方法是没有好与坏之分的，适合自己的就是最好的。就像最近很多人推荐用平板电脑代替纸质本记录笔记，记录的效率确实提高很多，但是对我而言这种记录方法达到的记忆效果却远不及纸质记录，相比之下，我还是会选择传统记录的方式。所以，我觉得要想找到最适合自己的学习方法，其实最重要的是多实践、多尝试，才能找到提升自己学习效率的最佳方法。”除了学习课本上的专业知识之外，她还着重于了解、学习食品行业相关的法律法规、行业动态等，保持思维的前瞻性和先进性。

征途漫漫，百磨砺

要想成为一名合格的食品科研人，扎实的知识储备只是必备的基础条件之一，优秀的科研能力更是必不可少。为了尽快提升科研能力，李淼楠刚入学便联系了学业导师，虚心求教科研和实验方法。她跟随导师和师兄师姐进行课题实验，白天上课，晚上实验，常常到晚上十点钟才回到寝室休息。时间的流逝、汗水的付出，日复一日的努力见证着她科研能力一步一步提升。李淼楠从一开始只能做清洗实验器材、整理仪器、打扫实验室等基础工作，到可以协助师兄师姐进行测量和记录实验数据，再到能够独立完成导师安排的各项实验；从一开始连最基本的液体滴加操作都完成得磕磕绊绊，到后来熟练操作电子鼻、振荡器等各种仪器；从一开始难以理解实验原理，到后来独立设计、分析实验，最终主持省级大学生创新创业项目。她头脑中的迷雾渐渐消散，科研思路逐渐清晰，实验技能也逐步提升。

与此同时，李淼楠也着重培养自己的国际视野，通过各种途径了解世界范围内食品行业的加工技术与发展情况。在大一暑期，她参加了学校与新加坡南洋理工大学合作的海外学习交流项目，对新加坡的粮食加工系统和加工技术进行了深入的学习。由于新冠疫情的影响，让原本的实地学习改为线上学习，虽未能到新加坡实地感受南洋理工大学的学习和科研氛围，但她仍从线上课程中学习到了许多在学校内接触不到的知识与技术。对于这次学习，李淼楠坦言：“我看到了世界范围内的各种先进的粮食储存、加工技术，同时在食品安全问题、临期或过期食品的处理问题、食品监管问题等方面有了更加深入的学习。在与教授、小组成员的交流过程中，我的英语口语能力和组织领导能力也有了显著的提升，也从小组成员的身上学到了许多。”多种文化的交汇、丰富的体验开阔了她的眼界，也使她学会了用更加全面和深入的眼光看待世界与人生。

汇流成江，永向前

“星光不负赶路人，时光不负有心人。”入学以来的点滴努力慢慢汇成涓涓细流，引领着李淼楠取得一个又一个成绩：校学习优秀一等奖学金、校“三好学生”、全国大学生英语竞赛三等奖、全国高校创新英语翻译赛二等奖、全国大学生传统文化知识竞赛二等奖、校菁英学院“菁英之星”……她总说，自己是一个“平凡、没有故事”的人，然而，每一次看似顺利和幸运的转身背后，其实都是夜以继日的努力、坚定的信念和自律的行动的结果。谈及未来，李森楠表示，她将始终保持那份满怀热忱的赤子之心，保持以往踏实勤恳的治学态度，如勇者般无畏，不骄不躁，朝夕不倦，一步一步地接近自己所选择的远方，一步一步地让最初的点滴露水汇集成江流，迸发出磅礴之势！

导师寄语

李森楠同学待人真诚诚恳、学习刻苦努力，善于沟通协调，上进心强、勤于学习，不断提高自身的能力与综合素养，积极参加校内外各项活动，并取得了一定的成绩。希望今后的你用智慧、才情、胆略和毅力，开辟出一块属于你自己的新天地。

食品与生物工程学院教授　袁　丽

一个理性又浪漫的“艺术生”

刘小裕，女，1996 年 3 月生，中共党员，食品与生物工程学院 2018 级硕士研究生。曾担任班级生活委员和江苏大学 515 街舞协会宣传部部长。获校一等学业奖学金，校“优秀研究生”、校“优秀毕业生”、校暑期“三下乡”社会实践活动“先进个人”等荣誉称号，获“丰岛杯”第六届中国传统食品创新大赛优胜奖。发表 SCI 一区论文 1 篇，SCI 四区论文 1 篇，授权国家发明专利 3 项，参与国内外大型学术论坛并做墙报交流 4 次。

愿每个人都能带着满腔的热血和坚定的信念朝着目标奔跑，再次回首依然是那个眼里有光的少年模样。

——题记

“舍”与“得”

刘小裕这个名字，一直在被贴上不同的标签。小时候在长辈们的眼里，这个名字可能是个美术生；在初高中的语文老师眼里，这个名字可能是个会选择文科的小作家；临近高考的时候，母亲和同学们都觉得，这会是个舞蹈艺术生的名字。而如今的刘小裕，是一名理工科的研究生。

刘小裕从小就非常有主见，大小事情父母都让她自己做最终决定，因此她一直十分明确自己想要什么，自己的目标是什么。在高一时，刘小裕就获得了中国歌剧舞剧院颁发的拉丁舞十级证书；在高考前，母亲劝说、建议她报舞蹈艺术生，她却毅然选择了作为理科文化生参加高考。在刘小裕看来，人生的路没有人可以帮你做选择，在没有偏离人生目标主干路的前提下，永远相信自己的选择。每个选择都没有对错之分，只要能够承担选择的后果，那就去做。

从本科到研究生，刘小裕依然热爱跳舞。然而，对于研究生来说，个人时间并不像本科时候那样充裕，有无尽的实验和需要反复修改的论文，多方压力总是让人喘不过气来。跳舞，要停下来么？刘小裕时常这样问自己，但也总是在第一时间就给出了答案：不！于是，在别人休息、睡懒觉、逛街、看剧、打游戏的周末或节假日时间，她都会用来做实验、看论文，这样一来就可以腾出时间安心地练舞。哪有什么很多的空闲时间，不过都是个人的取舍，只有舍弃了，才会有得到。

“新”与“旧”

本科时候的刘小裕，会选择去做的事情显得相对“枯燥”，亦可以说是中规中矩，因为在轻微强迫症和完美主义的驱使下，那些经过心里计算成功率达不到90%的事情都会被她直接否决。比起尝试后可能成功的喜悦，她更讨厌失败。就连每天的日程表也是提前计划好的，或许这样的生活确实高效，但刘小裕也清楚地知道这样选择的弊端，因为不愿意面对失败、不愿意尝试创新、不想接触计划以外的事情，会眼睁睁错过了一个又一个机会，最后只能懊悔不已。

这样的状态一直持续到她成为一名研究生。面对新的研究课题，由于导师之前并没有涉及此领域，没有师兄师姐的传承，刘小裕惊慌失措且无从下手。一个月都过去了，文献还是看不明白，实验思路也没有头绪，焦躁一步步攻破她的心底防线。一边是多年的习惯，一边是开题的紧迫，权衡之下，刘小裕决定背水一战。专业词汇看不懂，她就重新从高中物理、化学知识开始补基础；找到课程任课老师请求拷贝课件；在网上找视频去学习新领域的知识；通过朋友重重介绍联系材料、化工等专业的同学；抓紧一切机会询问该领域的老师。渐渐地，刘小裕把中文文献看得明白些了，就找该领域的顶级期刊来看，紧跟最前沿的进展。在大量的文献阅读过程中，她把所有的创新亮点记录下来，并思考如何融会贯通运用到自己的课题里。一次次灵感乍现后，刘小裕都努力搜寻足以支撑想法的材料，在被否定后仍旧继续探寻，在失败中积累经验。最终，她在其中一次尝试的过程中找到了创新突破口，和老师探讨后确定了实验方案，经过紧密的实验后，她成功在 *Sensors and Actuators B-Chemical* 期刊上发表文章，并公开 3 项发明专利。回忆起来这段宝贵的经历，刘小裕想，日后再次面对全新的事物时，迈出尝试的第一步也不会那么困难了。

其实，生活怎么会完全是按照计划进行的呢？肯定会有些“意外插曲”，但也正是因为有这些“意外插曲”，生活才会更精彩。刘小裕认为，永远不要停下尝试新鲜事物的脚步，不要失去勇于探索的热情，可能面对一个全新的领域会让人手足无措，但这份无经验又何尝不是一笔宝贵的财富，它能让你跳出常规的思维模式，做出专属于你的风格。

“理性”与“浪漫”

研二的时候，刘小裕在大家的期望下担起了舞团宣传部长的职责，她要负责所有比赛、演出的海报物料及大小周边的设计。对于一个理工背景的她来说，从来没有接触过设计领域，无论是 PS、CorelDRAW 等软件的操作还是设计的技巧，她都一窍不通。然而设计图是整个舞团对外的门面，要在短时间内做出高质量且大家都认可的设计图，让她深感身上的责任之重。寒假期间暴发了疫情，身在湖北的她长时间滞留在家，于是她利用这些完整的时间报网课学习 PS、CorelDRAW 操作和设计基础课，一有空就四处找优秀的设计图分析构图和理念，学习心得笔记积累了厚厚一本，最后设计出来的海报周边得到大家的赞赏，她欣慰又满足。

刘小裕本以为在卸任后再也用不上设计的技巧，却意外地发现这些技巧在论文绘图中起了大用处！不论是在开题汇报中，还是小论文撰写，乃至到最后的毕业答辩，都能听到老师及同学们的夸奖：“刘小裕绘制的 3D 纳米材料和流程图真漂亮！”甚至在毕业答辩结束后，导师让刘小裕给师弟师妹们专门讲一次如何绘制科研用图，这一意外收获让她惊喜万分。“人生没有白走的路，每一步都算数”，刘小裕对这句话又有了新的理解。

有朋友好奇地问刘小裕，为什么每天都是元气满满且积极自信的样子？其实，以前的刘小裕是个敏感且承受能力差的人，会在考研期间怀疑自己，会因为实验数据差而崩溃，会因为竞赛没有拿到名次而失望，会害怕与人相处时失误，会非常在意他人的眼光。在一次偶然的情况下，她听到了一节处理人际关系的网络公开课，授课老师说，其实人与人的交往也是一个学习总结的过程，每个人都应该有一个专门的笔记本，将自己做错的事情，或是遇到别人做过伤害到你或他人的事情甚至听到的言语，都记录下来，形成一个“错事错话簿”，以防自己今后做出相同的举动，无意中给他人造成伤害。

了解这个方法后，刘小裕如醍醐灌顶，随后她创造了属于自己的“感恩簿”，用于记录遇到过的每一个温暖的小举动，或是一个陌生人的帮助，或是同学的关心、朋友的惊喜礼物，甚至很多人觉得小得不值得一提的事情，她都会觉得很珍贵，每次翻看时都被世间的所有美好环绕。刘小裕认为，在这个世界上每个人都是独立的，拥有有限且只会流逝的时间，没有人有责任一定以你为中心，哪怕是父母也没有责任，所以当有人能够将他人生有限的时间分给你哪怕 1 分钟，都应当感恩。她说，做一个温暖的人，比什么都重要。后来，在毕业答辩前那些焦虑且压力大的日子里，刘小裕又为自己建立了一本“优点簿”，随时随地将自己想到的优点记录下来，每次对自己的能力产生怀疑的时候就拿出来翻看，瞬间就会充满能量，想着原来自己还是挺优秀的啊！于是又满血复活地投入下一个任务中。“感恩簿”与“优点簿”便是刘小裕这个“艺术生”独有的浪漫！

导师寄语

刘小裕同学读研期间努力上进，对自己有较高的要求和明确的目标，积极参加与专业相关的科研竞赛，发表多篇论文，获得多项发明专利，具有较强的实验动手能力，是个全面发展的优秀学生。希望刘小裕同学在以后的科研道路上继续创新，不骄不躁，不断突破自我，取得更大的成绩。

食品与生物工程学院副教授　孙宗保

创新猜想，实战求证

杨依然，女，1999年4月生，食品与生物工程学院食品质量与安全专业2017级本科生。获校学习优秀二等奖学金和校“三好学生”、“优秀共青团干部”、暑期社会实践“先进个人”等荣誉称号，获“恒顺香醋杯”食品创新大赛三等奖及“三只松鼠杯”食品创新大赛提名奖。

初试创新

纸上得来终觉浅，绝知此事要躬行。

——陆游

早在大二时，杨依然就开始积极参加一些科研项目和学科竞赛。得益于祝莹老师的指导，她们团队的作品顺利通过“恒顺香醋杯”食品创新大赛的初赛，进入了复赛阶段。八月酷暑时节，杨依然和队友早早回到了熟悉的实验室，开始紧张地准备产品制作。产品名叫“乐麦桃桃醋”，是需要通过发酵工艺将大麦、黄桃和香醋结合起来制作出的一款夏日饮品。复赛阶段竞争会更加激烈，虽然大家已经提前半个月回到学校，但时间依旧紧迫，不但要求产品能够长时间保质保味，而且要选择出营养最优、风味最佳的配方，还要设计出夏日风格的产品包装，这一个个的难题摆在了她们面前。不管怎样，团队成员认为最重要的就是要将产品保质保量地完成！暑假前制作的一批实验品，被取名“盘古三号”，这六瓶“乐麦桃桃醋”是经过高温热封罐装后保存在阴凉处的，打开后发现酸度和风味都正常，黄桃和大麦也未发现变质，说明她们的“盘古三号”已经成功一半了！接下来只要产品让人觉得风味十足，制作部分就圆满完成了。八月返校，就是为了解决这个问题。她们每天顶着火辣的太阳，往返在宿舍与实验室之间，实验室的师兄师姐们笑着说：作为本科生的学妹们搞起科研来也完全不输研究生啊！一次又一次的实验，一次又一次的接菌发酵，实验本上写满了密密麻麻的配料比，每天都缠着老师和师兄师姐们品尝产品给作品打分，最终选择出了一个让大家都满意的配方！大麦咀嚼度适宜，黄桃颗粒感十足，饮品酸但不涩，甜但不齁，这款酸酸甜甜、营养丰富的夏日饮品就制作好了！但难题很快又出现了，包装可怎么办？

遭遇困难

非经自己努力所得的创新，就不是真正的创新。

——松下幸之助

产品的包装往往是决定产品销量的关键。她们在专业课学过食品加工工艺，可没有学习过食品包装设计，要是没有美观又封闭的包装，大家会对产品的印象大打折扣，这可如何是好？杨依然自告奋勇，想要尝试一下，帮助团队解决这个难题。她从小学习素描，但进入高中后就很少触碰了，也不知道现在的自己究竟是个什么水平。尝试了两三天后她发现，在纸上画可不行，得用绘图软件将它制作出来。杨依然开始加班加点地从哔哩哔哩网站上学习美术软件 Procreate 的使用方法，第二天她就开始尝试制作了，慢工出细活，她前前后后修改了 10 多天，每一版都让大家提出建议。最终在提交复赛作品截止前四天，她们确定了以墨绿和橙黄为基调的包装，又选择了两个磨砂的玻璃瓶作为复赛产品容器，将产品名、配方、广告词及保质期等食品包装信息一一打印在包装上，贴好后将产品灌入瓶中热封保存，赶在最后一天将产品寄出去了。

食品创新大赛是很有趣的一项比赛，但其中需要参赛者考虑到诸多细节，例如，食品创新点能否在市场上分一杯羹，食用便捷性能否满足大众需求，食品包装能否做到吸引顾客眼球，食品原材料成本能否有效控制，食品营养风味经加工后能否保护及改善，等等。每一个问题都需要去综合考量，最终她们的产品获得了三等奖，这个成绩就是对杨依然团队最大的肯定！

再试创新

创新是科学的房屋。

——阿西莫夫

突如其来的疫情将所有人的生活打乱了，原本可以回到校园上课的同学们，都在家里上起了网课。然而，这也没有终止杨依然参加食品创新大赛的想法，有了第一次的经验，第二次参加比赛应该会轻松许多吧。这次比赛的要求是设计与传统文化相关的休闲肉制品和坚果类产品，这与之前的饮品类产品大不相同，完全是一个新领域。最终，杨依然选择了肉制品作为本次的参赛类型，产品名为“排谷金多多”，灵感来源于广东早茶文化。这是一款用腐皮将排骨、糯米依次包裹起来的休闲零食。起初，她对如何处理排骨中的“骨头”没有很好的解决办法，一次偶然的契机，她想到了用条状的杏鲍菇代替骨头填充在排骨中。其次，因为产品中需要用腐皮对排骨和糯米进行包裹，但目前所用到的腐皮都太厚了，口感也不好，杨依然开始向同学们征求意见，了解到广东早茶中的一款腐皮卷中所用的金丝腐皮薄如蝉翼，正好可以解决这个问题。与之前一样，她实验了许多次，最终找到了一个色香味俱全的产品配方。但是包装保质问题却始终找不到一个很好的解决办法。思考了许久后，杨依然与祝莹老师打算使用真空包装并添加天然防腐剂。可是这样，产品的质构会遭到破坏，并且绿色安全的产品形象也会大打折扣。或许没有十全十美的产品吧！由于产品计划书完成得出色，“排谷金多多”进了复赛，那么如何在60份作品中脱颖而出呢？她们决定从包装和风味入手，为此，杨依然查阅了大量风格各异的食品包装，在此基础上制作出了一款国潮风礼盒，并且她的团队制作出了四种不同风味的“排谷金多多”，将其打造成了一款中高端的广东早茶风的休闲零食。遗憾的是，这次“排谷金多多”只拿到提名奖，杨依然知道自己还有很多方面需要去努力。

与此同时，杨依然还参加了盼盼食品创新大赛，同时进行两个比赛让她的团队有些喘不过气，该项比赛要求是制作一款新型短期面包。沿用了“排谷金多多”的思路，杨依然仍采用多重包裹的创新点，制作出了一款风味层次分明的“萌谷包”。这次的产品仍与谷物有关，内层到外层依次为紫薯球、糯米层、南瓜酱层和面包层。这款产品也进入了复赛，但制作过程中对面包的配方、火候等始终难以掌握到位，不能很好地保证面包的膨大松软，而且这款面包添加了较多含糖量高的食材，实在难以保证7天后仍美味可口。实验室没有充氮气的装备，所以她改换成了月饼型的包装，视觉感官远不及充氮包装，但也能满足“萌谷包”的包装需求了。最终，这个产品仅获得入围奖。杨依然对这两次比赛的过程进行了反思，没有从一开始的产品构思阶段就考虑周全，致使接下来的一系列实验过程中为了弥补这些问题，只能退而求其次，这导致了产品的效果达不到预期。

没有失败何来成长？经历这次失败之后，杨依然同学在今后遇到问题时能够考虑得更加细致周全，不断地探索新领域、学习新知识。面对今后的学习生活，她也会更加细心思考，选择属于她的最优方案！

导师寄语

杨依然同学在三年的创新比赛中不断琢磨、推敲，取得了不错的成绩。科研需要大胆想象，也需要扎实的知识积累。希望杨依然同学在今后的学习生活能将两者结合贯通，再创佳绩！

食品与生物工程学院　祝　莹

一叶轻舟向远方

张运莲，女，中共党员，食品与生物工程学院 2019 级硕士研究生。获校一等学业奖学金和 2020 年暑期社会实践“先进个人”称号，获第十一届“挑战杯”江苏省大学生创业计划竞赛金奖、第十二届“挑战杯”中国大学生创业计划竞赛银奖。

一个人犹如一片孤舟，在人生的浩瀚大海里航行，一路上会遇到逆行或同行的划桨人，但是，前进的终点始终需要靠自己奋斗到达。

小船初成

张运莲出生于四川的一个小山村，从小是由爷爷奶奶带大，生活虽然清贫但是却很幸福，因为爷爷奶奶给予了她全部的爱。张运莲从小学五年级就开始住校，长期的住校生活也使她养成了独立的习惯。特别是到了高中，从家到学校需要坐两个小时的大巴，遥远的路程带来的是回家次数的逐渐减少，但是张运莲并不沉溺于不能回家的悲伤，而是清楚地知道只有现在的全力以赴，才能换来以后的康庄大道。因此，她努力学习，夜以继日，期待梦想开花。在经过充实且辛苦的高中三年后，她如愿考上了江苏大学，开启了梦想的第一步。

在江大的四年本科时光里，张运莲认识了很多可爱的人，给予了她很多欢乐。室友之间相互照顾，师长的用心指导，让她深受感动。四年中她刻苦努力，认真学习，目标明确，作息规律，保持饱满的精神状态，利用好每一堂课的时间。张运莲认真对待每一项课程论文作业，脚踏实地学习专业课知识，在本专业理论知识的学习之余，还注重多领域知识的接触与学习，她最常去的地方就是图书馆。除此之外，张运莲还全面提升自己的综合能力，积极参加学校各种活动和比赛，在比赛中都取得了较好的成绩。努力终有收获，她获得了 1 次二等奖学金，2 次三等奖学金，3 次国家励志奖学金和 3 次校“三好学生”荣誉称号，在毕业时还获得了校“优秀毕业生”荣誉称号。

为了使前进的船只更加坚固，在大三的人生抉择时期，张运莲毅然决然地选择了考研，从备考开始，她便高标准要求自己，一天都不曾松懈，最终以笔试第二、面试第一的成绩被江苏大学录取。

回过头来，她感谢曾经奋斗的自己，感谢曾经的努力，才慢慢地拼成了能在人生的浩瀚大海里航行的小船。

缓缓启航

生活需要调剂品，同样，科研学习也需要。刚进入研究生阶段，张运莲就思考这三年应该如何度过，她决心要做一些有意义的事情。在研一阶段，张运莲加入了研究生会这个大家庭，成为学术部的部长，组织和参与了很多有意义的学术活动，同时在老师和同学们中间也起到了很好的桥梁作用。到了研二阶段，她担任食品与生物工程学院研究生会主席，负责学院多个学术活动，以及各个部门的相互协作。在这段经历中，无论是在组织活动、同学服务上还是在思想引领中，她都要求自己从更加宏观的角度思考问题、解决问题，这使她具备了正确的政治意识和大局意识。

此外，张运莲还积极参加了校内外各种竞赛。其中具有代表性的就是“挑战杯”大学生创业计划竞赛，这项比赛在团队负责人的带领下，在所有成员的共同努力下，最终成功进入省赛和国赛。比赛不是一蹴而就的，其间有数不清的磨炼，有她修改了无数次的文本和 PPT，有专业老师的悉心指导，需要经历无数次的答辩，需要团队成员的信任和帮助，只为了最后上台绽放的一瞬间。经过所有人的努力，团队最终获得了第十二届“挑战杯”中国大学生创业计划竞赛银奖的佳绩，这一成绩是对整个团队辛苦拼搏一年的肯定。

学生工作和竞赛的调剂给科研的有序进行奠定了基础，同时也令她坚定了在接下来的生活中积极投身于科研的奋斗方向。

扬帆远航

进入研究生阶段，张运莲选择了自己感兴趣的研究方向和自己喜欢的导师后，便暗自定下目标，一定要努力做科研，充实自己的科研生活，争取在科研上有所突破。但是在研究生生涯的前期阶段，她内心满是迷茫和无助。于是她向师兄师姐寻求帮助，并向导师述说了自己的困惑。在他们的帮助下，张运莲总算是在无尽的泥泞中，寻找到了一条小径。在完成课程的同时，她认真研读文献，学习实验操作，设计实验方案，一步一个脚印地向前走。

张运莲的研究生导师是江苏大学的陈全胜教授。陈教授是一名非常优秀的导师，他不仅在生活上给予了她很大的关怀与帮助，在科研上也是事无巨细，耐心指导。她跟随导师的研究课题是利用上转换荧光技术检测食品中的抗生素。在初涉课题阶段，任何进展都非常困难，无数次的实验失败，无数次的寻找原因，无数次的重新开始，才慢慢有了一点点成效。

在面对科研和课程的双重压力下，张运莲没有气馁，以积极乐观的心态面对生活，面对学习，面对科研。她虚心请教，反复实验，600 多个日夜穿梭于学院的各个实验室，一有空闲时间就翻阅文献资料。在第一次做项目时，张运莲在导师的推荐下研读了 30 多篇文章，对于国际前沿研究，她需要查看相关外文书籍，起初她需要借助翻译软件逐字逐句翻译，但随着时间的推移，她的英文文献阅读量有了明显的提升。初步课题的基本情况在“入门”之后，接下来就是做实验，除了固定上课时间，她每天都是从早上 8 点至晚上 11 点不停地改进研究方案，调整实验。

功夫不负有心人，科研路上的孤独与枯燥，勤奋与努力最终使张运莲顺利完成了第一个课题，课程上也取得了优异成绩，并凭此荣获一等奖学金。有了第一个课题的实验经验，后面的实验也算是开展得得心应手论文和实验也都在按部就班地进行着。

生活总是充满阳光的，即使偶尔出现风雨，也是为了让之后的阳光更加灿烂，一叶扁舟在人生道路上扬帆远航。

破浪前行

目前张运莲已经研三，到了又一个人生抉择的阶段，是时候检验造就的小船是否能够经历风雨的磨炼了。

父母希望张运莲能有一个稳定的工作，安安稳稳地往前走，他们不止一次地表示希望她能考上公务员。但是张运莲还是想进入企业工作，继续科研，为食品安全行业贡献自己的力量，她期待那种奋斗且充实的生活。考公务员还是进企业，这是一个人生的岔路口。在经过一番思想斗争后张运莲打算一边考公务员，一边找工作，两边都尽自己最大的努力奋斗，不管最后结果如何，她相信她都能在这条航线上驶向远方。

人生好似一段旅程，匆匆赶路的同时别忘记留一份心情欣赏沿途的风景，重点不单只有目的地，一路天高云淡，也是意外的收获。不论是考上公务员还是进入企业工作，都是张运莲人生道路上弥足珍贵的一段。“道阻且长，行则将至。”尽管自身还有很多不足，但她始终相信，前路再远再艰难，只要一步一个脚印地踏实前行，小船定能风雨无阻砥砺前行，到达幸福的彼岸。

行到水穷处，坐看云起时，生命不息，奋斗不止！

谨以此言慰藉张运莲走过的每一个脚步。

导师寄语

张运莲同学自入校以来始终以提高自身的综合素质为目标，以个人的全面发展为奋斗方向，积极科研，勇于创新。希望张运莲同学能在今后的学习和工作中，兢兢业业，戒骄戒躁，实现自我的更大飞跃。

食品与生物工程学院教授　陈全胜

目标即动力

符佳琦，女，食品与生物工程学院食品科学与工程专业2019级本科生。获校学习优秀一等奖学金和校“三好学生”荣誉称号。获2020年全国大学生英语竞赛二等奖、2021年全国大学生英语竞赛二等奖、第十七届江苏省高校大学生物理与实验创新竞赛三等奖、江苏大学第八届物理实验创新大赛实验作品类二等奖、江苏大学第三届大学物理及大学物理实验竞赛三等奖。

没有目标，哪来的劲头？

——题记

Aimless

只身一人从浙江来到江苏的符佳琦，对这一片陌生的土地感到新奇又焦虑。新奇的是面前尽是崭新的事物和一张张陌生的面孔，焦虑的是在这里没有父母的支持，没有挚友的陪伴，所有事情都需要自己解决与承担。入学后的很长一段时间，符佳琦只想着如何融入新的集体，如何适应在他乡的生活，如何摆脱对家人的想念，而无暇顾及学业规划。

Ashamed

结束第一学期的学习，回到家中。当父母问起在学校学习情况怎么样的时候，她心虚了。上大学之前的她，学习认真刻苦，一切可以影响学习的不良因素她都完美避开了。然而这一次，她感到十分愧疚，觉得自己对不起父母在物质上和精神上给予的支持与信任。她想明白了。作为一名即将踏入社会的大学生，浑浑噩噩过日子不仅是在辜负父母的心血，也是在浪费社会资源。青年是民族的希望，要想将来为社会、国家做出贡献，当下就应该好好学习，用知识充实大脑。她决定了，她要改变。

Restart

回到学校，符佳琦与之前判若两人。每一堂课，她都认真听讲，课前预习、课后复习成了她的日常。同时，她开始留意每学期学校组织的活动和省里举办的比赛，选择她感兴趣的、能锻炼提升能力的项目报名参赛。此外，她很幸运，认识了一些优秀的同学，他们的出现对符佳琦决心改变起了极大的激励作用。和这些同学相处的过程中，她发现，当自己在学业规划课上开小差、不认真听讲的时候，他们已经大致了解了自己的专业到底是学些什么的、有哪些科研方向，以及毕业出去可以从事什么工作。他们一入学就已经和同专业的学长学姐沟通交流，摸清了专业学习的侧重点，以及在大学提高学习效率的方法，甚至还有同学已经进入了学院的实验室，在老师的带领下做科研工作、参加国家级比赛。直到这个时候，她才发现过去自己的眼界是有多么狭隘。与同龄人相比，她已经落后了，她不能再等下去了。

之后的很长一段时间，符佳琦很焦虑，她为自己追不上别人的进度而忧心忡忡。她像个无头苍蝇一般，学习的时候心浮气躁，课后又毫无目的地忙东忙西，不知道该做些什么。她去咨询了在实验室做项目的同班同学，提出想加入他们团队，却因为时间原因被拒绝。她很懊悔，觉得一切都晚了。没有人向她抛出橄榄枝，而她自己也找不到机会。似乎她唯一能做的就是等待。她真的不知道此时此刻自己应当去做什么了。

Settled

在家人和朋友的开导下，符佳琦慢慢沉静下来。着急不能做成任何事。就如托克维尔所说："如果事先缺乏周密的准备，机遇也会毫无用处。"与以往不同，符佳琦为自己设立了一个又一个的小目标，通过小目标的实现来全面提升自己的能力。她很清楚，要想之后从事科研工作并干出一番成绩，必定需要扎实的知识储备。既然现在没有机会接触科研，那么就先学好专业必修知识，充实自己的大脑，达到厚积薄发的效果。擅长英语的她根据自身情况，计划大二上学期通过大学英语六级考试，大三大四冲击雅思，并报名参加海外交流项目，拓宽自己的视野。当前，符佳琦的计划已完成了一半，她以630分的成绩顺利通过六级，并成功报名海外学习交流线上项目。同时，她对物理兴趣浓厚，在扎实学习课本知识以外，积极报名参加了物理竞赛，并获得了理想的成绩。食品科学与工程专业以化学为主干，每一门与化学相关的学科符佳琦都不敢松懈。尽管在高中时，化学选考失利，她对化学学习有心理阴影，但是现在她克服了心理阴影，以全新的心态学习化学，并取得了不错的成绩。如此踏实的学习心态及良好的学习习惯，使符佳琦在年级里名列前茅，获得了“三好学生”的称号，并收到了入学以来的第一份奖学金。

现在的符佳琦，积极向上，对未来充满了希望。她最近和同学一起申报的大学生创新创业训练计划项目和科研立项都成功通过了审批，也联系了学院里优秀的导师，如她所愿，一切都在变得更好。而这一切都归功于“目标”二字，是目标令她明确了前进的方向。她将继续努力，变成她想要的模样。

导师寄语

符佳琦同学在校学习期间合理规划自己，取得了不错的成绩。希望符佳琦同学在成绩面前不要骄傲，在困难面前也不要退缩，勇于提升自己，敢于迎接挑战，你的未来必将是一片光明！

食品与生物工程学院副教授　张存胜

循序渐进，点亮青春之光

盛任，男，中共党员，食品与生物工程学院2018级硕士研究生。获研究生国家奖学金，校一等学业奖学金，校“优秀研究生”“优秀研究生干部”“优秀共青团员”及“优秀共青团干部”等荣誉称号，获CEDC中日韩创新工程大赛金奖、ICIARE“Best paper”奖、第六届中国传统食品创新大赛优胜奖，发表SCI论文3篇，受理专利1项，2019年暑期参加江苏省大学生暑期赴日文化交流项目。

收到研究生录取通知书的那一刻，盛任便默默地在心中许下诺言——愿这三年，不负韶华，用青春最美好的时光，投身于学习，投身于科研，用勤奋铸就无悔青春。

确立目标

初踏入江苏大学，面对着陌生的环境，面对着新的学习和课题，盛任有些许迷茫，自己诸多的思路和想法不知该如何实现。在一次与师兄师姐的交谈中，师兄师姐们向他分享了自己的学习与科研经历，这使他对研究生生活有了新的认识，并对自己的科研生活有了初步的规划与目标。在学院举办的学术经验交流会上，盛任认真聆听了学院优秀教师的科研经验，进一步确定了研究生阶段的志向：用科研充实自己的学习，以全面发展打造多彩生活。

虽然已经有了初步的规划与目标，但是对于自己该如何去实施，如何将新的思路代入科研之中，盛任仍然无所适从。于是他主动联系导师陈全胜教授，向导师请教如何更好地完成自己的科研求学之路，如何更好地规划研究生生涯。导师告诉他要踏实学习，放平心态，既要认真完成自己的基础课程学习，也要充分利用好课余时间阅读文献。在此基础上，学会使用各类软件来验证科研结果，不断完善。当打好这些基础后，再将自己的时间精力和科研想法投入实际科研之中，这样才能事半功倍。

夯实基础

在经过导师的悉心指导后，盛任有了自己明确的规划和目标。在研一阶段，他要做的事是努力夯实基础，学好专业课程。因此，在学习上，盛任勤奋学习，课上积极与老师交流，研讨学术界最新的理论观点；课后积极参加小组学习，并且根据自己课题研究方向，除认真学习了核心课程和大部分选修课程外，还积极阅读相关期刊和书籍作为补充；在课余时间，他还经常参加与自己的科研方向相关的讲座，以及一些人文、思政讲座，不断提高自身的综合素质。盛任也时常与师兄师姐探讨，参加一些实验，一步一步完善自己的研究内容。在实践和交流中，他逐渐认识到自己研究中不完善的地方。对于不完善或不清晰的地方，他不断查阅国内外相关文献，每晚最后离开工作室的人经常是他，他用自己的勤奋为自己的科研做好了铺垫。

走进科研

经历了多次组会汇报，盛任不断完善自己的研究设计，经过日日夜夜的实验摸索，他终于跨过了实验方向的第一道坎——优质纳米材料的合成，并对常规合成方法进行了优化与补充，可以说，盛任用勤奋铸造了这个阶段的成功。这一段艰难的经历锻炼了他的自主学习能力，对他之后的科研道路有十分重要的影响。合成成功的那一刻，盛任的科研信心得到了鼓励，他坚信未来的科研生活将无限精彩。

每一阶段的进步，都离不开上一阶段的成功，更离不开这一阶段踏实的付出与积累。在研一期间，盛任便开始进入实验室进行纳米材料合成的学习，并帮助师兄师姐完成一些传统光谱实验，而且他专业课程学习稳扎稳打，这些都为他的科研做了铺垫。在盛任的科研方向中，掺杂稀土元素的上转换荧光纳米材料作为一种具有特殊光学特性纳米材料，在医药、生物、环境检测等领域均有广泛的应用。在与导师交流后，盛任选择了上转换荧光纳米材料在食品检测中的应用作为自己的研究方向。在拥有一定的知识储备后，盛任开始对自己的实验思路和阶段进行细致的规划，并开展了系统性的实验。在实验过程中，盛任不断探索新的方法，不断完善实验设计思路，每天都保持着高涨的热情和认真的学习态度。在很长一段时间里，他伴过晨露看过霜月，每天一步一步积累，他勤奋的态度让身边的同学为之惊讶。当然，实验的进展并不总是一帆风顺的，只有认真投入地去做，才会发现新的挑战与机遇。在实验的初期，制备的上转换纳米材料总是出现量少、透射电镜表征不规则、荧光强度弱的问题。出现这样的问题后，盛任并没有急躁，而是对实验步骤中的每一步进行重新思考，对相关参数不断尝试优化，他与老师、师兄师姐们一起探讨实验背后的机理，一步步推导、论证，寻找问题所在，并最终解决了问题，找到相比于常规方法更加快速高效的合成条件。

在步入研二后，盛任继续保持着研一时的科研热情，每天坚持阅读文献，整理实验记录，并且有计划地开展每一步实验。实验之余，他经常和导师、师兄师姐交流实验思路，从而对自己的研究方向有了更深入的认识，并将新的实验思路与想法用于实验设计之中，处理问题也更加得心应手。经过对上转换荧光纳米材料合成、发光机理特性的研究，盛任将其与相关生物技术成果结合进一步应用于食品快速检测体系的构建中。通过上述研究，他陆续撰写了 SCI 论文及相关的国家发明专利，在奖学金评选中获得了国家奖学金、校一等学业奖学金等奖项。

全面发展

青春是一方肥沃的土地，理想信念是种子，勤奋创新是营养素，盛任同学立志让自己的研究生生涯丰富多彩、全面发展，他并没有将自己仅仅局限于实验室，而是以更多的方式全面发展自己。他积极投身科研成果转化，参加各类科研竞赛活动，获得第六届中国传统食品创新大赛优胜奖、江苏大学节能减排大赛三等奖，在韩国参加 CEDC 中日韩创新工程大赛并荣获金奖。此外，盛任也重视学术交流对个人科研能力的影响，在国内积极参加食品科学年会论坛，了解相关领域的前沿进展。他还利用暑期时间，参加赴日本文化交流项目，与京都大学、早稻田大学优秀学生进行学术交流。此外在参加 ICIARE 期间，盛任与日韩高校学生进行了更进一步的学术交流。学习科研之外，他还担任院研究生会主席，带领各部门举办各类活动，丰富研究生课余生活。

经过三年研究生的学习与生活，盛任同学不断努力进取，在各方面都取得了丰硕的成果。在取得进步的同时，他仍能正视并且不断改正自己的缺点，不断努力奋斗，只争朝夕，用奋斗铸就无悔青春！

导师寄语

盛任同学在三年的学习和生活中不断成长。科研之路漫长且充满了挑战，这需要他始终保持一颗积极向上的心，勇于面对困难，才能硕果累累。希望他在今后的工作和学习生活中继续保持前进的动力，一路向前！

食品与生物工程学院教授　陈全胜

You are better than you know

张俊俊，女，1995 年 7 月生，中共党员，食品与生物工程学院 2019 级博士研究生。获国家奖学金、中国包装创新奖学金、校一等学业奖学金，获江苏省“三好学生”、校“优秀共产党员”等荣誉称号，获第一届江苏省计算机模拟大赛一等奖、第四届江苏省大学生食品科技创新创业大赛二等奖。发表 SCI 论文 4 篇，EI 论文 4 篇，受理发明专利 4 项。主持省级科研项目 2 项，校级科研立项 1 项。

回顾往昔，今年已经是张俊俊在江苏大学的第八个年头，在这八年里，她完成了从青涩到成熟、从懵懂到睿智的蜕变。求学道路上，她经历了很多，结合自身经验，张俊俊感悟最深的是，请努力抓住身边的机遇，不要认为自己没有能力，因为你远比自己想象中的更加优秀。

百学先立志

初入大学，不少人依旧延续着高中的思想，很快在大学校园里迷失了自我，因此张俊俊认为进行职业规划很有必要，可以帮我们找寻自我，厘清自己真正想做的事是什么，自己的目标在哪里。

大二之前，张俊俊的规划是考公务员，为此她竞选了班级班长，成了团学组织的负责人。她深知不能为了经历而经历，一旦选择，就必须为之努力，两年下来，她所带领的班级获得了江苏省“先进班集体”的荣誉称号，她的能力和水平得到了老师及同学的广泛好评。然而，随着专业学习的深入，张俊俊深知食品安全是国计民生之本、是社会和谐之基，她渴望为食品安全做出一些自己的努力。但是，与专业对口的相关公务员岗位大多工作枯燥且缺乏创新。

此时，张俊俊开始重新思考，是不是应该调整自己的职业规划。她通过咨询学业导师、辅导员老师和高年级的学长，了解到食品专业研究生可以对专业知识某一方向进行精准研究，可以通过自己设计优化实验方案来获取创新性的实验结果，与她的初衷相符。因此，张俊俊确定了考取研究生的目标，确立了投身于食品行业的志向。在她看来，职业方向的确立不怕晚，关键是要对，要适合自己。其实，无论是读研还是考公务员都是建立在扎实的学习基础之上，即便职业规划有些许改变，张俊俊在学习上一如既往地勤奋刻苦，成绩在专业中名列前茅，还获得过校优秀一等奖学金，各种学科竞赛奖励等荣誉，这些在后来都成为她免试推研的基础。

厚积而薄发

硕士研究生是人生的关键阶段，不论直接就业还是读博深造，它都具有承上启下的作用，是影响一个人发展的分水岭。作为本校的推免生，张俊俊早早地就进入了实验室，她很快发现研究生的学习不同于本科，课本上的知识已经不足以支撑课题所需要的实验，需要阅读大量最前沿的英文文献，才可以设计实验方案并进行实际操作。

刚进入实验室的张俊俊很迷茫，不知道应该选择什么样的实验方向，如何开展科研。于是她在师兄师姐实验的过程中主动帮忙，这样既可以方便请教他们问题，又能在过程中学到一些仪器或者实验的操作步骤，同时也加深自己对实验的理解。一段时间的接触后，食品智能包装方向吸引了张俊俊的目光，这是一种检测并反馈食品周围环境变化的包装技术，能够实时监测食品在储藏和运输过程中相关质量信息的变化，有助于维持食品品质安全。因此，张俊俊的研究方向初步定为可视化的智能包装，可以通过观察包装在储藏过程中的颜色变化情况来反映食品的质量。

在实验开展的过程中，由于张俊俊有扎实的实验基础和课题组师兄师姐的指导，前期进展相对比较顺利，但随着研究的深入，她需要设计出更有创新性的研究方案，这成了她研究过程中的瓶颈。在这个阶段，张俊俊反复阅读英文文献，在前人基础上不断总结凝练，不断设计修正研究方案，终于在实验结束后得到了自己需要的结果。在瓶颈期，张俊俊感到过疲惫，也想到过放弃，但她凭借着对自己研究方向的热爱和坚持，最终获得实验的成功，在硕士研究生的第一年就发表了第一篇 SCI 论文，同时由于研究方向新颖，她的论文在发表后的几个月迅速成为高被引论文，如今论文的他引量已经超过百次。

百炼后收获

张俊俊的研究生导师邹小波教授经常告诫学生们，作为一名研究生，必须要学会表达。表达包括两种形式，一种是通过文字将自己所研究的成果写成论文，用于发表；另一种表达就是通过言语表达自己。汇报和总结是表达自己的最好形式，也是锻炼自己的最佳方法。曾经，张俊俊很内向，在刚进课题组时连句简单的英文自我介绍都说不出，但是内心的不服输劲让她勇于挑战自己，并在一次国际会议的英文汇报中得到了蜕变。张俊俊第一次参加国际会议，需要通过英文 PPT 来汇报自己的研究成果，而出席会议的大多数是外国学者，她需要独自回答他们的问题。在汇报之前，张俊俊一遍遍地修改稿子，纠正自己的发音，以尽可能简单好记的句子表达自己的研究内容，当她站在台上直视台下的观众和评委，自信流畅地论述自己的研究成果时，张俊俊就知道，她已经赢了！

除了参加学术会议，科研创新赛事也是一个可以展现研究生风采的平台，一般的科研创新赛事以团队赛为主，不仅可以锻炼个人的表达能力，还可以提高参赛者的团队协作能力和组织能力。张俊俊在刚开始的时候就积极跟师兄师姐们组队参加食品类的创新实践比赛，了解比赛的形式和流程，积累一些比赛经验，并且在赛事中通过与其他团队的作品比较来了解该行业的先进方向，从而认识到自己目前研究的差距。在张俊俊有了较为成熟的研究成果后，她开始作为负责人，自己带队参加比赛。第一次带队参加比赛时，她感受到了作为队长的责任与重担，作为队长需要把控整个比赛的方向，分配落实好每个队员的职责，确保每个人的潜能都得到发挥。在经过一次又一次的凝练和完善后，张俊俊团队的成果得到课题组指导老师的认可，她作为团队负责人带领团队在两项省级赛事中分别取得了一等奖和二等奖的佳绩。

矢志去追梦

经过硕士研究生阶段，张俊俊义无反顾地选择了继续读博深造，这是她坚定人生方向的必然选择。当然博士的学习是辛苦且寂寞的，不再有师兄师姐为她披荆斩棘，而她还需要为师弟师妹提供指导并帮助他们规避风险。当张俊俊因为疫情没有办法集中学习时，她重新审视自己究竟想要什么，也跟课题组老师认真地沟通交流，她找到了坚守食品行业的初心，最终坚定了自己的研究方向。张俊俊不是那种因为惧怕失败而不敢去尝试的人，她认为即使失败的风浪一千次打来，也要竖起一千零一次坚持的桅杆，要始终保持健康的体魄与科研的激情，要耐得住寂寞，才能撑得起理想，不辜负青春年华！

未来，还有很长的路途，还有很多知识去学习，很多成果去创造。科研的道路必定不会一帆风顺，但张俊俊无怨无悔，她永远坚信自己比想象中更加优秀！

导师寄语

张俊俊同学在校期间学习上勤奋刻苦，态度端正；科研上具有较强的创新能力、严密的逻辑推理能力，能够解决科研工作中常见的问题；工作上认真负责，组织能力强。希望张俊俊同学在今后的科研路上能够保持平常心，不断努力，取得更加优异的成绩。

食品与生物工程学院教授　邹小波

找到方向，努力前行

吴宇晴，女，1999年8月生，食品与生物工程学院食品质量与安全专业2017级本科生。获校学习优秀二等奖学金、三等奖学金和院“三好学生”荣誉称号。获第二届“三只松鼠杯”休闲食品创新大赛提名奖、第十一届“盼盼食品杯”烘焙食品创意大赛入围奖。

迷途中知返

大一上学期，吴宇晴在拿到大学的第一张成绩报告单时，她傻眼了。十几年的学生生涯中，吴宇晴从来没有拿过如此“触目惊心”的成绩单。而这时，十几年从来没有看过她成绩单的母亲，第一次提出了要查看成绩的要求。吴宇晴心怀愧疚地打开成绩查询系统，那是她第一次想让网络变得卡顿一些，不愿去面对自己贪玩所带来的后果。果不其然，成绩单上满满当当都是七八十分，这让母亲倍感震惊，只有不错的英语四级成绩带来了一丝安慰。她至今记得那个晚上母亲的话：“我相信你，所以从来没有管过你的学习。步入大学后，我希望你能守住本心，不随波逐流。”

大一下学期，吴宇晴变成了课堂上的“前排观众”，晦涩难懂的高数和大物也没能让她退却。在这个学期，她第一次迈入了图书馆，感受到了浓厚的学习氛围。图书馆的冬暖夏凉和二楼免费的开水机就是对她最大的鼓舞与奖励。只有学习的生活未免有些单调，学习之余，吴宇晴参加了校园马拉松，八公里的短途足足跑了48分钟，也正是这48分钟让她感受到了运动的快乐。为了享受流汗带来的愉悦感，吴宇晴还参加了学院女子篮球队。每天早操后的折返跑、烈日下的狂奔和夜晚路灯下的投篮，这些是她大学生活中最美好的片段。

为了对社会有所贡献，吴宇晴申请去江苏大学附属医院当志愿者。那时，医院刚刚引进了自助挂号机，大多数患者都不会使用。她穿着红马甲在机器旁站岗，帮助着急的病患挂号、缴费。医院里有头发花白的老夫妻，有手里攥着一把零钱的叔叔，还有抱着孩子焦急的妈妈……吴宇晴多希望用自己的行动给他们送去温暖啊！同样的，每一声感谢都能让吴宇晴忘记当时的疲惫。人与人之间的距离被悄然拉近，服务社会的种子也在她心里生根。

知返后攀登

迷途知返的吴宇晴回归到紧张忙碌的大学生活之中，通过第二学期的"补救"，她意外拿到了校三等奖学金。就在她为之沾沾自喜的时候，学业导师肖香老师找到了她。老师告诉她："虽然拿到了奖学金，但是成绩还有很大的上升空间。先定个小目标，明年同一时间看看效果如何。"走出办公室的时候，吴宇晴不禁思索："一个成绩平平的自己，面对这么多优秀的同学，怎么可能会考到专业前几名呢？这哪里是个小目标啊！"

但是吴宇晴还是想给自己一个机会，渐渐地，她把重心转移到了学习上。作为一个高中没有选修化学的江苏考生，有机化学给她带来了莫大的挑战。课上内容听不懂，她只能硬着头皮将老师讲的内容全部记录下来。基础知识相对缺乏，她便借来了高中三年的化学书，像准备高考一样，认认真真地从头开始学习。她不停地向其他同学请教，在慢慢摸索下写完了三本笔记本。最终，吴宇晴顺利通过了考试。当看到有同学因补考有机化学而苦闷，她很庆幸自己提前付出了努力，同时也明白了"世上无难事，只要肯登攀"的道理。大二的课程比大一轻松，在这一年里她坚持参加女篮的训练，同时还学习了羽毛球。这一学年没有想象中的忙碌，但是却很充实，因为吴宇晴学会了怎么去努力，在看到成绩的那一刻，她震惊了，自己居然拿到了专业第四名的好成绩，这是她之前没有想过，也不敢去想的。她拿到了一千块钱的二等奖学金，这笔钱在她心中有着极高的分量，这份喜悦也让她有了坚持下去的动力。

攀登时坚持

转眼间来到了大三，已经到了考研、考公与找工作的选择分岔路口，一直想要继续学习深造的吴宇晴毫不犹豫选择了考研。大三下学期，考研复习的黄金时间却遇上了新冠疫情，而在家学习的效率总是很低下，所以暑假时她申请了提前返校。阴差阳错之下，实验课因只有两人返校变成了小班教学。小班教学也让她有更多机会接触到综合实验——原来科研还可以这么有趣！这更加坚定了她在江苏大学继续深造的信念。吴宇晴记忆最深的是张灿老师在动物实验中心带着同学们进行毒理学实验，从小鼠注射致畸试剂到解剖再到最后对畸形精子的观察，实验的每一步都对操作有着严格的要求。大家一起调节镜头，从而获得更好的观察视野。侯靖老师的严谨与博学也给她留下了深刻的印象，卫生学实验需要对泡菜中培养出的微生物进行鉴定，其中样品 2PCR 的实验却失败了，老师和师姐们围坐在一起共同分析失败的原因，严谨的学术气息与实验室友好的氛围让她对这一切充满了向往。科研是如此神圣，但是它离我们却一点也不遥远！

出于对科研的热爱，吴宇晴报名参加了两项食品创新大赛。大四上学期，在考研复习的紧要时刻，她在实验室和图书馆之间穿梭，从 C 区后山通向图书馆的小道成了她这半年走过最多的路。在这半年里，那片土地的每一次变化，时而坚固时而泥泞，她都了解。那条路上不乏行色匆匆的人，吴宇晴知道自己也不过是其中默默努力的一员罢了，她或许正与很多优秀的人一同奋进。实验室里的她不停地摸索产品的生产过程，从原料种类的确定，再到调味料的添加，每一步都是整个团队重复多次后的最终选择。

这半年吴宇晴从未放松过学习，每一天都是由图书馆门口排着的长龙开启，伴随着闭馆铃声而结束。她在图书馆有了自己熟悉的座位，周围原本陌生的人也越来越熟悉。大一看不懂的高数习题在张宇和李忠祥的喋喋不休下愈发明晰，徐涛老师幽默的课堂让历史的时间线愈加清晰，倒背如流的肖秀荣四套卷预示着冲刺的终点，最终她也如愿收到了江苏大学的硕士研究生录取通知书。

导师寄语

在四年的学习中，我们共同见证了吴宇晴的成长，她的努力获得了回报。未来三年的科研是一条需要坚持不懈的道路，希望吴宇晴同学在今后的工作和生活中永远保持一颗乐观开朗、积极向上的心，与时偕行，迈开坚定的步伐，走向既定的目标吧！

食品与生物工程学院教授　肖　香

与数学建模的不解之缘

田静，女，1997 年 10 月生，食品与生物工程学院食品工程专业 2019 级硕士研究生。获校一等学业奖学金，获 2020 年江苏省研究生数学建模科研创新实践大赛二等奖、“华为杯”第十七届中国研究生数学建模竞赛三等奖。发表北大核心期刊论文 1 篇。

道阻且长，行则将至，行而不辍，未来可期。

——题记

相遇·坚定

2020 年是很特殊的一年，一场突如其来的疫情把人们平静的生活打乱。4 月份本来是应该在学校做实验、写论文的日子，而学生们却只能在家里上网课、等待开学通知。当班级群里发布数学建模竞赛报名与培训通知时，田静枯燥的生活突然变得有趣起来。数学本来就是田静最喜欢和擅长的科目，但是数学建模竞赛不仅仅是简单地解答一道数学计算题，它是一个很有挑战性的比赛，要求在四天半的时间内解决实际应用问题并提交一篇论文，需要考察数学逻辑思维能力、计算求解能力、团队协作能力、论文写作能力，甚至是计算机编程能力。田静的内心矛盾了许久，她在网上查阅了很多资料，最终还是鼓起勇气报名，并暗下决心一定要学到知识、有所成长。

在报名之后，田静给自己定下了明确的学习计划，首先跟随学校安排的网络培训课程认真学习建模思路来夯实基础，并学习建模过程中需要用到的数据处理软件与方法。当自己亲身接触过才知道，数学建模远比想象复杂得多，很多知识需要去学习和掌握。但是田静并没有就此退缩，她相信：每一条路，都是一种领悟。

相识·成长

经过学校系统的培训之后，田静对数学建模竞赛有了初步的认识与了解，接下来要面对的是组队参赛。经过朋友的介绍，她与汽车学院的两位师兄师姐组成了数学建模小分队，并一起报名参加了接下来的江苏省赛和国赛。

与数学建模的第一次交锋——省赛

七月份的镇江骄阳似火，知了叫得震天响，在结束了几轮模拟比赛之后终于迎来了期盼已久的省赛。随着比赛的临近，田静激动与紧张交织，激动的是终于可以检验这几个月辛苦培训的成果，紧张的是将要面对的挑战。

在比赛之初，首先需要进行的是选题。选题是很重要的一步，需要根据自身的专业知识和思维能力选择各自最擅长、最有发挥空间的题型，田静组选择了优化类题型——“养老机构建设规划问题”。接下来需要查找数据、分析数据、建立模型、编程、撰写论文，他们三个人各司其职，遇到问题积极讨论、开启头脑风暴，全程绷紧神经，不曾有一丝放松。比赛的前期，他们在解答过程中有一点手忙脚乱；时间仿佛流水般飞快流逝，到了比赛的中后期，田静感觉到了时间的紧迫，决定加快步伐，提高效率，尽可能地挤出时间去完成这个比赛。终于在最后一天，他们完成了论文的初稿，但这并不意味着结束，随之而来的是一遍又一遍地修改、润色、锤炼论文细节，想尽自己最大的努力呈现出一份满意的作品，在所有问题解决之后已经是凌晨四点钟了。他们按时提交了论文作品，当网页显示“提交成功”的那一刻，田静心里的大石头才终于落了地，好像前几天的辛苦和乏累都一扫而光了，剩下的只有欣喜、激动和自豪。

接下来他们各自回归到了日常的学习生活中，比赛结果是在半个月之后公布的，田静既激动又紧张地打开获奖名单时，二等奖名单中赫然显示着他们的名字。田静觉得自己很幸运可以在第一次参加数学建模竞赛的时候碰到志同道合、对待学习和钻研一丝不苟的朋友。在培训和比赛的那段日子里，她在队友身上学到了很多作为一名研究生应该具备的特质，也学到了很多在科研学习中很实用的方法，锻炼了自己遇到问题时思考与解决的能力。田静知道因为时间和专业知识的缺乏，他们的作品中还有很多不足，在接下来的时间里还需要继续练习、不断完善，因为他们马上就要备战国赛了。

与数学建模的重逢——国赛

九月份的镇江将酷热赶走，开启秋高气爽的时节。经过紧张的省赛之后，田静对待国赛的心情好像平和淡然了许多，少了些紧张，多了些从容和期待，因为她觉得即将面对的不是一场仅计较输赢的比赛，更重要的是享受比赛的过程。他们在国赛中选择的依然是优化类型的题目——“汽油辛烷值（RON）损失预测模型及其优化”。有了上一次的经验，他们在解题过程中似乎更加得心应手，但是国赛题目的难度远远高于省赛题目，田静解答第 2 问的时候发现自己走进了“死胡同”，由于第 1 问选择的数据处理方法不当，导致第 2 问无法解答。此时只能推翻前期的工作，返回到第 1 问重新解答，这就意味着之前的时间和工作都白费了，这突如其来的打击和时间的紧迫让她有些手足无措，不知道在接下来的时间里能不能完成比赛，顺利提交作品。可是，比赛过程中是没有时间去沮丧和懊悔的，田静知道自己能做的就是尽最大的努力去完成，她及时调整好自己的心态重新投入比赛中。田静在与队员商量之后决定晚上留在队长的工作室赶进度，这样为他们节省了相当多的时间。就这样，他们三人在工作室的折叠床上睡了 2 天，每天只睡 3~4 个小时，每个人不分昼夜地做好自己的任务。终于，他们在规定时间内完成了这份国赛作品。提交作品的时候，田静内心更多的是开心，为可以尽心尽力、全力以赴地完成比赛而开心。此时能否获奖也显得没有那么重要了，重要的是他们在这个过程中学习到的东西，这将对接下来的研究生生活和学习产生重要的影响。三个月之后，他们收到了国赛三等奖的证书，这是对田静最大的鼓励。她知道她的努力没有白费，当全力以赴、毫无杂念地去为一件事情付出努力的时候，结果一定会配得上你的付出。

相伴·勇敢

数学建模竞赛不仅仅是一次普通的比赛，它对参赛者的意义非凡，参赛后的田静犹如经历了一次蜕变。比赛锻炼了她的时间管理意识及抗压能力，这都是在科研学习生活中所必备的能力；其次，在解答过程中她开拓了创新思维，提高了解决问题的能力；最后，学科交叉融合是该比赛的一大特征，有助于开拓学术视野，数学建模的思路和方法都可以学习借鉴到本专业的研究中，极大提高了她科学研究方面的能力。比赛虽然结束了，但是在这两次数学建模竞赛中的收获将会在接下来的学习生活中继续陪伴着田静。

在比赛过程中，任务量很大，根本无暇顾及有多少竞争对手，唯一要与之竞争的对手就是自己，是自己面对未知挑战时的恐惧。在平常的学习生活中也是一样的，很多人在遇到困难时首先想到的就是放弃，可是不试一下，怎么知道自己不可以呢？看似难以完成的任务，只要全力以赴，就一定会有收获的！

希望每个有梦想的人都能在追梦的路上全力以赴，得偿所愿！

导师寄语

田静同学性格稳重，适应能力较强，乐于助人，热爱集体，学习态度端正，勤奋刻苦。在校期间她积极参加各种集体活动，锻炼自己的能力，扎实基础，重视动手能力的培养和对课外知识的积累。希望善于独立思考，富有创新精神的田静能在今后一直保持对未知的好奇与探索！

食品与生物工程学院教授　陈　斌

追寻所爱必有果

尤晟昱，男，2002 年 4 月生，食品与生物工程学院食品质量与安全专业 2020 级本科生。获江苏大学第六届数学竞赛一等奖，江苏省高等学校第十八届高等数学竞赛一等奖，校学习优秀二等奖学金，江苏大学 2020 年暑期社会实践先进团体和校“三好学生”等荣誉称号。

追寻所爱

大一入学时，尤晟昱感到自己生活得浑浑噩噩的。在初中和高中里，他最喜欢且最占优势的学科是数学，而自己所在的食品质量与安全专业似乎和数学完全不沾边。

但在大学的第一个学习周里，他初识了高等数学，上课时老师风趣的讲解让晦涩的知识变得生动有趣。但老师不知道的是，他的课给尤晟昱带来的不仅仅是笑声与喜悦，还有把高数学好的目标与信心。在那天尤晟昱发现，虽然他选择的是食品专业，但他仍然能够学好自己喜欢的数学，甚至能够帮助同学学好。

抱着如此的信念，在每一节高数课，他都聚精会神地倾听；每一次课堂练习，他都用最快的速度完成；每一次周末作业，他都细细打磨，不希望出现一丁点儿错误。几周后，开始有同学在 QQ 上向他请教高数题目，他耐心地解答每一个问题。即便是在午休时间收到问题，他也会克服浓浓的睡意先给同学做好解答。那之后他便发现，数学虽只是一门学科，却能够让他产生满满的收获感，他想把这发展成自己大学生活中的一个爱好，助推着他在大学学习中不断努力向前。

水到渠成

随着时间的推移，在 QQ 上向尤晟昱请教高数问题的人越来越多，似乎提到高数，只要是认识尤晟昱的人第一时间都会想起他的名字。对此，尤晟昱感到十分满足却并不因此虚妄，而是继续虚心踏实地学习高数，因为他知道对于他来说这还不够。

大一那年的 11 月 15 日，这是高数期中考前的最后一个周日，尤晟昱走在前往主 A 楼的路上，准备做最后的备考。立冬之后天气渐渐转冷，微风中夹杂着些许寒意，尤晟昱听着樟树叶沙沙作响，他内心有些彷徨，但很快又恢复了正常。他心里明白，这几天他要做的就是全力以赴地复习。

考试过后，高数老师的改卷效率出乎了所有人的意料，仅仅是一周后，老师就通知课上会发放考试的试卷。那一天尤晟昱坐到了教室后排，他要做的就是等待老师报他的名字。果然，老师将他的试卷留到了最后一张。“接下来，最高分——尤晟昱，98 分，也是我们班唯一一个九十分以上的同学。”老师带着些许俏皮的语气说出了这番话。在那一刻，尤晟昱的心中只有开心。

投身奥数

从小学开始，尤晟昱就对数学学科具有浓厚的兴趣。他在小学时便参与了学校的奥数比赛且取得了第一名的好成绩，初中时他的数学单科成绩也稳居年级第一，大学的高数学习也让他具备了较为扎实的高数基础。大一下学期三月份时，高数老师通知了江苏大学第六届数学竞赛的报名工作，尤晟昱二话不说地报名了，因为他知道将时间花在自己有优势又感兴趣的竞赛上是完全值得的。

校赛的竞赛前并没有培训，但这并不妨碍尤晟昱的复习，为了能够在校赛获奖以进入省级竞赛，他在每一个晚自习都抽时间看看高数先前学习过的知识，将书本读熟读烂，并且踏实地完成所有的课后习题。最后在意料之中，他获得了校赛的一等奖。但接下来省赛的备战过程比尤晟昱想象中的困难许多。

享受竞赛

本着必须拿奖的目标，尤晟昱认真地参与了学校组织的每一次竞赛辅导。

辅导之路并不轻松，在那一个月里，每个周六，尤晟昱都要前往讲堂群听课，时间长达六个半小时，高强度、高难度的训练量让尤晟昱产生深深的疲惫感。但对于取得好成绩，尤晟昱有着坚毅的信念，因此他都咬牙坚持了下来，辅导课没有一次缺席。

在竞赛路上，同行的人很少，最终难免孤身奋战。为了将老师上课讲的内容及发放的习题弄懂，他常在周末空闲的时间里独自前往图书馆进行学习，细心研习老师上的网课。虽说这样的学习在他人眼中艰难而痛苦，但在尤晟昱看来，这是他感兴趣的事，让他乐在其中，于是他将高数竞赛的学习愉快而坚决地继续了下去。终于在 2021 年 6 月，他迎来了期待已久的江苏省高等学校第十八届高等数学竞赛，他成功斩获了本科一级 B 组的一等奖！

永远没有事物能够击退一个坚决强毅的人。尤晟昱能够在竞赛中获得一等奖，固然与他对数学的兴趣及原有的基础有关，但是更大的原因是他克服了高强度培训的枯燥，以及独自置身图书馆的孤寂，最终才能够取得成功。他相信，踏实坚定地追寻所爱，必定能有令自己也惊讶的结果。

导师寄语

在一年的大学生活中，尤晟昱同学不仅学业方面取得了优异的成绩，还积极参加高数竞赛并取得省赛一等奖，并从各类活动中得到锻炼和成长，这将是他人生一笔宝贵的财富！希望他今后能够继续保持朝霞般美好的理想，再创佳绩！

食品与生物工程学院副教授　杨其亚

但行此路，不负韶华

朱阿芳，女，中共党员，食品与生物工程学院2019级硕士研究生。现任食品与生物工程学院研究生会主席。获校一等学业奖学金和“优秀研究生”、2019年暑期社会实践“先进个人”称号。获第七届中日韩创新工程设计竞赛金奖、第十二届“挑战杯”中国大学生创业计划竞赛银奖。

我不去想是否会成功，既然选择了前方，便只顾风雨兼程。

——题记

朱阿芳时常想起高中母校的校训，“致力于培养具有丰富生命力的人：他们能自主发现和实现个人的潜能，成为他们最好的自己；而且他们无论身在何处，都能尊重自然，关爱他人，服务社会，造福世界，并且乐在其中”。她想这与江苏大学“博学、求是、明德”的培养目标如出一辙。因此，她认为在研究生阶段除了学习专业知识，习得专业技能，更珍贵的是去思考自己要成为一个怎样的人，并成为最好的自己。

在过去的两年里，朱阿芳除了认真学习各种专业知识，培养自己的学术素养，还积极参加各类学术竞赛、研究生会活动，在实践中锻炼自己各方面的能力。更重要的是，她一直保持着对事物独立思考的能力，在沉淀中不断发掘自己的潜力，确定自己的目标与方向并积极探索生命的价值和意义。

勤于思考，深度探究

“天道酬勤”是一直为人所信奉的古训。取得理想的成绩离不开背后的刻苦努力，而想要真正地掌握知识、运用知识离不开深度思考的能力。研一的课程里，除了微生物、生化分析、无损检测等食品相关的课程，还有试验设计与数据处理、矩阵论等朱阿芳不擅长的科目。于是她积极咨询了一些师兄师姐，寻求学习经验，尝试了几种不同的学习方法，最终发现建立学科思维、力求理解知识内部的逻辑是最适合自己的。例如，矩阵论的学习中她会重视课本上的例题和习题，在题目的解答方法中再不断寻找规律、理解知识的概念，在课后积极地与同学讨论问题；在试验设计与数据处理的学习中她会运用各种数理知识或联系生活实际来帮助自己理解，而不是死记硬背。于是在研一的学习中，朱阿芳以专业第一的综合测评成绩，获得江苏大学一等学业奖学金和校“优秀研究生”荣誉称号。在课程学习之余，她大量阅读专业相关文献，确定研究课题。从当初科研的“小学生”到如今一只脚跨入科研界的“大学生”，这期间有欢乐、痛苦、无助、希望与兴奋。拿到满意的光谱结果，她会兴奋地抱着师妹大笑。有时实验不顺利，课题几乎一个月没有进展，每天晚上她都拖着疲惫的身体回到宿舍，躺在床上满脑子想的都是课题，迷迷糊糊地躺几个小时便又赶快回到实验室做实验。那段时间很痛苦，压力很大，实在受不了了就回宿舍大哭一场，哭完继续回去做实验。实验有了突破性进展，她会兴奋地拿着实验结果找导师讨论，觉得自己看到了希望的曙光。目前朱阿芳已以第一作者身份在SCI 期刊发表三篇论文。她想告诉大家，在研究生生涯中，会遇到很多问题和困难，大家一定要坚持下去，不要轻易放弃，相信付出就会有回报，努力不会白费。

协调发展，热爱生活

要想做一个“富有生命力的人”，不能“一心只读圣贤书”。因此，除了专业课程学习和课题研究，朱阿芳还积极参加各类学术竞赛、研究生会活动，培养各种兴趣爱好，致力于做一个全面发展、热爱生活的人。朱阿芳目前就任食品与生物工程学院研究生会主席，她善于沟通，对待工作尽职尽责。身为研究生会主席的她，与同学相处，热情待人，诚恳交友，秉持“家”的管理理念，积极为同学解决问题，也关心同学们的生活问题和心理问题，时常与辅导员沟通交流，看是否能在某些方面帮助“困难同学”。加入食品与生物工程学院研究生会这个温暖的大家庭，让朱阿芳学会了如何参与、组织学生工作，丰富了她有关学生管理工作的经验，做事快、稳、好。朱阿芳认为在科研之余参加一些学生工作，能够结交不同专业的朋友。科研之余，学生工作好似调味剂，不仅能给科研生活增添些许色彩，又能开拓自身综合能力。当然选择兼顾学生工作，意味着需要付出更多的时间和精力，同时也要承担更多的责任和义务。朱阿芳要通过自己的努力，不断提高自身的科研水平与综合素质，从而在研究生学习生涯中得到更加全面的成长。此外她还积极参与社会实践活动，在 2020 年暑期社会实践中获“先进个人”荣誉称号；参加“挑战杯”“互联网+”“中日韩”等学术竞赛，让她遇到了值得信赖的队友，积累了宝贵的经验。朱阿芳所在的团队获第七届中日韩创新工程设计竞赛金奖、第十二届“挑战杯”中国大学生创业计划竞赛银奖、第七届创新应用研究教育国际会议最佳论文奖等。闲暇之时，朱阿芳喜欢从各种渠道丰富自己的见闻。大到一次难忘的旅行、一本恢宏的大部头小说、一部荡气回肠的影视剧，小到只是公众号里的一篇文章、一幅摄影作品、一次和朋友的聊天都能引发她无数的思考。同时，她爱好广泛，会利用空闲时间去健身、阅读、写日记等。

善于自醒，勇往直前

研究生的生活并不是一帆风顺的，朱阿芳也曾在实验失败或遇到困难时焦虑不已，甚至怀疑自己。她认为，学会与自己和解，培养一个良好的心态和坚韧的品性，能够帮助我们在遇到挫折时不气馁，从而继续朝自己的目标努力。不可否认的是，研究生面临比较大的压力，很容易陷入焦虑和不安，从而产生对未来迷茫、自我否定等消极情绪。因此，朱阿芳为学弟学妹们给出了一些读研期间的建议，一是建立合理的知识结构，尽量广地涉猎学科的基本知识，尽量深地了解研究领域。二是掌握独立研究的方法和技能，学习各种研究方法，熟练掌握研究过程的步骤。三是学会写论文，写论文不仅是训练表达能力，更是训练思维的逻辑性。

朱阿芳非常喜欢《心灵奇旅》的台词，生命的火花从来不是什么目标，而是对生活的热情。在研究生的生活中，她也会常常自我反省，在遇到挫折时积极地调整自己的心态，始终保持对生活乐观积极的态度，“凡心所向，素履以往，生如逆旅，一苇以航”。

导师寄语

朱阿芳同学秉承“博学、求是、明德”校训精神，勤奋好学。在研究生学习中虽有过迷茫，但她有一颗敢于争先、完善自我、追求卓越的心，这让朱阿芳在众多学子中脱颖而出，焕发出璀璨光彩。相信她会做得更好！

食品与生物工程学院教授　陈全胜

在竞赛中窥见热爱

祁玉凤，女，2002 年 4 月生，食品与生物工程学院食品质量与安全专业 2020 级本科生。获校学习优秀二等奖学金，获江苏大学第六届大学生数学竞赛一等奖、江苏省高等学校第十八届高等数学竞赛本科一级 B 组一等奖。参与大学生创新创业计划项目 1 项。

星辰大海，征途在前。贵在弥久，持之以恒。

——题记

2020 年 9 月，祁玉凤独自一人来到离家一千多公里的地方，进入江苏大学。刚步入大学的她对未来四年的学习生活感到迷茫，在学院分配学业导师之后，她立马联系她的学业导师——朱淑云副教授，并向她请教。导师告诉她：“大学与高中不完全相同，大学生活不是只有埋头苦学书本上的知识，还有通过参加各种比赛和活动充实自己的大学生活的机会。但与高中相同的是，需要努力夯实基础，学好专业课程。”和导师沟通之后，她渐渐不再迷茫。

竞赛中初露头角

在大一寒假时，班级群里的一条关于举办江苏大学第六届大学生数学竞赛的通知，吸引了祁玉凤的注意。出于从小对数学的喜爱，而且考虑到在期末考试中高数取得了满分的好成绩，在看到比赛通知的那一刻，她毅然决定要报名参赛。这是步入大学后的第一个假期，也是人生中第一个没有作业的假期。寒假中其他同学可能在放松，或打游戏，或刷剧，或外出旅游，但祁玉凤没有。她知道下学期开学时就要进行竞赛了，需要充分利用假期时间，认真备考。在规划下，她每天都花费大量的时间在高数上，只给自己很少的空闲时间用来放松。其实那时才刚上大一的祁玉凤也很想有个轻松愉快的假期，但她每次想要懈怠时，脑海里总能想到一句话，“那些艰苦奋斗的日子，当时可能会感到痛苦，但当你坚持到最后，收获的就是满满的成就感”。开学后不久，在某个平常的周六进行了比赛，但不平常的是，功夫不负有心人，她最终荣获非数学专业本科一级 B 组一等奖。这次获奖给了她极大的鼓励和自信，也让她开始制定下一个可实现的目标。

竞赛中首次受挫

在数学竞赛获奖之后没多久，盼盼公司举办了一次宣讲会，是有关 2021 年“盼盼食品杯”烘焙食品创意大赛的。听完宣讲后，祁玉凤十分感兴趣，于是联合班上几位优秀的同学一起组队。

此时的祁玉凤十分自满，觉得自己足够优秀，只要花时间就一定能获奖，于是便很随意地从网上找了一些点子，直接拿来用了。她没有认真地为自己的参赛产品起一个契合主题的名字，甚至连绘制产品概念图时也是随手一画。上交作品的时候她信心满满，觉得自己的团队一定能在省里获奖，并去天津参加最后的决赛。一段时间后学院公示选拔结果，他们团队的三个作品都只获得了优秀奖，也就是说连院内选拔都没有通过，心高气傲的祁玉凤感到不服气，但是看到获奖的团队不论是产品名称、概念图还是策划方案，都比自己团队的作品优秀太多。她感到十分惭愧，这才意识到自己的技不如人和骄傲自满。于是她在心中默默下决心要好好努力，争取在下次比赛中取得满意的成绩。

竞赛中再创佳绩

虽然祁玉凤所在的食品专业对高等数学要求不高，自己掌握的知识也有限，但她还是义无反顾地报名了高等数学竞赛的省赛。当时很多人都不看好她，觉得太多知识点没有学过，尤其还是数学这种强思维的学科，短时间肯定补不起来。但她心里知道自己参加竞赛并不单单是为了获奖，而是因为竞赛可以锻炼自己的思维能力，对自己课内成绩的增强也有促进作用。

但“樱桃好吃树难栽”。备考过程是十分痛苦的，由于好多知识点都没有学过，祁玉凤只能利用课余时间，在各种网站上自学没学过的知识点、复习已经遗忘的知识点。一周两天休息时间，全部被她用来学习，周六完成平时课堂上老师布置的作业，周日参加学校组织的竞赛辅导班，从早上八点半到下午五点半。周一到周五，一有空祁玉凤就泡在图书馆，巩固老师上课讲过的知识点，反复做练习和历年竞赛真题。这样的状态持续了整整两个月。备考过程中她遇到了很多棘手的问题，有时因为题目太难、事情太多，她一度压力很大，经常晚上一个人躲在被子里偷偷哭泣。每当她坚持不下去的时候，一想起上次“盼盼食品杯”的失败，便又有了坚持下去的动力。

考试铃声响起的那一刻，祁玉凤在心里一遍一遍地给自己打气。有一大半的题目她感到有困难，甚至有一些题她都无从下笔。交卷后她以为这次竞赛获奖无望，不过此刻的她很淡然，毕竟她已经无愧于心地付出了很多努力，没有遗憾。

一个月后，当得知自己获得了江苏省高等学校第十八届高等数学竞赛本科一级 B 组一等奖时，在教室的祁玉凤差点激动得跳起来。她知道，一分耕耘一分收获，努力终究会得到回报。

导师寄语

在大学生活里，祁玉凤同学从当初的迷茫、痛苦，事事需要寻求导师、同学的帮助，到现在的很多事情可以独当一面，成为学姐、师姐。她的成长我都看在眼里。人生是一条漫长的路，祝愿祁玉凤同学心如花木，向阳而生，披荆斩棘，创造属于自己的光辉灿烂的明天！

食品与生物工程学院副教授　朱淑云

生如玫瑰，用心灌溉

贺卓芳，女，食品与生物工程学院2019级本科生。曾任院学生会科协科普部部长。获校学习优秀二等奖学金，获校“三好学生”、学院“十佳部员”等称号；获得数学、英语、“挑战杯”学术创新作品等竞赛奖项；2020年暑假参加南洋理工大学海外线上学习项目。

“我的那朵玫瑰，别人会以为她和你们一样，但她单独一朵就胜过你们全部。因为她是我浇灌的；因为她是我放在花罩中的；因为她是我用屏风保护起来的；因为她身上的毛毛虫是我除掉的；因为我倾听过她的哀怨，她的吹嘘，有时甚至是她的沉默。因为她是我的玫瑰。”大一刚入学时，《小王子》中的这段话被贺卓芳写进新手账的扉页。她想，一个人陪自己长大又何尝不是养花，需要细致入微、徐徐图之。自小养花，她深知养好一株花绝非易事，但她坚信只要用心浇灌，自己的这朵玫瑰定能盛开出绝色之姿。

松土有度，夯实基础

养花，松土是必要的，这是出于疏松的土壤能疏通空气，不至板结造成烂根。但凡事皆有两面性，过度松土也不可取。过于疏松的土壤会让营养流失，花的根系也难以往土壤深处扎根。

对贺卓芳来说，进入大学后，没了高中时严格的条条框框，周末也空了出来，就像给自己的人生松了松土，整个人从紧实得令人窒息的环境中被解放出来。贺卓芳看似乖顺听话，实则追求自由。她反感被动式学习，向来喜欢跟随着自己的节奏学习和做题。但是毫无约束并非一件好事，因为人脑的快乐反馈机制决定了人的本质是慵懒的，如果没有外在条件的约束，要想养成好的生活和学习习惯，内在的自我规范和驱动就显得尤为重要。对于这样的人生规律，她概括为“越自律，越自由”，这句话也成了她的座右铭。

大学给同学们提供了充分自由的学习和生活环境，不是为了让同学们放飞自我，而是默认大家已经成人、有足够的能力进行自我管理了。要做好自我管理，唯有自律，而这件事是典型的“说起来容易做起来难”。贺卓芳决定从一开始就对自己的人生做好清晰的规划，有了动力才有坚持自律的催化剂；养成良好的习惯，均衡好生活和学习，精心计划和安排好可以用于自我提升的每一分每一秒；每天结束的时候习惯性回想这一天自己学到了什么，遇到了哪些美好的人和事，再安然入睡。

经过两年的自律，贺卓芳的学习基础打得非常扎实，顺利通过了英语四六级考试，还获得了奖学金和校“三好学生”称号。令她惊喜的是，生活上也顺其自然养成了很多好习惯，如早睡早起、坚持锻炼、定期自我反思等。高中时常常耳闻“上了大学就可以自由了”这样的论调，现在的她才深刻体悟到这句话背后隐藏的含义——越自律才能越自由。她相信只有松弛有度，打好人生的基础，把握好人生的节奏，才能成为自己命运的主宰者。

浇水施肥，营养充沛

在养花时，如果想要保证花朵的生命力和观赏性，那浇水和施肥就不可或缺。

贺卓芳来自山西，山西省高考是不考听力的，而学习一门语言，“听”和“说”的联系非常紧密，所以她的英语口语水平也可想而知。大一时她就意识到了自己和别人的差距之大，因此把口语能力提升起来刻不容缓。这件事的重要性之于贺卓芳，就像水分之于花朵。她明白这不只是为了应试，未来将会面临的各种挑战对英语口语能力的要求也只增不减，如果不提前解决这个问题，把英语口语变成加分项，那么它只会成为自己未来发展的阻碍。

但是学习英语口语并不能一蹴而就，最重要的是要边学边练，不怕被笑话，敢于展示，在别人的反馈中进步，这对脸皮薄的贺卓芳来说是个不大不小的坎。转折发生在一节英语课上。老师想找同学为即将来临的“万圣节”做一次课堂展示，但是无人应答，面对着满场寂静，贺卓芳清晰地感觉到自己的心跳逐渐加快，有一股神秘的力量驱使着她举起了手，她赢得了这次机会。经过两个星期的精心准备和练习，她上台了。虽然现在回忆起来，没有脱稿、口语生涩、全程紧张到手抖——那时的展示完全称不上是成熟的 presentation，但是这次尝试可以算是她口语学习路上的里程碑，如果没有勇敢迈出那一步，突破自己的勇气值，以后遇到类似情况可能也会习惯性退缩，那将会错失多少自我提升的机会啊！贺卓芳很庆幸，成长的机会降临的时候，自己没有犹豫。她对自己有着很高的要求，从语音语调到英语思维，日复一日练习，终于她的英语口语水平有了质的提升。一次机缘巧合，一个留学生请她帮忙，到现在她依然记得，那位留学生听到她说英文时的惊讶和赞赏，对她来说这就是最大的肯定。她的土壤终于不再干涸，花朵得以在丰沛的滋润中生长发芽。

除了必需的水分以外，肥料也不能少。作为工科学子，除了基础理论知识的学习，要想自我提升，实验和科研是必不可少的。为了充分锻炼自己的能力，大一时候贺卓芳加入了学姐的大创项目，正式迈出科研新人的第一步。虽然科研之路艰难，但每一次小小的收获都会让她感到兴奋和新奇。从一开始看不懂英文实验步骤，到后来可以熟练掌握各种实验室仪器的使用，她努力汲取着营养，飞速成长着。怀着一颗热忱的初心，她希望自己能在科研路上走得更远。

修剪杂枝，沉淀心智

木本花植株会旁生枝杈，这不仅会影响美观，还会吸收原本属于主枝的养分。所以要在新芽萌出前修剪杂枝，留下优质枝条和芽，使养分集中到主枝上。

在短暂的两年大学生涯中，贺卓芳也不是永远都元气满满、积极阳光的，总有些压力很大的时候，如学习过程中理解不了的知识点、学生会部门工作不顺利、人际关系中的小摩擦……它们就像花枝上生出的杂枝，当被压力乌云笼罩而影响心情时，贺卓芳也会丧气、会颓废、会想要逃避。但是她清楚，想要解压就只有从问题本身出发，逐个击破、解决问题。贺卓芳是个慢热型的人，在人际交往中大多是被动型的，有时候因为一些误会和同学发生摩擦的时候她会很自责，有一次她鼓起勇气主动道歉后发现同学根本没把那件事放心上，两个人又和好如初，她才明白在人际关系中不用太小心翼翼，更多时候同理心就是最好的交际工具。

除了“修剪杂枝”，贺卓芳还会“捉虫”，针对生活中的小烦恼，她有自己独特的解压方式。难过或者状态不佳时，她会选择戴上耳机，打开降噪模式，听英文诗歌朗读。听着轻柔舒缓的背景音乐和抑扬顿挫的语调，心上的褶皱被轻轻地抹平，脑中的一团乱麻也能理出了头绪。经过两年的成长，贺卓芳已经可以很成熟客观地解决生活中遇到的各种问题了。

一晃神，贺卓芳即将步入大三。回想这两年的大学生活，她会想起三江楼总是挤不上的电梯、自己遗失在操场上的耳机、那本还没看完的《终身成长》；也会想起为了四六级考试狂背单词和苦练听力的清晨，晚上走出图书馆时看到的熠熠星辰，奔波在上课或者回寝路上的斑驳树荫。成长总有遗憾和插曲，但它们最终都会在时光的席卷中被冲刷着褪去痕迹。

回忆到这里，贺卓芳在手账本上画下一个灿烂的笑脸，为这两年的成长做了一个圆满的总结。陪自己长大是一个极为漫长的过程，只有潜心浇灌的花才会茁壮成长。她相信未来的自己可以脚踏实地，继续兴致盎然地与世界交手。

导师寄语

贺卓芳同学是一个很认真、很努力的女生，对自己要求很高。与同学相处融洽，对环境的适应能力也很强。能合理支配课余时间，自我管理能力强。希望她可以继续保持学习热情，积极参与科研项目，在科研上取得更多成就。在生命的春天播下创造的种子，必将迎来收获的秋天！

食品与生物工程学院副教授　李欢欢

功崇惟志，业广惟勤

陈文庆，男，1996 年 12 月生，中共党员，食品与生物工程学院 2018 级硕士研究生，曾担任食品硕 1802 班团支书。获国家奖学金、校一等学业奖学金，获校“优秀共青团干部”“百优青年学生”“优秀研究生”等荣誉称号。发表 SCI 论文 2 篇，受理发明专利 3 项。

《尚书·周书·周官》有言：“功崇惟志，业广惟勤。”这句话是陈文庆的人生格言，他时刻提醒自己在硕士研究生期间要做到既仰望星空又脚踏实地，所以他立志提高个人的综合素质，努力研究出真正有价值、有分量、有影响力的科研成果，同时他也明白要脚踏实地，一步一个脚印去实现他的志向。

科研伊始，迷茫受挫

科研没有一成不变的模式，多讨论、多学习、多尝试，这是必须的。但刚进入研究生阶段的陈文庆，显然不适应这样的节奏。由于本科期间的学习模式和硕士期间的研究模式跨度较大，陈文庆开始时也摸索不到课题的研究方法，做实验总是失败，培养皿中的实验结果与预期相差甚远，在相当一段时间内课题毫无进展，他也感到十分迷茫。但是陈文庆知道做科研就是不断受挫、不断尝试的过程，所以他一直自我激励，屡败屡战，不断向导师或同门师兄师姐请教，不断提高自己的科研能力。后来，在和导师的不断沟通中，陈文庆逐渐明确了科研方向，也摸索出了一套行之有效的实验方法。

在学习专业课程的同时，陈文庆为了提高自己在阅读英文文献时的速度去考了雅思，还计划出国交流。尽管疫情使得原本的出国交流计划中止，但是优秀的英语阅读和写作能力也为陈文庆后来发表 SCI 论文打下了牢固的基础；他还积极查阅与所研究方向相关的文献，合理规划实验任务与进程，注重与同学共同交流与探讨，后来他申请校级科研立项 1 项，并成功结题。科研之所以始终吸引着陈文庆，是因为永远有悬而未决的问题等着他去解答。

循序渐进，融会贯通

随着课题研究的逐渐深入，陈文庆开始接触到当下食品领域的研究热点——食品 3D 打印，他瞄准精准营养食品 3D 打印市场，研究在基因检测手段的辅助下，基于四轴机械臂式食品智能 3D 打印机和胶囊式打印配料解决老龄人群和幼龄人群的精准膳食营养问题。同时陈文庆也清楚地知道当下所研究的成果由于成本、推广等因素并不能立刻投放到市场中，因此他现在所做的就是为了有朝一日能够把研究成果应用到相关行业中，这也是他热衷的科研所要达到的终极目标。

虽然学业到了研究生阶段，但陈文庆深知自己现在的知识面和眼界还是很狭窄，所以他注重理论联系实际，不断扩充自己的知识面；积极做到多学科交叉，提高综合素质。在导师的支持和鼓励下，陈文庆深入食品智能制造、食品营养学、机械制造、产品设计等多学科领域加强学习。在此基础上，陈文庆成功在 JCR 一区期刊上发表论文 1 篇，并申请国家发明专利 3 项。

注重实践，劳逸结合

陈文庆一直秉持着踏踏实实做事，勤勤恳恳做人的原则，积极参与社会实践，回报社会。2020 年暑期，他赴江苏省农学会开展科普活动，向小学生科普葡萄、大米等有关的农业科学知识。2021 年暑期，陈文庆将自己的“食代印迹——新一代食品智能 3D 打印与精准营养引领者”项目逐渐完善，并成功入围第七届江苏省“互联网+”大学生创新创业大赛复赛。

生活中的陈文庆有一副热心肠，与同学们相处融洽，有良好的人际关系，同学有了困难他会及时伸出援手；当有人找陈文庆谈心时，他的一番肺腑之言总能帮人解开疑惑；他性格开朗，他的正能量时刻也感染着大家，是大家的开心果。同时陈文庆也是个朴素节俭、勤奋劳动的人，他合理利用自己的生活费，不乱花一分钱，在不影响学习的前提下，他参与家教兼职，辅导中小学生课业知识，总结教学方法，努力提高学生成绩。

在学习、工作之余，陈文庆兴趣广泛，爱运动、唱歌、旅行等。因为喜欢运动，他坚持锻炼，羽毛球是他所喜欢的球类运动项目，还曾在江苏大学研究生羽毛球男单比赛中取得佳绩；另外他也学习尤克里里来培养自己的音乐爱好。这些爱好不仅极大地丰富了陈文庆的业余生活，也让他认识了一群有同样爱好的朋友，他们互相交流，共同进步。

工作细致，实干求真

在学生工作方面，陈文庆担任了三年的食品硕 1802 班团支书。自参加学生工作以来，他以身作则，时刻注意自己的言行举止，主动承担责任，及时改正自己的错误，用正确合理的方法去完成老师安排的工作，在团费收缴、团内推优、团日活动等多方面尽职尽责。与此同时，陈文庆做好同学交代帮忙的事，保持与全班同学友好的关系，与班级其他班委协同配合，共同管理好班级的各项事务，团结每位同学，努力做到班团一体化。此外，陈文庆还报名参加了学校团委组织的大学生骨干培训班，通过理论学习、专家讲座、拓展实践等方式提升自己的工作能力。

在团日活动的举办中，陈文庆根据学院团委下发的指导文件，认真构思对班级同学开展主题教育的内容和形式，通过多种方式使班级同学对理论知识产生兴趣并积极参与其中进行学习。为了及时向院团委反馈举办团日活动所产生的效果，陈文庆在每一次活动结束后都及时形成书面报告总结，团日活动总结中丰富多彩的图片和活动寓教于乐的精神内涵令团委老师印象深刻。2020 年 5 月，在陈文庆和班级同学的共同努力下，食品硕 1802 班团支部获得了江苏大学“五四红旗团支部”荣誉称号。

三年弹指一挥间，陈文庆的硕士研究生生涯已经缓缓落幕，他也从刚入学时对科研一无所知、无从下手的“菜鸟”，转为能熟练掌握各种实验设备、灵活运用科研思维从事科学研究的“老手”。在今后攻读博士学位的日子里，陈文庆将铭记“功崇惟志，业广惟勤”的人生格言，争做一名在新时代下的弄潮青年，在他所研究的领域为中华民族伟大复兴和中国梦的实现添砖加瓦！

导师寄语

陈文庆同学在研究生学习期间，专业上学习态度端正，基础知识扎实；科研上能独立撰写并公开发表SCI论文，科研成果突出；工作中踏实肯干，积极协助课题组老师开展各项工作。希望陈文庆同学在今后的工作和生活中永远保持一颗积极向上的心，在人生道路上走出精彩！

食品与生物工程学院研究员　林　琳

年轻的我，永不止步

李虹，女，1996年7月生，食品与生物工程学院2018级硕士研究生。获校一等学业奖学金和第十一届节能减排社会实践与科技竞赛校级二等奖。研究生期间发表SCI论文2篇，中文核心期刊论文1篇，授权专利1项，受理专利5项。

在日积月累中萌芽

进入校园不久，李虹经历了专业基础课程的开课、实验室仪器的第一次操作……但繁忙的生活背后，李虹却感受到了前所未有的空虚与迷茫：研究生应该干什么、应该活得怎么样，有如谜团一般困扰着她。李虹主动联系了自己的导师——崔海英教授，向导师请教如何能快速地投入科研生活。崔老师告诉她，要想快速地融入课题组，就永远不要放弃尝试，永远不要否认自己的任何一种可能性。

在研一阶段，李虹除了认真学习专业基础课程之外，还常常利用课余时间去实验室帮助师兄师姐做实验，在此过程中她不仅积累到了许多实际操作的经验，还在耳濡目染中学习到了如何检索文献和操作数据处理软件的技巧。在意识到自己的知识体系有所欠缺后，李虹去图书馆查阅资料，学习与研究方向相关的专业知识，如生物化学、微生物学、分析化学等。李虹认为专业学习贵在一点一滴积累，记录下自己有疑惑的知识点以便以后钻研和找出答案，要时常与师兄师姐探讨，要一步一步明确自己的学习目标。

研一下学期，崔老师给李虹分配了任务，要求她将这一年的研究成果写成一篇专利。李虹很开心，终于有机会检验一下自己一年来的学习成果，但又担心自己写不好。此后，李虹开始在网上查阅文献，在图书馆翻阅书籍，处理自己的实验数据，并向师兄师姐请教，同时字字斟酌，反复修改了好几遍。在得到导师的认可后，李虹将方案撰写成国家发明专利，最终专利获得了受理。可以说，这个专利的完成，是李虹日积月累下应得的回报。这次专利的撰写，不仅让她在自主学习方面的能力获得了很大的提升，还让她的科研信心得到了鼓励，李虹坚信自己未来的科研生活将充满希望。

在潜精研思中成长

生活、学习、兴趣、思考，交织着李虹的整个研究生生涯，而照亮李虹前进路上的指明灯便是她的导师——崔海英教授。崔老师在研究生科研能力的培养上，注重培养学生的发现问题能力、查阅文献能力、总结归纳能力、试验设计能力、组织实施能力和科研表达能力，致力于将学生塑造成为一个有思想的科研人。崔老师因材施教，对待学生循循善诱，经常鼓励学生不能轻易放弃，这种态度也深深影响着李虹。她说，找准定位便勇往直前，沉醉星辰也且走且行，这是她在崔老师指导下最核心的感触。

当李虹在撰写自己的第一篇小论文时，由于她没有经验，文章写得不够好，投出去后连着被拒了两次，李虹心里十分郁闷，甚至一度想过放弃。但崔老师告诉她，不要放弃，相信自己，再坚持一下，一定能够成功发表的。于是，李虹重新进行了修稿，在几个月的漫长等待之后，她终于拿到了审稿专家的小修意见。拿到审稿意见的李虹非常开心，在课题组老师的指导下回复了审稿意见，等待着论文被接收。然而，文章还是被编辑拒稿了，理由是文章不符合作者指南要求，图表太多，要求合图后重新投稿。李虹感到十分后悔，后悔自己当初没有仔细阅读作者指南，没有多下载几篇待投期刊的文章阅读一下。这一次李虹沉下心来按照期刊的投稿要求进行了仔细修改，她怀着忐忑的心情将修改好的文章再次投出，最终论文被正式录用了。有了这次经历，李虹也切身体会到科研是一项十分严谨且容不得丝毫怠慢的工作，因为写作时的一丝松懈、一点偷懒都可能酿成错误。发表文章不容易，文章被拒也是科研生涯中常见的事，关键的是，要相信自己，任何时候都不能轻言放弃。

有了第一篇论文的经验，李虹积极着手准备第二篇论文的撰写。她知道论文书写中的每一步都很关键，这一次，李虹从实验方法，到实验的分析与讨论，再到文章格式、作者指南等一系列的环节都认真对待，避免出现第一篇文章中的疏忽，最终第二篇论文顺利被权威期刊录用。这些科研经历让李虹明白，在文章被拒的过程中潜精研思，才会有所成长，才能获得丰硕的果实。

在力学笃行中前进

在校期间，李虹经常参与学校组织的科研活动和学术交流活动，积极参加与研究内容相关的学术讲座，积极了解学科前沿进展，她还获得了江苏大学中外研究生学术论坛最佳墙报奖。在所有的活动经历中，准备校节能减排大赛是李虹印象最深刻的一段。在顾及好科研的情况下，李虹和她的团队连续一个月都在准备文本的修改和 PPT 的完善，让她成长了很多。

李虹在上台答辩前反复练习演讲，这一次的比赛也真正改变了她。在本科的时候，李虹是一个内向的女孩，从不在正式的场合发言，但在这次比赛面前，她不得不直面自己的弱点，先是面对自己的舍友演讲，再是在课题组每周汇报上演讲，最后是在讲台上进行比赛，在这种压力下，她锻炼了自己的口才，得到了很多人的认可。为了保证比赛期间机器正常运行，李虹有时候要和团队成员调试设备到凌晨，她和小伙伴们挽着手回宿舍，回头看看走过的夜路，孤星残月，清风徐来，那样的感受大概是用尽全力去拼搏后回首来路才会有的。最终，李虹团队在这次比赛中获得了团体二等奖的好成绩。

对未来的真正慷慨，是把一切都献给现在。李虹在勤奋学习的同时，也不忘切实地实践自己所学的内容，她所参加的学校活动和科创赛事，不单单是为了获奖，更多的是对自我的认知，对专业知识的应用。人生很难有几次拼搏，李虹很感谢这些比赛与经历带给她的感动，让她可以这么用心地热爱生活。

三年的硕士生涯结束了，但这并不代表李虹学习的终结，她在研三上学期顺利通过了学校硕博连读的面试，接下来她将在课题组继续攻读博士学位。在以后的博士生涯中，李虹会将科研放在首位，在江苏大学浓厚的科研氛围影响下，她愿意献身科研，实现自己的人生价值。美好时光怎能虚度，年轻的她，永不止步！李虹经得住时间的考验，也一定担得起未来的重任！

导师寄语

李虹同学在硕士研究生学习阶段，有针对性地认真研读了相关核心课程，为其后来的科研实验打下了扎实的基础；同时她还具有较强的动手能力，参与了多项课题研究，发表了多篇 SCI 论文，受理了多项专利，理论与实践水平都得到了很大的提升。相信这些经历和积累都将成为她人生道路上的宝贵财富。

食品与生物工程学院教授　崔海英

生生不息即向上汲取

张艳，女，1999 年 12 月生，共青团员，食品与生物工程学院 2017 级本科生。获校学习优秀一等奖学金，获校“三好学生”、暑期三下乡社会实践“优秀个人”等称号，获第四届“互联网+”大赛三等奖。主持科研立项 1 项，参与发表期刊论文。

愿每次回忆，对生活都不感到负疚。

——郭小川

Clear goals

从进入大学校园的那一刻，张艳就对未来的一切充满了期待与好奇，既有对于新环境的期待与惊喜，又有对于未来的迷茫与担心。

在高考后的暑假期间，曾与同学一起参观了江大校园，那时候她就因缘分结识了一个澳大利亚的研究生学长，一直都有着出国留学深造梦想的她那时候就想着努力加入学院的国际部，学习多元的各国文化。

张艳告诉自己，到了人生的一个新阶段——大学，就必须学会吾日三省吾身，大学的生活虽然很自由，但也必须要学会合理规划时间和目标，于是她从大一就开始为未来读研做各种必要的准备。张艳喜欢生物，是曾经江苏高考生物 A^+的优秀学生，她也很喜欢开发和研究食品，因此在选择专业的时候，就选了食品与生物工程学院的食品科学与工程专业，立志成为一名有前途的科研人。

从那以后，张艳默默定了一个目标，就是尽力在大学四年多体验一些事情，包括学习、科研、比赛、社交及其他各种活动，要学业有成，还要合理规划时间，努力丰富自身阅历。喜欢做规划的她，几乎每一天都会用笔记本记录下近几天内要完成的事情，即使多线工作的时候，也能做到忙而不乱，高效高质量完成所有并行的任务。四年如一日的坚持，让她很清楚自己的未来走向和目标，虽然时有困惑，但也能让自己在背水一战中取得胜利。

Try more

本科四年的时间，张艳如愿经历了很多事情，就是为了当后来回想起的时候，会觉得值得和充实没有虚度时光。她对自己一直严格要求，为了提高英语水平，她参加了两年的英语培训，从最基础的英语音标读音开始，每日坚持朗诵。从刚开始的磕磕绊绊到如今与外国友人无障碍沟通，她花费了四年的时间。

张艳努力提高自己的综合能力。在科研方面，她主持了科研立项 1 项，参与大学生创新创业项目 1 项，并且从大一的时候就经常接触实验室，锻炼自己的实验基本操作和能力。在竞赛方面，四年当中，她已经获得大大小小 40 多个奖项，包括各类国家级的食品创新创业大赛、校级的创业大赛和其他类比赛。此外，张艳还积极参加社会实践活动，大一时她就担任队长，自发组织了 6 个人的“水江行”，积极参与“寒假保险社会责任行”活动，从自制团帽、横幅，与社区主任沟通选择场地，与社区进行合作义务参与残疾人扶持活动，走访大街小巷调查保险认知度和相关信息，到合作直播参与比赛，她全程参与，并且做好协调工作。历时半年，张艳带领团队获得了“全国社会实践”铜奖的荣誉。在学校，她带领班级成员在学校附近的社区，开展了一场公益讲座问答活动，吸引了众多家长和孩子，取得了良好的效果，也因此获得了 2019 年暑期三下乡社会实践“优秀个人”荣誉称号。张艳积极投身科研，曾参与西藏芫根软饮料的创新项目，作为唯一一名本科生代表，参加英文食品论坛。在生活方面，她喜欢各类手工，包括 DIY 口红、唇膏、肥皂、羊毛毡和工艺品，也喜欢染卡、水粉，还喜欢弹奏吉他和尤克里里，喜欢记录生活的她能让每一天都充满色彩和快乐。

张艳认为：“生命的意义在于不断地发现新鲜事物，以及做好每一件自己认为值得的小事，当这些小碎片拼凑起来，就会是一张很宏伟的图片。”

不愿碌碌无为的她，这四年一直是同学和老师们眼里“从未停下来过的小超人”，“不想一生碌碌无为，还说平凡难能可贵”，这也是她的人生格言。

Go ups

当张艳看到周围优秀的学兄学姐们，也会向着他们看齐。她立志投身科研，争取出国深造。

出国深造的前提是有外文考核的成绩，张艳在确定去新加坡国立大学的目标以后，了解到学校的外文要求是雅思成绩。因此从大一开始，她就开始参与各类英文相关的比赛，如食品英文专业竞赛、翻译比赛、英文朗诵比赛等，都取得了较好的成绩和名次。从大二开始，她参与了很多次的英文集训，从口语发音训练到面向所有人的全脱稿英文演讲，她都辛苦锻炼过。大三时张艳报名参加学校的雅思培训班，熟悉了雅思题目和考试流程，通过灵活的学习和之前的英文基础积累，她没有像其他人一样刷题，而是选择性地熟悉和练习题目，其余时间则安排给了食品专业课业。她在备考雅思的过程中很早就训练了自己对英文的敏感度，把训练放在平常的看美剧、听英文歌及参与英文相关的竞赛中，学以致用。

张艳在大三下学期一次性考过了雅思，实现了出国留学理想的第一步。在大三学年，她在参与诸多竞赛提升自我的同时，也没有落下学业，最终以大三学年专业第一的名次给了自己一个很好的交代。因为有了明确的目标，并且一步步地实现，目前张艳已经被新加坡国立大学食品与人类营养学专业录取，将要去进修研究生学位。张艳比较喜欢的研究方向是营养学，也计划着毕业以后能读博士，工作几年内考上高级营养师。她也希望能够学有所成，经济独立，拥有自己想要的人生。

持有积极向上的人生态度，不论前方怎样，只要自己全身心投入，认真过，努力过，拼搏过，结果都不会太差。本科四年，让张艳明白了看待事物要尽量保持客观，要有主见和远见，不可随波逐流，也万万不可盲目自信和妄自菲薄。不可当井底之蛙，要心怀格局，不要计较眼前的得失。

Bright future

虽然生活和学业并不是一帆风顺，但只要临危不惧，及时止损，找到正确的修正和改进的方式，就会很快回到正轨。只要失败了以后能站起来，就说明那不是失败，而是在试错，所以未来并没有自己想象得那么可怕。

大学四年，张艳的经历是丰富的。虽然也有很多困难和挫折是她没想到的，但她都能将其化为动力继续砥砺前行。张艳觉得，大学四年最不后悔的事情就是从来没有想过放弃，并且从来没有停止过为想要得到的事情争取。

张艳说自己从不做超过五年的计划，因为世事变化无常，但是她心中有个大致的人生目标，并且会仔细和认真地完成日目标、月目标、季度目标、年度目标。坚定做好现在的每一步，才会迈出更大步。张艳希望在新加坡国立大学读书期间，能拿到奖学金，争取全额读博士的机会。她也希望能在读硕士期间规划好未来工作和就业的方向，对人生有个清晰的认知。未来是由自己掌控的，她不喜欢说大话和空话，只希望自己能一步步踏实而坚定地走，过着自己别样的人生。

导师寄语

在大学四年中，我见证了张艳同学异于常人的努力，也看到了她学习上的无穷潜力，希望她在以后的生活当中，能为目标付诸行动，并祝张艳同学早日成功！

食品与生物工程学院副教授　骆　琳

做不平凡的自己

李娟，女，食品与生物工程学院2017级本科生。获校学习优秀二等奖学金，校“三好学生”荣誉称号，江苏大学节能减排大赛三等奖。以第三作者身份发表SCI论文1篇。主持校级科研立项项目1项、省级大学生创新创业训练计划1项。

在平凡普通的日子里，勇敢努力地向上生长，也能开出绚烂美丽的花朵。在众多优秀的同学中不怎么起眼的李娟同学，不停努力前进，在大学四年里走出了独属于自己的路途，成就了不平凡的自己。

迷茫中寻方向

如果说人生是一本书，那么大学生活便是书中最美丽的彩页；如果说人生是一台戏，那么大学生活便是戏中最精彩的一幕；如果说人生是一次长途旅行，那么拥有大学生活的我们，便可以看到最灿烂的风景。

完成了人生中特别重要的一件事——高考后，李娟和其他高三毕业生一样，开始满怀期待，憧憬自己的大学生活。在她满怀激动的心情拿到了江苏大学录取通知书的同时，她在心里告诉自己：这又是一段新征程了！

进入大学后，丰富多彩的大学生活吸引了李娟的目光，带着初入大学校园的紧张感和新鲜感，她开始积极参加学校的社团，本着想要锻炼自己的初心，她向部门中优秀的同学学习，努力积攒开展工作的经验，希望有朝一日自己也能够和他们一样出色。随着课外活动的拓展，李娟的生活开始变得充实有趣。但是渐渐她发现自己在学习上有些力不从心了，无论是高等数学还是无机化学等科目，学习的广度和深度都与高中时有着天壤之别，她难以适应复杂的课本知识和与之相对宽松的教学环境，因此大一学年总绩点和排名与她想象中相距甚远，完全没有达到自己的目标。

李娟开始迷茫了，大学的新生活的确给她带来了许多新鲜感，让她体会到很多乐趣，但也蒙蔽了她的双眼，让她忘记了自己是一个学生：课外生活虽然美好，但是她最重要的是学习啊！李娟慢慢思考起来：她对未来的规划是什么？为了达到目标需要做些什么？应该怎么做？现在所做的事情值得吗？也许她需要停下来好好想一想，沉淀一下了。李娟利用假期整理了一下思路，既然鱼与熊掌不可兼得，那么势必要放弃一些不重要的事情了。大二开学时，她退出了校级社团与部门，选择加入了学院负责创新创业的社团，她希望她的工作能胜在质量，而不是数量。这样既能保证通过工作提升自己，又能让自己集中精力学习课本知识。李娟希望自己的这个决定可以帮助她慢慢找到学习、工作和生活的平衡点。

前进中增实力

奥斯特洛夫斯基在《钢铁是怎样炼成的》一书中曾经说过："当回首往事的时候，他不会因为虚度年华而悔恨，也不会因碌碌无为而感到羞愧。"人生最大的遗憾并不是自己无法完成一些事，而是自己本可以做到却没有去做。大学是一幅空白画卷，等着我们用智慧和双手描绘属于自己的七彩青春。而画卷中的人是立体的，并不仅由某个点或面组成，不该给自己定死一个方向，应该各方面都尝试、体会，就像每个人都有自己喜欢的一种颜色，但是一种颜色永远不能组成美丽的彩虹。

到了大二，已经没有了大一时的新鲜感，思路就开始慢慢清晰起来，李娟开始计划如何度过接下来的三年大学生活。她在学习生活中逐渐发觉自己对科研实验特别感兴趣，于是她踊跃报名参加江苏大学节能减排大赛，还申报了大学生科研立项、大学生创新创业等项目，她想要通过这些让自己的能力得到质的提升。但李娟在做实验过程中察觉到自己有许多的不足，许多化学实验中的基础操作她并不熟练，经常出现大大小小的失误，导致实验进度滞后；实验仪器使用不正确，致使实验数据无法使用，实验后难以查找失败原因；数据处理过程中还出现了运算失误等问题，归根结底还是她的基础不够牢固。李娟发现自己的实际操作能力还不够完成这些实验，便想办法锻炼自己的实际操作。

李娟觉得实习或许会是一条不错的路径，她向大三的学兄学姐取经，询问有什么能够真正学到知识且来源可靠的实习渠道。学长向她推荐了镇江市食品药品监督检验中心的实习，并将她引荐给了负责实习的老师，于是李娟便在大二暑假开始了她的实习之路。她在检验中心研究员的带领下，学会了溶出度、精密称量、调节 pH 及萃取等基本实验操作，她还在工作中主动向带领她的研究员请教有关化学原理和仪器使用等方面的问题。李娟在这次实习中收获颇丰，并将所学知识运用到自己开展的实验项目中。此外，她还认真听课，努力吸收课堂知识，打好理论学习基础。在做好这些准备工作后，她的实验逐渐进展顺利。

平凡中不平凡

学校是一个洋溢着青春与才华的舞台，同时又是一个充满竞争和挑战的战场。每一个人都在其中扮演着不同的角色，何不努力将自己的角色扮演得最好呢！每一个人都是有梦想有追求的人，不要因为路途艰辛就放弃了前进的脚步。追寻梦想的过程是苦涩的，但只有经过磨砺的人生才会拥有更多内涵。不要让自己的内心被不安和浮躁占据，而是学会沉淀自己的心灵，张开翅膀飞翔在知识的天空。年轻给了李娟勇往直前和永不放弃的勇气，只要她满怀激情踏踏实实地走好脚下的路，终究会有属于自己的一片天地。

李娟虽然籍籍无名，但是她足够了解自己，能及时更正自己的错误，迎难而上，永不放弃，坚持到最后。李娟在这四年里获得了“三好学生”“优秀毕业生”等称号，也多次获得奖学金，这些都是对她的认可，也是她人生道路上的宝贵财富。在忙碌的大四生活里，李娟依旧有自己的计划，不管别人有什么样的想法，她始终选择倾听自己内心的声音，最后她顺利地找到了一份不错的工作，而这四年的努力将成为她最美好的记忆。

导师寄语

李娟同学思想端正，做事认真细心，学习勤奋刻苦，虚心向身边同学和老师请教；勤于思考，善于与人沟通，有明确的学习生活目标；勇于面对遇到的各种困难，并积极想办法解决。积极向上而又乐观的李娟同学，会是生活的强者，也会拥有更有意义的人生。

食品与生物工程学院副教授　张新爱